재미가
습관 되는 법

삶이 허무한 사람들을 위한
새로운 인생 프레임워크

재미가
습관 되는 법

The Fun Habit

마이크 러커 지음 | **김재경** 옮김

청림출판

잃어버린 재미를 찾아서

나는 행복을 찾는 데 인생의 대부분을 바쳤다. 행복이란 도저히 끼워 맞출 수 없는 퍼즐 같았다. 어릴 적에는 캘리포니아주의 데이비스라는 작은 동네에서 내 자리를 찾아보겠다고 안간힘을 썼다. 하지만 집에서는 행복을 찾을 수 없었다. 혹시 바깥세상 어딘가에서 행복이 나를 기다리고 있지는 않을까 기대하며 스무 살이 채 되기 전에 집을 나왔다. 그때 이후로 지금까지 얼마나 긴 여정을 이어왔는지 모른다.

인류는 오래전부터 끊임없이 행복해지기를 원했다. 하지만 노력으로 행복을 얻을 수 있다는 생각이 이만큼이나 인기를 끈 적은 여태껏 없었다. 지금도 행복 산업 공단의 수많은 전문가, 학자, 조직, 단체가 행복이라는 난제를 완벽히 해결하려고 애쓰는 중이다. 행복을 얻는 방법을 소개하는 책들이 신경학, 심리학, 종교, 영성 등 분야를 가리지 않고 쏟아져 나온다. 돈이나 성공 같은 외적인 요인과 관계없이 행복을 얻을 수 있다니, 누구든 마음이 흔들릴 수밖에 없다. 오늘

날에는 좋은 삶이라는 목적지를 향해 나아가려 애쓰지만, 도저히 뚫고 지나갈 수 없을 것만 같은 풍파에 가로막혀 무력감을 느끼는 사람이 많기 때문에 특히 더 그렇다.

　나이가 들면서 삶을 즐기는 법을 까먹은 기성세대부터 고독, 불안, 피로를 전례 없는 수준으로 경험하고 있는 청년세대까지, 다들 행복을 좇기만 하면 온갖 문제가 다 해결되리라는 희망을 품는다. '행복 스위치'를 작동시킬 수만 있다면 결국 삶의 고난도 떨쳐낼 수 있으리라 기대한다. 자신이 처한 상황이 암울할지라도 얼마든지 내적 만족을 이룰 수 있다고 생각한다. 아, 심지어 요즘 어떤 회사에는 명상실도 있다고 하더라.[1]

　하지만 행복 그 자체를 좇는 태도는 함정이 될 수 있다. 행복을 좇는 것은 사실상 의미가 없다고 해도 과언이 아니다. 내가 이렇게 말할 수 있는 이유는 나도 행복의 함정에 빠진 적이 있었기 때문이다. 2016년 초까지 나는 행복을 찾기 위해 해볼 만한 일은 다 해본 상태였다. 멋진 사람과 결혼했고 아이 둘을 건강하게 길렀다. 기업가로서나 창업자로서나 열정적으로 일해 성공을 거뒀다. 철인 3종 경기에 두 번이나 참가했다. 여행도 많이 다녀서 발이 닿지 않은 대륙이 없을 정도였다. 정식 심사를 거쳐 논문을 발표한 박사학위 보유자로, 심리학 분야에 미친 영향을 인정받아 상도 여러 번 받았다. 열 명 중 여덟아홉 명은 가지지 못한 것이 없다고 부러워할 만한 삶이었다. 객관적으로 괜찮은 삶이었다. 더군다나 나는 국제긍정심리학회 International

Positive Psychology Association의 창립 회원답게 행복에 관한 최신 연구들을 접하고, 자연스럽게 그것들을 내 삶에 적용했다. 자가측정 quantified self 운동의 지지자이기도 한 나는 내 삶을 질적으로는 물론이고, 양적으로도 최적화하기 위해 애썼다. 좋은 날이 며칠이었고 나쁜 날이 며칠이었는지 기록하면서 어떻게 살아야 좋은 날을 늘릴 수 있는지 끊임없이 고민했다. 나는 말 그대로 정점을 찍었다. 웬만한 기술은 다 삶에 적용해봤기에 이보다 나를 더 행복하게 할 길은 없어 보였다.

블로그광인 나는 석 달에 한 번씩(3월, 6월, 9월, 12월) 23일이나 그즈음에 소식지를 발행한다. 2016년 6월 23일도 여느 때와 같았다. 나는 소식지를 쓴 다음 발행 버튼을 눌렀다. 사실상 최근의 삶이 얼마나 끝내주는지 자축하는 기념문이나 다름없었다. 소식지 말미에서는 얼마 전에 사랑하는 동생 브라이언이랑 같이 버킷리스트를 하나 해치운 일(세계에서 가장 높은 롤러코스터 킹다카 Kingda Ka를 탄 일)도 자축했다.

소식지가 발행된 지 하루도 채 지나지 않은 어느 시점에 동생이 갑작스러운 폐색전증으로 목숨을 잃었다. 현실 같지 않았다. 친구, 가족, 구독자들이 내가 동생과 함께 얼마나 즐거운 시간을 보냈는지 읽고 있던 바로 그 와중에 정작 동생은 비극적으로 세상을 떠났다니. 다시는 동생과 함께할 기회가 없으리라는 충격이 배가 되어 전해졌다. 충격이 가시자 무거운 슬픔과 불안이 찾아왔다. 바로 이때부터 나는 모든 것을 의심하기 시작했다.

얼마 뒤 들른 병원에서는 골반에 문제가 있어서 큰 수술을 받아야 한다고 했다. 수술이 끝나고 의식을 회복하니 두 다리에 감각이 없었다. 병실에 누워 있는 동안 긍정적인 태도를 유지하기가 쉽지 않았다. 여태껏 내 삶은 건강한 몸과 마음을 중심으로 움직였기 때문이다. 하지만 이제 다시는 힘껏 달릴 수 없다는 현실에 적응해야 했다. 감정적으로도 엉망진창이었다. 기존의 긍정심리학에서 제시하는 방법들은 도움이 되지 않았다. 아무리 명상하고 감사일기를 써도 행복이 손에 닿지 않았다. 결국 나는 그런 방법들이 더는 소용없다는 사실을 인정해야만 했다. 행복이 인생의 답이라 믿었던 내가 행복을 느낄 수 없다니, 인지부조화가 극에 달했다. 인생의 답을 찾았다고 생각했는데, 다시 길을 잃고 말았다.

다행히 두 다리에 감각이 돌아왔다. 이후 몇 달간 회복하는 기간에 한 가지 중요한 의문이 떠올랐다. '혹시 행복해지려고 아등바등 애쓴 게 문제의 원인이었던 건 아닐까?' 행복하지 않다는 이유로 스스로를 채찍질하기를 관두자 놀라운 일이 벌어졌다. 행복을 위해 가차 없이 갈아 넣던 에너지를 다른 데 투자할 여유가 생겼던 것이다. 나는 무언가 빠져 있다는 느낌에 사로잡히는 대신 지금 이 순간 할 수 있는 최선의 것을 선택했다. 다시 말해 자리에서 일어나 재밌는 일을 하면서 시간을 보냈다. 곧 살펴보겠지만 그런 일에는 아내랑 시간을 보낼 창의적인 방법을 계획하는 일은 물론이고, 나만의 물리치료 비법으로 딸과 춤추는 일도 포함되었다.

시간이 지나면서 이런 생각이 완연한 깨달음으로 활짝 피어올랐다. 행복을 손에서 놓지 않으려고 악쓰는 건 정말 무의미하고 비생산적인 일이구나. 이번처럼 위기가 닥쳤을 때만 그런 게 아니라 이전에도 늘 그랬구나. 행복을 붙들려던 노력은 눈앞에 놓인 삶을 즐길 시간과 활력을 갉아먹고 있었다.

과학은 이런 깨달음을 완벽히 뒷받침할 근거를 제시한다. 인간이 행복을 느끼게 된 데에는 진화론적인 이유가 있다. 간단히 말해 인간은 생존 가능성을 키울 만한 일을 하면 행복을 느끼도록 진화했다. 만약 우리가 항상 만족한 상태라면 앞으로 나아갈 필요성을 느끼지 못할 것이다. 때때로 우리는 행복해서가 아니라 불행해서 앞으로 나아간다. 많은 사람이 머리로는 이 사실을 잘 이해하고 있으면서도 행복을 향한 집착을 버리지 못한다. 무념무상에 빠진 채 끊임없이 바위를 밀어 올리는 시시포스처럼 사람들은 자신이 들이는 노력의 가치는 고려하지 않은 채 행복해지려고 끊임없이 발버둥을 친다.

내가 개인적으로 이른 결론은, 행복해지는 데 주의를 기울일수록 내가 가지지 못한 것이 분명히 드러나면서 오히려 불행해졌다는 점이다. (알고 보니 최신 연구들도 이런 결론을 지지하고 있었다.) 동생이 세상을 떠났다는 사실에 슬퍼하고 몸이 회복되지 못할까 봐 두려워하는 것은 당연하고도 자연스러운 반응이었다. 슬픔과 고통도 인간이라면 겪어야 할 삶의 일부다. 그런데도 행복이라는 족쇄에 사로잡힌 나는 슬픔을 잠재우고 고통을 피하기 위해 애쓰다가 오히려 상황을 악화시켰다. 행복에 중독되는 바람에 눈앞에 놓인 현실을 받아들이고 자연스럽게 우러나오는 감정을 느낄 기회를 소중히 여기지 않았다.

의식적으로 행복을 좇는 삶의 태도가 고통을 가중할 뿐이라면 그 대안은 무엇일까? 눈앞이 깜깜할 때 어둠을 뚫고 나아가려면 어디에 의지해야 할까? 나는 가만히 앉아 내면을 들여다보며 해답을 찾으려는 생각을 버리기로 결심했다. 그 대신 내 가치관에 맞게 자율성과 주체성을 열정적으로 발휘하는 데 집중했다. 슬픔에 빠진 스스로를 질책하는 대신 바로 지금 내가 할 수 있는 일을 적극적으로 실천하자 중요한 깨달음 하나가 번쩍 떠올랐다. 늘 행복할 수는 없더라도 거의 언제든 즐거울 수는 있다는 사실이다. 설령 마음 한편에 슬픔이 자리 잡고 있다고 한들 나는 지금 이 순간을 즐겁고 재밌게 보내기 위해 노력할 수 있다. 이렇듯 즐거움은 온갖 종류의 감정을 동반할 수도, 아예 초월할 수도 있다.

행복은 우리가 처한 상황에 좌우된다. 하지만 재미는 우리가 하는 행동에 따라 즉각 나타나는 반응이다. 우리가 통제할 수 있으며 언제 어디서든 찾을 수 있다는 뜻이다. 또한 재미는 몸과 마음에 매우 긍정적인 영향을 미친다. 자기 삶에 무엇이 빠져 있는지 걱정하는 대신 재미를 찾는 데 집중하다 보면 즉각적인 유익을 얻을 수 있다.

신경학적인 관점에서 재미는 삶의 질을 향상하는 직통 통로나 마찬가지다. 물론 재미는 훈련이 필요한 기술이기도 하다. 특히 진지한 어른의 삶을 살아가는 데 몰두한 사람이라면 그런 훈련이 더욱더 필요하다. 아이들은 재미를 자연스럽게 받아들인다. 하지만 우리 어른들은 세 가지 장애물에 가로막힌다.

1. 나이가 들수록 재미를 만끽하려 애쓰는 태도가 어린아이에게
   나 어울린다는 생각에 익숙해진다.
2. 재미가 가져다주는 신체적·정신적 유익을 과소평가한다.
3. 바쁜 어른으로서 재미를 누리려면 규율이 필요하므로, 결국
   그 규율에 숨이 막혀 재미를 잃어버릴 수밖에 없다는 반직관
   적인 사실에 의욕을 잃는다.

그러나 이 책을 읽고 나면, 명확하고 설득력 있는 과학적 근거들
을 통해 재미가 우리 삶에서 얼마나 큰 가치와 중요성을 가지고 있는
지 이해할 수 있을 것이다. 또한 재미를 일상의 한 부분으로서, 억지
가 아니라 진심으로 즐기는 방법과 기술을 터득할 수 있을 것이다. 실
제로 나는 이런 방법과 기술을 활용해서 내 삶의 질을 한껏 끌어올린
것은 물론이고, 다른 사람들도 비슷한 성공을 거둘 수 있도록 도왔다.
나는 외딴 산골에 처박혀 살다가 속세로 마실 나온 현인 같은
존재가 아니다. 행복을 그만 좇고 재미를 만끽해야 한다는 내 주장은
학계의 검증을 거친 과학 연구들에 기반을 두고 있다. 바로 그 재미의
원칙과 방법론을 입증하기 위해 수많은 연구자가 매진 중이다. 우리
모두는 재밌는 삶을 살 능력을 갖추고 있다. 단지 그에 맞는 도구를
찾지 못했을 뿐이다. 부디 이 책이 그 도구가 될 수 있기를 바란다.

차례

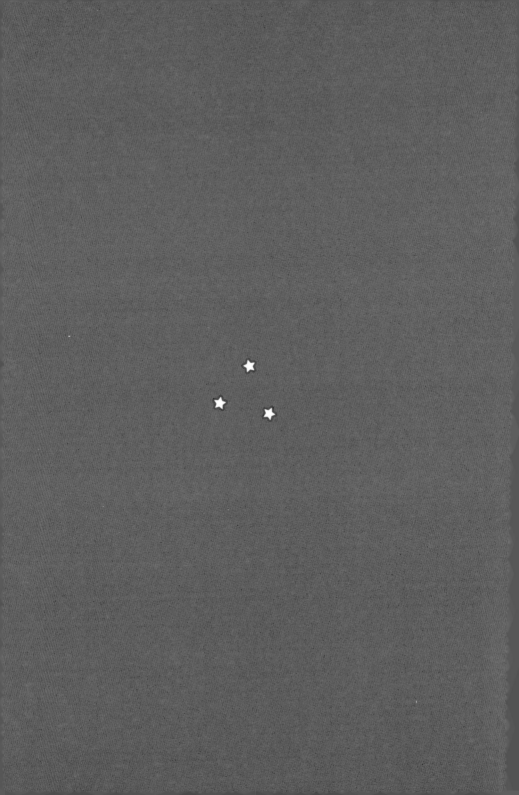

시작하기에 앞서

행복이라는 덫,
재미라는 구원

돈, 저택, 좋은 차, 멋진 옷, 여자 등
손에 쥘 수 있는 건 다 가졌다고
생각하던 때가 있었다.
지금 내가 간절히 원하는 건 단 하나,
마음의 평화다.

– 리처드 프라이어Richard Pryor

애리조나주 피닉스의 어느 겨울날, 윌 노백 ^{Will Novak}이라는 남자가 이메일 하나를 받았다. 총각파티 초대장이었다. 굉장히 재밌어 보였다. 버몬트주에서 주말 내내 스키를 탈 건데, 1980년대 스타일로 꾸민 숙소에서 바비큐, 이탈리아 음식, 맥주도 즐길 거라고 했다. 그런데 딱 하나 문제가 있었다. 노백이 예비 신랑 안젤로는 물론이고, 신랑 측 들러리를 한 명도 모른다는 점이었다. 초대장이 그에게 도착한 건 신랑 친구의 실수였다. (마침 들러리 중에 빌 노백 ^{Bill Novak}이 있었다.) 그런데도 윌 노백은 이메일을 읽는 내내 기분이 들떴다. 생후 10개월 된 아기가 있는 아빠로서 이런 설렘은 언제든 환영이었다.

그래서 노백은 킥킥거리며 답장을 썼다. "우와, 미쳤다! 나도 끼워줘! 이메일 내용을 보아하니 안젤로라는 친구도 끝내주는 녀석 같은데, 내가 장가 한번 멋들어지게 보내줄게. 신부(또는 신랑)도 멋진 분이길 바라."

답장이 안 올 줄 알았다. 하지만 노백이 우주로 쏘아 보낸 기운은 목적지를 잘 찾아 안착했다. 신랑 친구들은 노백이 뒤집어지게 웃기는 녀석이라고 생각했다. 이 정도로 웃기면 파티에 불러도 좋다고 판단했다. 얼마 지나지 않아 노백은 답장을 받았다. "진심으로 하는 말이라면, 우리도 좋아. 여기로 와."

노백은 흠칫했다. 나 진심일까? 파티에 가려면 1,000달러는 들 것이다. 책임질 처자식이 있는 몸인 데다가 이사하면서 집을 뜯어고 치느라 재정적으로 부담스러웠다. 게다가 저 친구들은 생판 남이었고. 하지만 노백은 열네 살 이후 단 한 번도 스키를 타지 못했다. 물론 삶에 부족한 건 없었다. 그러나 1년 차 부모의 삶이 대개 그렇듯 노백의 삶에 모험이라고 부를 만한 것은 똥이 묵직하게 찬 아기 기저귀랑 수면 부족이 전부였다.

그래서 노백은 제안을 거절하기는커녕 2절까지 불렀다. 크라우드펀딩 사이트에 "남의 총각파티에 참석할 수 있게 도와주세요!"라고 올렸던 것이다. 잠이 부족한 초짜 아빠랑 파티를 계획 중인 남정네들이 이렇게나 뜬금없는 일을 벌인 것만 해도 보통 사건이 아니었다. 그런데 수십, 수백 명이 그날 해야 할 어른스러운 일을 접어두고, 이 엉뚱한 계획에 뛰어들어 돈을 보태기 시작했다. 결국 모금 시작 당일에 여행 자금이 전부 모였다. 펀딩 참여 인원은 224명, 최종 펀딩 금액은 4,615달러, 펀딩 공유 횟수는 6,300회였다. (여행 자금을 빼고 남은 금액은 당시 임신 중이었던 예비부부의 육아 자금에 보탰다.)

이게 웬 정신 나간 짓인가 싶다면 잠깐만 노백의 처지에서 생각해보자. 그는 이 과정에서 무엇을 느꼈을까?

- 농담 같은 상황이 불러일으키는 실없는 웃음.
- 위험을 감수할 때 솟구치는 아드레날린.
- 평범한 일상에서 벗어나 모험을 떠날 때 느낄 수 있는 순수한 기쁨.
- 놀 기회를 찾아 즉흥적으로 여행을 떠나는 스릴.
- 새로운 친구들을 사귈 때의 보람.
- 건전한 일탈이 가져다주는 신선함.

노백의 이야기는 때가 묻지 않은 순수한 재미 그 자체다. 아내도 기쁘게 응원해준 덕분에 노백은 즐거운 시간을 보냈다. 평생 잊지 못할 추억이었다. 다른 사람들 사이에서도 노백의 이야기는 전설처럼 회자되었다. 언젠가 노백의 자녀들이 성장해 이날 사진을 보게 된다면, 아빠가 그렇게나 즉흥적으로 일을 벌였다는 사실에 깜짝 놀라 웃음을 터뜨릴 것이다.

내가 이런 이야기를 꺼낸 이유는 노백의 행동을 그대로 따라 해야 한다거나, 계획을 팽개치고 완전히 새로운 일에 도전해야 한다고 주장하기 위해서가 아니다. 그건 이 책에서 전하려는 메시지와 거리가 멀다. 사실 우리가 여기서 주목해야 할 인물은 노백이 아니라 옆에서 그의 모험을 응원한 사람들이다. 노백이 내뿜는 열의가 주변 사람들에게까지 전염되었다는 사실은 의미심장하다. 인터넷에서 사람들이 노백의 모금 운동처럼 재밌는(하지만 '무의미'해 보이는) 캠페인을 지원하는 데에는 나름의 이유가 있다. 바로 우리가 살아가는 세상에 심각할 정도로 재미가 부족하기 때문이다. 우리는 본인이 직접 재미를 누리지는 못하니, 버튼을 몇 번 눌러 기회를 위임함으로써 노백 같은 사람이라도 대신 재미를 만끽하기를 바란다.

재미는 인간이라면 누구나 누릴 수 있는 기본적인 가치여야 한다. 삶을 살다 보면 실망, 고통, 상실이 가득한 힘겨운 시기를 마주칠 수밖에 없다. 재미는 그와 같은 시련을 견딜 수 있게 해주는 마법의 치료제다.

출생 이후에 두뇌가 발달하는 데에는 재미가 필수다. '까꿍' 같은 단순한 놀이조차 아기가 세상을 이해하는 데 도움이 된다. 인간은 어린아이일 때 재밌는 놀이를 통해 기초적인 사회 기술과 운동 기술을 발달시키고 개인 간의 경계를 확립하며 자신과 주변 세상의 관계를 정의한다. 청소년 시기에는 재밌는 활동을 통해 삶을 탐구하면서 누가, 또는 무엇이 자신에게 즐거움을 가져다주는지 파악한다. 그 과정에서 다양한 역할을 체험함으로써 성숙한 자아를 확립한다. (애니메이션 〈사우스파크 South Park〉의 등장인물 셰프도 "모든 걸 경험해볼 시기와 장소가 있지. 우리는 그걸 대학이라 불러"라고 말한다.)

어른이 되고 삶이 정해진 계획에 따라 흘러가기 시작하면, 재미는 삶을 풍성하게 가꿀 도구이자 삶의 압력에서 도피할 탈출구 역할을 도맡는다. 재미는 건강에도 도움이 된다. 실제로 재미에 수반되는 웃음과 유머는 불안과 스트레스를 줄이고 자존감과 의욕을 높인다. 또한 재미는 호흡과 혈액순환을 원활하게 하고 맥박과 혈압을 진정시키며 혈류로 엔도르핀을 내보낸다. 외로움과 지루함도 완화한다. 나이가 들어서도 건강하려면 반드시 재미를 즐길 줄 알아야 한다.

이렇듯 인간의 삶은 재밌어야 한다. 하지만 슬프게도 우리 대부분은 성인이 되고 나면 "슬슬 어른스럽게 살아야 하잖아. 아니야?"라고 말하며 재미를 외면하기 시작한다. 《월스트리트저널》에 실린 〈나이가 들면서 재미를 즐기는 법을 까먹다An Overlooked Skill in Aging: How to Have Fun〉라는 기사는 많은 사람이 성인이 된 이후로 재미를 즐기는 법을 잊어버린다고 지적한다. "웃음, 활기, 유희, 오락은 스트레스, 우울, 불안을 해소하는 해독제"인데도 별다른 가치가 없다는 착각 때문에 재미라는 중요한 기술이 퇴화하고 있는 셈이다.[1]

이 책을 읽는 사람이라면, 이미 자기 삶에 재미가 지독히도 부족하다고 느끼고 있을 것이다. 그렇다면 당신은 특별한 사람이다. 대부분의 사람은 재미가 유치하거나 무의미하거나 심지어 위험하다고까지 생각한다. 내가 이 사실을 확신하는 이유는 재미의 가치를 되찾는 책을 쓰는 중이라고 말할 때마다 많은 사람이 미심쩍다는 반응을 보였기 때문이다. 어떤 사람들은 흘긋 곁눈질하면서 불안하다는 표정을 지었다. 또 어떤 사람들은 껄껄 웃음을 터뜨리고는 화제를 돌렸다.

하지만 고개를 열정적으로 끄덕이는 사람들도 분명 존재했다. 그들은 어째서 우리가 재미를 최우선순위에 두지 않는 것인지 하소연할 기회만을 기다리고 있었다.

다른 무엇보다 생산성을 중시하는 사회 풍토 때문에 사람들은 재미가 '있으면 좋지만 없어도 그만'이라고 생각한다. 재미를 만끽하기 위해 매일 충분한 시간을 할애하는 대신 1년에 한 번 휴가를 가거나 운이 좋으면 주말에 여유를 즐긴다. 인사관리 플랫폼 기업인 제네피츠^{Zenefits}에서 조사한 바에 따르면, 선진국 중 평균 유급휴가 기간이 가장 짧은 국가가 미국이라고 한다.[2] 그런데도 미국의 많은 직장인이 그 짧은 휴가를 쓰기 위해 회사의 눈치를 보고 있다. 날이 갈수록 일하는 시간이 늘어나고 해야 할 일이 불어난다. 이런 비정상적인 환경에서 사람들은 매일 자신만의 모험을 선택하는 대신 SNS를 뒤적이며 노백 같은 특이한 장난꾸러기를 찾아 대리 만족을 느낀다.

낯선 사람들이랑 파티를 즐기고자 국토를 가로지르는 등 자신만의 모험을 위해 굳이 상상도 못 할 행동을 저지를 필요는 없다. 매일 꾸준히 삶에 재밌는 일을 포함하겠다고 결심한 다음 이를 의식하며 살아가면 된다. 언젠가 재밌는 일을 하겠다고 공상하는 것이 아니라 지금 당장 재밌는 삶을 살면 된다. 이제부터 이를 '재미의 기술'이라 부르자.

재미의 기술을 터득하려면 일단 재미가 무엇인지, 재미가 우리의 건강, 행복, 성공에 얼마나 중요한지 새롭게 이해할 필요가 있다.

열심히 살면 인생이 더 나아진다는 착각 ≪≪≪

어쩌다 이렇게 되었을까? 북미와 유럽에서는 많은 사람이 아메리칸드림의 정신적 근간을 이루는 청교도 윤리에 절여진 채 죽도록 일하는 것을 미덕으로 여기며 살아왔다. 청교도 사이에서는 성공이 개인의 자존감은 물론이고, 영혼의 가치까지 결정했다. 영혼의 운명이 말 그대로 직업적 성공에 달려 있었다는 뜻이다. 이런 분위기에서 열심히 일하고 소출을 거두는 것은 매우 중요한 문제일 수밖에 없었다.

　노동이 신성한 활동이라면, 반대로 사람들이 노동에 집중하지 못하도록 방해하는 것, 즉 재미는 무가치할 뿐 아니라 사악하기까지 한 것이었다.

　이러한 전통에 따르면, 부를 쌓고 아메리칸드림을 이루기 위해서는 반드시 고된 노동에 임해야 한다. 하지만 현대 사회학 연구를 살펴보면 가난과 개인의 관계는 상상 이상으로 복잡하다. 이 사실은 저널리스트이자 사회비평가인 바버라 에런라이크^{Barbara Ehrenreich}의 저서 《노동의 배신》(부키, 2012)에 생생하게 묘사되어 있다.[3] 에런라이크는 일부러 최저임금을 받는 사람들만 골라 최선을 다해 일한 다음에 어떤 결과를 맞았는지 알아보았다. 결과를 요약하면 이렇다. 아무리 열심히 일한들 저축할 여건이 안 되거나 사회 안전망이 제대로 깔려 있지 않으면, 근근이 먹고사는 식으로는 삶을 효율적으로 이어나갈 수 없었다.

하지만 열심히 일해야만 (어떤 면에서든) 성장할 수 있다는 통념은 여전히 사람들의 마음속에 깊이 뿌리내리고 있다. 이때 개인의 가치는 생산성이 얼마나 뛰어난지에 따라 결정된다. 인류학자 라하프 하푸시 Rahaf Harfoush 는《일할 것인가 공상할 것인가 Hustle & Float》에서 노동을 (설령 그것이 기쁨, 의미, 보람을 가져다주지 못할지라도) 미덕으로 강조하는 태도가 산업혁명 직후에는 큰 도움이 되었음을 인정한다.[4] 노동이 그 어느 때보다 사소한 작업들로 분화됨에 따라 그 결과를 측정하고 최적화하기 쉬워졌기 때문이다. 사람들은 이와 같은 '알고리즘적 노동'(반복적이고 순차적인 방식으로 이루어지는 노동)으로 생계를 유지하는 데 익숙해졌다.[5] 예컨대 우리 할아버지는 오클라호마주에 주물공장을 가지고 있었다. 할아버지랑 동료 일꾼들은 매일 아침 똑같은 시간에 출근했다. 각자가 해야 할 일이 정해져 있었다. 육체적으로 워낙 고된 일이었기 때문에 철야 작업은 애초에 불가능했다. 자신에게 주어진 일을 잘해내고 돈을 받으면 그만이었다. 남는 시간은 자유였다.

　　하지만 1970년대에 인류는 정보화 시대를 맞이했다. 많은 사람이 부품 공장에서 일하는 대신 '지식 노동'이라는 새로운 영역에 뛰어들었다. 이제는 노동의 산물이 지적 재산이나 혁신의 형태를 띠기 때문에 노동자는 더 이상 톱니바퀴로 이루어진 기계를 조작하지 않는다. 노동자 본인이 톱니바퀴가 달린 기계처럼 작동할 뿐이다. 고용주는 마치 공장의 기계를 다루듯 노동자를 쥐어짠다. 인간이 다른 인간에게 이윤을 가져다주기 위해 상품과 가치를 찍어내는 기계로 변질된 셈이다.

엎친 데 덮친 격으로 최근 몇 년간 생산성을 측정하는 일이 훨씬 더 어려워졌다. 공장의 조립라인과 달리 창의적인 업무는 비선형적인 사고와 절차에 따라 이루어지며 더는 일관된 패턴을 보이지 않는다. 결과적으로 오늘날 우리가 하는 일에는 뚜렷한 마감 지점이 존재하지 않는다. 알고리즘적 노동과 달리 확실한 목표가 없다 보니, 오늘 내가 사무실에서 최선을 다해 일했는지도 분명히 알 수 없다. 다만 자기 자리를 지켜야 한다는 갈망 때문에 늘 '가동' 상태를 유지할 뿐이다. 한편 새로운 커뮤니케이션 수단의 등장으로 사실상 언제 어디서든 연락과 소통이 가능해지면서 상황이 더욱 심각해졌다. 재택근무가 가능해진 사람들이 많아지면서 집에서도 일이 끝나지 않는다. 많은 사람이 물리적으로 동일한 공간에서 먹고 자고 일하기 때문에 머릿속에 '퇴근'이라는 개념 자체가 떠오르지 않는다. 오히려 이불을 덮고 누울 때까지 끊임없이 이메일에 답장을 보내야 한다.

게다가 최근에는 '긱경제 gig economy'(임시직이나 계약직에 의존하는 기업이 많아지는 경제—옮긴이)가 여기저기에 마수를 드리우면서 워라밸이 더욱 망가졌다. 예컨대 우버, 리프트 Lyft, 파이버 Fiverr, 인스타카트 Instacart, 도어대시 DoorDash 같은 플랫폼을 통해 먹고사는 사람들의 일상은 일과 분리되어 있지 않다. 프리랜서 직종이 자율성을 보장할 것이라는 헛된 기대에 홀린 사람들은 뼈 빠지게 일해 창출한 가치를 자기도 모르는 사이에 플랫폼에 헌납한다. 더욱 끔찍한 건 이런 플랫폼의 작동 원리가 근로자에게 더 많이 일하고 더 적게 받도록 강요한다는 점이다. 만약 임시직 근로자로 일하고 있다면 구글에서 검색해보라. 익명의 소프트웨어 개발자가 근로자에게 불리한 판이 짜이도록 프로그램을 개발했다고 죄책감에 고백하는 내용을 쉽게 찾아볼 수 있을 것이다.

이렇듯 긱경제 내에서는 자율성이 보장된다는 환상과 근로자를 착취하려는 태도가 극에 달한다. 하지만 긱경제 밖이라고 크게 다르지는 않다. 자기 사업을 벌이는 사람이 아닌 이상 고용주의 최우선 목표가 무엇인지 투명하게 확인할 수 있는 근로자는 거의 없을 것이다. 고용주의 최우선 목표는 (인간을 비롯한) 모든 자원을 최대한 쥐어짜는 것이다. 이와 같은 술수는《슬레이트 Slate》의〈기업의 웰니스 앱을 잠깐 사용하면서 느낀 불쾌감 My Disturbing Stint on a Corporate Wellness App〉이라는 기사에 잘 까발려져 있다. 웰니스란 신체적·정신적·사회적으로 모두 건강한 상태를 가리키는데, 이 기사는 웰니스 앱의 은밀한 목적을 이렇게 폭로한다. 즉 낮은 임금과 고된 업무 강도에서 비롯된 부정적인 영향의 책임을 고용주가 아니라 근로자에게 돌림으로써, 더 오래 더 많은 일을 하게 한다는 것이다.[6] 물론 직원들과 부를 공평하게 나누겠다는 사명을 가진 회사들도 존재하지만, 절대 주류는 아니다.

일과 삶의 경계가 모호해지면서 "노력을 110퍼센트 기울여!"라는 말도 악랄한 의미를 지니게 되었다. 현재 미국에서는 번아웃을 겪는 근로자의 비율이 노동 형태를 막론하고 역대 최고로 높은 상태다. 기업들은 '허슬 hustle'(마지막 남은 한 방울의 에너지까지 쏟는 태도—옮긴이)의 중요성을 강조하는[7] 게리 바이너척 Gary Vaynerchuk이나,✦ 더 많이 일한 사람에게 영예가 돌아가야 한다고 주장하는[8] 그랜트 카돈 Grant Cardone 같은 인기 강사를 초청해 직원들을 교육한다. 이들이 연단 위에서 전하는 메시지는 그럴듯하게 들린다. 하지만 계속해서 쌓이는 경험적 증거에 따르면, 이런 메시지에 자극받아 과도하게 일하는 사람들은 심각한 대가를 치를 가능성이 크다. 예컨대 스탠퍼드대학교 경영대학원의 제프리 페퍼 Jeffrey Pfeffer 교수는《월급에 목숨 거는 삶 Dying for a Paycheck》에서 '상시 접속 중'일 것을 요구하는 오늘날의 근무 환경이 우리를 해치고 있음을 상세히 밝힌다.[9] 스페인 나바라대학교 이에세경영대학원의 누리아 친칠라 Nuria Chinchilla 교수도 그러한 부적응적인 행동 양식을 가리켜 '사회적 오염'이라 부른다.[10] 이런 오염이 불러일으키는 피해는 친구 및 가족 관계를 망가뜨리는 데 국한하지 않는다. 문자 그대로 우리를 죽음에 이르게 할 수 있다. 세계보건기구 WHO와 국제노동기구 ILO에서 조사한 바에 따르면, 2016년 한 해에만 과도한 업무 때문에 사망한 사람의 수가 74만 5,000명에 달하는데, 이는 2000년 대비 29퍼센트 증가한 수치다.[11]

✦   직접 바이너척을 만난 적이 있어서 확신할 수 있는데, 그는 좋은 의도로 그런 주장을 했을 것이다. (아마 카돈도 마찬가지였을 것이다.) 실제로 바이너척은 지난 몇 년간 허슬에 관한 자신의 생각을 완화한 편이다. 이 점을 인정해줄 필요가 있다.

기업을 위해 직원을 쥐어짠다는 개념은 최근에 와서야 등장한 것이 아니다. 예를 들어 1911년 출간된 《프레드릭 테일러 과학적 관리법》(21세기북스, 2010)에서 저자 프레더릭 윈즐로 테일러 Frederick Winslow Taylor는 임금을 조정하고 근무 리듬을 관리함으로써 철강 회사의 일간 생산량을 12톤에서 47톤까지 끌어올린 사례를 소개했다. 앞서 언급한 것처럼 현대 경제 시스템이 급격한 변화를 겪었는데도 테일러가 제시하는 경영 이론과 관행은 여전히 인기를 끌고 있다. (심지어 테일러는 자신의 책에서 어느 노동자를 은연중에 경멸하며 그의 지적 능력이 소의 지적 능력과 다를 바 없다고 주장하기까지 했는데도 말이다.[12])

나도 박사학위 준비 중에 '목표설정이론 goal-setting theory'을 배웠던 기억이 난다.[13] 이는 1960년대 중반부터 조직행동학 연구를 이끈 에드윈 로크 Edwin Locke와 개리 레이섬 Gary Latham이 야심 찬 목표를 설정함으로써 노동자의 생산성을 높이는 경영 기법을 소개하기 위해 제시한 이론이다. 이렇듯 인간을 일하는 기계로 만들려는 노력은 역사가 오래되었다. 최근에도 기업은 스스로를 갈아 넣는 행위가 영광스러운 훈장과 같다는 메시지를 전달하려 애쓴다. 하지만 그런 태도는 해롭기 짝이 없다.

상상해봐라. 만약 당신이 뼈 빠지게 일하지 않는다면, 볼일을 보는 중이라고 이메일에 답장을 하지 않는다면, 매일 1만 보를 걷지 않는다면, 어떤 느낌이 들까? 게으름뱅이가 된 기분일 것이다. 우리가 허슬 문화에 얼마나 현혹되어 있는지를 생각하면 정신이 아찔해진다. 일에 모든 것을 쏟아붓는 태도는 끔찍한 대가를 초래한다. 우리의 행복을 결정하는 요소에는 재미, 놀이, 여가가 포함되어 있는데도 현대인의 삶은 그런 요소를 즐길 기회를 허락하지 않는다.

쫓을수록 멀어지는 행복 《《《

앞서 언급한 것처럼 나는 일을 중시하는 사회 분위기에 대응하기 위해 '행복해지는 것'을 목표로 삼았다. 그 과정에서 나는 여느 사람들처럼 온갖 종류의 즐거운 경험을 죄다 정량화하는 덫에 빠지고 말았다. 예를 들어보자. 나는 명상을 좋아한다. 명상하는 경험을 최적화하고자 나는 뉴로피드백neurofeedback (뇌파를 측정한 뒤 훈련을 통해 조정하는 일—옮긴이) 장비를 구매해 내가 얼마나 잘 명상하는지 확인하려 했다. 그때부터 오히려 명상의 질이 떨어지기 시작했다. 명상 자체를 즐기는 대신 명상의 양을 늘리는 데만 집중하게 되었기 때문이다. 명상 말고 다른 활동들도 마찬가지다. 오늘날 우리는 수면량과 운동량부터 사랑하는 사람과 보내는 시간까지 삶의 온갖 측면을 앱과 기기를 통해 측정하려 애쓴다.[14]

우리는 자기만의 방식대로 활동을 즐기는 대신 각각의 활동을 통계적으로 분석한다. 오늘 자신의 상태를 어제 자신의 상태랑 비교하는 것은 물론이고, 옆집 아무개와도 비교하려 든다. 막연히 이 정도

였으면 좋겠다는 수준에 현재 상태가 이르지 못하면, 그 차이에 집중하느라 실제로 삶을 풍성하게 하고 우리를 성장시킬 의미 있는 경험을 놓치고 만다. 이때 행복은 마치 멀리 있을 때만 뚜렷이 보이는 신기루와 같다. 그래서 막상 도달하고 나면 기대했던 만큼의 행복을 누릴 수 없다. 그러면 우리는 또다시 지평선 너머를 바라보면서 새로운 행복을 찾으려 한다. 끝없는 악순환이 이어지는 것이다.

이는 우리의 잘못이 아니다. 인간이라는 존재 자체가 이런 덫에 쉽게 빠질 수밖에 없다. 실제로 인간의 뇌는 지금 내가 있는 곳과 내가 행복해질 것 같은 곳 사이의 격차에 집중하도록 설계되어 있다. 학계에서는 무언가가 즐거움과 관련되어 있음을 가리킬 때 '쾌락적 ^{he-}_{donic}'이라는 용어를 사용한다. 우리가 쾌락적인 경험을 할 때 여기에는 크게 두 가지 요소가 포함된다. 바로 '예측 쾌락 anticipatory pleasure'과 '성취 쾌락 consummatory pleasure'이다. 한때 과학자들은 인간이 주로 성취 쾌락을 추구하는 경향이 있다고, 즉 만족감을 얻기 위해 무언가를 하는 경향이 있다고 생각했다. 하지만 최신 연구에 따르면, 그러한 만족감보다는 잠재적인 보상이나 유익이 있으리라는 예측 그리고 그 예측이 맞아떨어질 때의 기쁨이 쾌락을 추구하게 한다. 여기에는 크게 세 가지 이유가 있다.

첫째, 인간은 예측의 동물이다. 행복에 관한 책을 읽어본 적이 있다면 도파민을 들어봤을 것이다. 도파민은 '행복 호르몬'이라는 별칭으로도 잘 알려져 있다. 초창기에는 도파민이 쾌락을 느끼게 하는 신경전달물질로 여겨졌다. 하지만 신경과학자 블레이크 포터 Blake Porter에 따르면, "도파민이 행복 호르몬이라는 설은 현재 신경과학계에서 사장된 것이나 마찬가지"다. 과학자들이 도파민을 본격적으로 연구하기 시작하면서 발견한 놀라운 사실 한 가지는 도파민이 대개 재밌는 일을 시작하기 전에 솟구친다는 점이다. 재밌고 즐거운 경험을 하는 와중에 도파민이 결정적인 역할을 한다고 보았던 과거의 견해와 달리, 도파민이 불러일으키는 고양된 감각은 예측과 밀접한 관련이 있다.[15] 게다가 이 예측은 즐거움과 필연적인 연결 고리를 갖고 있지도 않다. 과학자들의 주장에 따르면, 도파민의 진화적 목적은 인간을 각성시켜 예측하지 못한 상황에 대비하게 하는 것이다. 그 상황이 즐거운지 아닌지는 아무 상관이 없다. 또한 도파민은 우리가 목표를 추구하고 결승점에 가닿도록 동기를 부여하는 역할을 한다고도 알려져 있다.

따라서 도파민에 자극받아 우연히 행복을 추구하게 되더라도 행복 자체를 진정으로 즐기기는 어렵다.[16] 행복에 다다르려는 갈망은 구조적으로 결코 만족시킬 수 없기 때문이다. 결국 우리는 학계에서 '쾌락의 쳇바퀴'라고 부르는 악순환에 갇힌다. 이는 '쾌락 적응', '쾌락 상대주의', '행복 설정점'(변화 이전의 행복 수준) 같은 개념으로도 설명할 수 있는데, 어떤 것이든 행복에 미치는 삶의 변화나 사건의 영향력이 과대평가되는 경향이 있음을 시사한다. 일단 변화가 익숙해지고 나면 우리의 행복은 설정점으로 돌아간다. 이전보다 행복하지 않으므로, 결국 우리는 또 다른 무언가를 찾아 헤매기 시작한다.

둘째, 인간은 적응의 동물이다. 삶에 어떤 변화가 닥치든 우리의 주관적인 행복에는 일시적이고 제한적인 영향만 미칠 뿐이다. 행복을 손에 쥐었다고 생각하는 순간 행복은 손가락 틈 사이로 스르륵 빠져 나간다. 학계에서는 수십 년간 '적응수준이론adaptation-level theory'을 적용해 행복이 오래 지속되지 않는 이유를 설명하려 애썼다. 특히 학자들의 관심을 끈 것은 심리학자 필립 브릭먼Philip Brickman, 댄 코츠Dan Coates, 로니 재노프불먼Ronnie Janoff-Bulman이 복권 당첨자들을 조사해 집필한 1978년도 논문이었다.[17] 이들이 밝혀낸 바에 따르면, 놀랍고도 예기치 않은 일(예컨대 복권에 당첨되는 일)을 겪을 때 삶이 순간적으로 흥미진진해질 수는 있지만, 결국 인간은 그 상황에 적응한다. 인간은 새로운 현실에 순응하며 행복은 원래 익숙했던 수준으로 돌아간다. 달라진 상황에 신중히 접근하지 않으면 오히려 이전보다 더 불행해지는 경우도 있다. 새로운 문제나 새로운 책임(복권 당첨자를 예로 들자면 재산을 나눠 받기를 원하는 지인이나 가족의 압력)에 직면하기 때문이다. (전설적인 래퍼 노토리어스 비아이지The Notorious B.I.G.가 노래했듯 "돈이 많아지면 문제도 많아지는 법"이다.) 그나마 좋은 소식은 복권 당첨자들에게도 희망이 아예 없진 않음을 암시하는 최신 연구가 존재한다는 점이다. 실제로 갑작스러운 행운을 효과적으로 받아들일 수만 있다면 삶의 만족도는 높아진다.[18] 제대로 된 도구를 써야 새로운 현실을 당연시하는 경향을 극복할 수 있는 것이다.

셋째, 인간은 비교의 동물이다. 행복은 경험 자체보다는 그 경험을 다른 사람의 경험과 비교했을 때 드는 생각에 달려 있다.

개인이 받아들이는 행복은 상당 부분 다른 개인과 공유하는 경험에 바탕을 둔다. 이런 맥락에서 행복은 일종의 집단 환각과 다를 바 없다. 지금 당장 어떤 현실에 처해 있든 그 현실을 어떻게 바라볼 것인지는 다른 사람과 비교함으로써 결정된다.

프랑스에서 진행된 어느 사회인구학 연구에 따르면, 개인에게 선택권이 주어질 때 그 개인이 막연히 '더 많은 것'을 가지기를 원하는 경우는 흔치 않다. 그는 단지 주변 사람들보다 더 많은 것을 가지기를 원할 뿐이다. 해당 연구의 설문에 응답한 사람들 대다수는 주변 사람들의 IQ가 평균 150일 때 자신의 IQ가 130인 상황보다는, 주변 사람들의 IQ가 평균 90일 때 자신의 IQ가 110인 상황을 선택했다. 자신의 IQ가 더 낮아지는데도 말이다. 연장선에서 다른 사람들이 8주 휴가를 받을 때 본인이 6주 휴가를 받는 상황보다는, 다른 사람들이 2주 휴가를 받을 때 본인이 4주 휴가를 받는 상황을 선호한 응답자가 더 많았다.[19]

이렇듯 모든 인간에게는 쾌락의 쳇바퀴에 빠질 수밖에 없는 진화 메커니즘이 내재해 있다. 우리는 그토록 바라던 휴가를 마침내 떠나지만, 기대가 워낙 컸던 탓에 생각만큼 행복하지 않다. 우리는 마침내 그토록 바라던 승진에 성공하지만, 이내 새로운 역할에 적응하면서 기쁨도 닳아 없어진다. 심지어 예기치 못한 결과가 닥치기도 한다. 아이들은 연휴 때 선물을 받고는 마구 흥분하지만, 사촌이 받은 선물이 조금 더 좋다는 생각에 무너지고 만다. 우리가 경험하는 변화나 사건의 긍정적인 측면은 덧없이 금세 지나가며 결국 원래 상태(그놈의 행복 설정점)로 돌아가거나 심지어 더 불행해지기도 한다.

허무라는 종착지 «««

혹시 〈네버엔딩 스토리〉라는 영화를 본 적 있는가? 이 영화에서는 '허무'라는 이름을 가진 강력하고도 사악한 힘이 등장해 판타지아라는 마법 세계를 집어삼켜 황량한 공허만을 남긴다. 이는 상상력이 완전히 사라진 현실 세계를 상징한다. 내가 볼 때 오늘날 우리가 아무생각 없이 소비하고 몰두하는 미디어가 바로 그 허무처럼 삶의 기쁨과 의미를 가차 없이 빨아들이고 있다.

　일례로 SNS를 생각해보자. 우리는 SNS를 통해 약간의 재미를 즐길 수 있고 다른 사람들과 소통할 수 있으며 추억을 음미할 수 있다. 나도 온라인으로 사람들과 어울리고 생각을 공유하는 것을 좋아하기에 군이 SNS를 악마처럼 묘사하고 싶지는 않다. 그렇지만 꼭 기억해야 할 사실은 SNS가 우리의 여가 시간을 착취하고 독점하는 방식으로 설계되어 있다는 점이다. SNS는 치밀하게 고안된 알고리즘을 통해 우리의 주의력을 사로잡는다. 특히 댓글이나 '좋아요' 같은 기능은 특정 경험이 사회적으로 더 가치가 있다는 인상을 심어줌으로써, 우리가 경험 자체에서 내적 유익을 얻는 대신 SNS 안에서의 인기에 따라 추억을 줄 세우도록 한다.

이렇듯 이용자를 더 오래 붙잡기 위해 고안된 SNS의 작동 원리는 우리의 행동에 의도치 않은 변화를 일으킨다. SNS에 빠져들수록 우리는 자기 자신이 아니라 팔로워를 행복하게 하는 활동에 매달린다. 또한 같은 상황을 공유하면서 느끼는 친밀감을 포기하는 대신 대리 만족에 몰두한다. 팔로워 수가 늘어남에 따라 자존감이 외부의 근원에 의존하는 비중도 점점 증가한다. 자신에게 실재적인 관심이 없는 타인들, 즉 허무의 노예가 되는 셈이다.

오늘날 우리의 경험은 그 자체로 목적이라기보다는 실질적인 가치가 거의 없는 가상의 지위를 얻기 위한 수단으로 전락했다. '좋아요' 숫자가 올라가는 걸 보면 도파민이 분비되면서 일시적인 만족을 얻는다. 찰나의 만족이기는 하지만 어쨌든 손쉽게 얻을 수 있는 즐거움이기 때문에 우리는 계속해서 그 만족을 갈구한다. 마치 중독의 초기 증상 같지 않나? 그렇게 느껴지는 이유는 실제로 그렇기 때문이다. 최신 연구에 따르면, SNS를 통해 찰나의 만족을 반복해서 얻는 행위는 뇌의 구조를 변질시키고, 그 결과 우리를 우울과 불안에 취약하게 한다.[20] 심지어 일부 학자는 자살률과 우울증의 발병률 증가가 스마트폰과 SNS의 보급률 증가와 상관관계를 가진다고 주장한다.[21] 스마트폰이 우리의 정신 건강을 해치고 있음을 밝혀낸 대표적인 학자 중에 샌디에이고주립대학교 심리학 교수인 진 트웽이 Jean Twenge 가 있다. 물론 트웽이가 연구 결과를 지나치게 비관적으로 해석했다고 비판하는 사람들도 있지만, SNS가 우리의 행복에 심각한 악영향을 끼칠 가능성이 크다는 사실은 분명해 보인다.[22]

무엇이 우리의 기분을 좋게 하는지 낱낱이 파헤친 책《고삐 풀린 뇌》(작가정신, 2013)의 저자이자, 존스홉킨스의과대학교 교수인 데이비드 J. 린든 David J. Linden 이 지적하듯 한때 전문가들은 고통이 쾌락의 정반대라고 생각했다. 하지만 도파민이라는 요술사를 깊이 연구하기 시작하면서 고통도 인간의 보상회로를 활성화할 수 있다는 사실이 밝혀졌다.[23] 따라서 쾌락의 정반대는 권태, 즉 자극의 부재에서 비롯되는 불만이라고 보는 것이 옳다. 만약 권태가 기쁨의 적이라면 허무는 즐거움의 앞을 가로막는 궁극의 적이나 마찬가지다.

도파민 중독과 옥시토신의 해독 작용 ≪≪≪

오늘날 우리가 행복을 가져다준다고 믿는 행동 양식은 삶을 조금도 풍성하게 해주지 못한다. 아무리 노력을 기울여도 결국 얻는 건 허무뿐이다. 오로지 행복을 위해 죽어라 노력하지만, 쥐뿔만 한 보상은 얼마 가지 않는다. 행복을 손에 쥐는 게 어째서 이토록 어려운지 의문만 남는다.

이 모든 불만을 해소할 해독제가 바로 재미다. 신경화학적인 관점에서 보면 문자 그대로 해독제가 맞다. 우리가 다른 사람들과 함께 재밌는 경험을 공유할 때 기분을 좋게 하는, 하지만 종종 간과되는 호르몬이 하나 더 나온다. 바로 옥시토신이다. 옥시토신은 친사회적인 행동에 참여해 다른 사람과 교류할 때 얻을 수 있다. 도파민이 자극적인 사카린이라면, 옥시토신은 우리가 자아를 넘어서서 더 큰 존재를 마주할 때 느끼는 진실한 달콤함에 빗댈 만하다.

우리가 시간을 의식적으로 통제하지 않으면 우리의 시간은 타의에 의해 소모된다. 이는 답답하고 무기력한 기분을 초래한다. 시간을 그런 식으로 낭비하면 안 된다는 사실을 잘 알고 있기 때문이다. 그런데도 우리는 자율성과 주체성을 향한 원초적인 욕망을 외면한 채 노백의 여행 자금을 지원하거나 SNS에 사진을 올리고 '좋아요' 숫자가 올라가는 걸 구경하는 식으로 그 욕망을 달래려 애쓴다. 문제는 그런 식으로는 진정한 교류를 할 수 없다는 점이다. 우리는 식사 자리에서조차 눈앞에 있는 사람을 무시한 채 스마트폰 화면을 꾹꾹 눌러대며 사회적 활동을 하고 있다고 착각한다. 마음속 깊은 곳에서는 삶이 덧없이 지나가고 있다는 느낌 때문에 괴로워하면서도 말이다. 사실상 매 순간을 허무에 내어주고 있는 것이나 마찬가지다.

하지만 재미를 지향한다면 삶의 통제권을 되찾을 수 있다. 의식적으로 재밌는 경험을 찾아 다른 사람들과 함께할 때, 즐거운 경험을 통해 적극적으로 다른 사람들과 의미 있는 상호작용을 나눌 때 비로소 우리는 도파민 중독을 극복해낸다. 이런 맥락에서 재미는 쾌락의 쳇바퀴를 멈출 해결책이다. 재미는 살아 있다는 감정, 다른 이들과 이어져 있다는 감정을 갈구하는 우리의 진정한 욕구를 억누르는 대신 삶을 풍성하게 한다.

옥시토신의 역할은 단지 기분을 즐겁게 하는 것에 국한되지 않는다. 관련 연구에 따르면 옥시토신은 우리가 부정적인 충동에 휘둘리지 않도록 막아준다. 예컨대 독일 뤼베크대학교의 신경내분비학자인 폴커 오트 Volker Ott 는 건장한 남성 20명에게 옥시토신을 주입한 결과 그들의 절제력이 증가하고 간식 섭취량이 감소한 것을 확인할 수 있었다. 오트는 옥시토신이 보상과 관련된 행동을 통제하는 데 중요한 역할을 한다고 결론지었다.[24] 옥시토신 수치를 높이는 활동을 우선시하면, 재미를 즐기고 싶은 욕구를 충족시킬 때 순간적인 만족에 휘둘리는 대신 시간과 주의력을 더 효과적인 곳에 쓸 수 있다. 또한 옥시토신 수치를 높일 때 다른 사람에게 더 깊이 공감하기가 쉬워지면서 유대감도 튼튼해진다. 결과적으로 허무에서 벗어나 우리 자신과 우리를 진심으로 소중히 여기는 사람들에게 시간과 에너지를 쏟게 된다. 옥시토신이 분비될 때 우리는 자기 자신만 생각하거나 스스

로를 남들과 비교하는 대신 서로를 지원하고 격려하는 등 친사회적
으로 행동한다.[25]

    옥시토신 및 도파민과 관련해 한 가지 참고할 점이 있다. 이 둘
은 복잡한 관계를 맺고 있다. 학계에서도 이제 막 퍼즐을 맞추기 시작
한 단계다. 호르몬이 작동하는 방식이 기존의 이해보다 훨씬 더 복잡
하다는 사실은 분명하다. 신경전달물질은 흑과 백으로 뚜렷이 구분
할 수 없다. 호르몬은 서로 복잡하게 얽혀 공생하며 신체 내에서 매우
다양한 역할을 수행한다. 따라서 내가 옥시토신과 도파민을 대립 구
도로 놓고 설명한 것은 실제로 그래서라기보다는 우리가 어디에 가
치를 두어야 하는지 이해시키기 위한 비유에 가깝다. (오히려 재미를 느
끼기 위해서는 두 호르몬이 친구처럼 어울려야 한다.)

재미의 본질을 찾아서   «««

여태까지 재미는 지나치게 나쁜 것, 사소한 것, 모호한 것으로 무시당
해왔다. 이와 같은 잘못된 이미지를 벗기기 위해 우선 재미의 본질을
이해할 필요가 있다. 행복이 우리의 정신 상태에 해당한다면 재미는
우리가 할 수 있는 행동에 해당한다. 재미를 즐기는 데에는 교육, 돈,
권력이 필요하지 않다. 그저 의도만 있으면 된다. 행복이 신기루라면
재미는 뒷마당에 있는 오아시스와 같다. 이 장을 마칠 때쯤이면 우리

는 즉각적인 행동을 취하기 시작할 것이다. 그게 재미를 추구하는 방식이기 때문이다.

과학의 눈으로 볼 때 재미는 상대적으로 개척이 덜 된 분야다. 마치 인류 역사 초기에 인간이 두려움과 경외심을 가지고 바라보던 번개와 같다. 번개는 실재하며 놀라운 장관을 연출하고 때때로 파괴적인 위력을 발휘한다. 그런데 번개가 정확히 어떤 식으로 내리치는지는 여전히 미스터리다.[26] 뇌운이 어떤 원리로 형성되고 어떻게 번갯불을 일으키는지에 대해서도 학자마다 의견이 갈린다. 물리학의 기본 법칙을 벗어나기 때문이다.

재미도 베일 뒤에 가려져 있다. 재미의 기원을 설명하는 과학 이론은 상당 부분 추측에 의존한다. 한 가지 그럴듯한 이론은 우리의 조상들이 어느 날 문득 재미가 두뇌 발달에 도움이 된다는 사실을 깨달았다는 설명이다.[27] 인간은 다른 사람들이랑 재밌게 놀면서 협동하고 합의하는 법을 배웠고, 이는 시간이 지남에 따라 사회적 규범이자 원칙으로 자리를 잡았다. 재미와 놀이를 통해 형성된 유익한 관계와 친밀한 협력은 인간이 집단을 이루는 방식의 근간이 되었다. 이와 같은 재미의 힘을 고려할 때 재미는 인류 문명의 성장을 촉진했다고 해도 과언이 아니다. 적어도 이론상으로는 그렇다.

물론 이는 추측이다. 재미의 기원이 무엇인지, 재미가 인류의 번영에 어떻게 이바지했는지 정확히 아는 사람은 없다. 하지만 인간의 인식에 따라 정의가 달라지는 주관적인 행복과 달리 재미는 실재하며 관측과 이해가 가능하다. 재미는 원초적이고 보편적이며 문화보다 앞서 존재한다. (인간 외에도 많은 동물이 재미를 추구한다는 점을 생각해보면 분명한 사실이다.) 재미는 강아지 두 마리가 노는 것만큼 단순하면서도 알베르트 아인슈타인이 중대한 과학적 발견을 하는 데 이바지할 만큼 복잡하다.

그래서 한마디로 재미가 무엇이냐고? 재미란 즐거운 경험에 참여하는 것이다. 물론 재미는 그보다 훨씬 풍부한 특성을 가지고 있다. 그중 대표적인 네 가지 특성을 살펴보자.

첫째, 재미는 행동 지향적이다. 즉 즉각적으로 나타난다. 재미가 있거나 없거나 둘 중 하나다. 학계에서는 '쾌락조hedonic tone', 또는 '감정가valence'라는 용어를 사용해 특정 경험의 정서적 질을 결정한다. 설명을 더 복잡하게 하고 싶지는 않기 때문에 심리학 용어로는 일단 '쾌락'과 '감정가'만 기억하도록 하자. 긍정적인 감정가를 가진 경험은 즐겁게 느껴지지만 부정적인 감정가를 가진 경험은 불쾌하게 느껴진다. 재미를 지향하는 경우, 다시 말해 긍정적인 경험에 참여하는 경우 유익을 얻는다.[28] 반면 더 행복해지려고 애쓰는 경우 오히려 자신이 불행하다는(또는 충분히 행복하지 않다는) 사실을 확인한다. 이런 괴리감이 삶의 중심으로, 또 정체성으로 자리를 잡으면, 얼마든지 의식적으로 시간을 사용할 수 있다는 강력한 확신이 뇌리에서 사라진다.

둘째, 재미는 친사회적이다. 즉 타인을 포용한다. 행복에 초점을 맞춘 사람들이 흔히 취하는 '일단 내가 행복해야 남을 행복하게 할 수 있다' 유의 태도와 전혀 다르다. 오히려 재미는 자기 자신에게 매몰되지 않도록 막아준다. 신경과학자 리사 펠드먼 배럿 Lisa Feldman Barrett은 재미가 가진 힘을 이렇게 설명한다. "당신은 잠깐이나마 당신만의 세계에서 벗어난다." '나'의 영역에서 '우리'의 영역으로 이동하는 셈이다.

재미는 나 자신만이 아니라 활동에 참여하는 모두에게 유익이 된다. 예컨대 친구들과 함께 웃음을 터뜨리는 상황을 떠올려보자. 코미디언 존 클리즈 John Cleese는 이렇게 말한다. "함께 목 놓아 웃음을 터뜨리는 동안은 서로 간의 거리감도 느껴지지 않고 사회적인 지위도 무의미해진다. 거창하게 들리겠지만, 웃음이야말로 민주주의를 움직이는 동력이다."[29]

그렇다고 혼자서 재밌는 경험을 할 수 없다는 뜻은 아니다. 혼자 즐기는 재미도 함께 즐기는 재미만큼이나 중요하며 내향적인 사람에게는 특히 더 그렇다. 그렇지만 소중히 여기는 사람들이 가장 강력한 재미의 근원이 될 수 있다는 사실은 부정할 수 없다. 연장선에서 재미가 친사회적이라는 말은 재미를 즐기는 과정에서 남을 희생할 필요가 없음을 의미하기도 한다. 흥미롭게도 '재미'라는 단어는 17세기 후반 처음 영어에 등장했을 때만 하더라도 속임수나 거짓말을 의미했다. 이런 함의는 지금도 남아 있어서 이따금 '남을 깎아내려서 재미를 보다' 같은 표현이 쓰이기도 한다. 어쩌면 이런 함의 때문에 사람들이 재미를 부정적으로 바라보는 경향이 생겼을지 모른다. 부디 그런 통념에 발목 잡히지 않기를 바란다. 누군가를 다치게 해야 한다면 그건 재미가 아니라는 사실을 기억하자.

셋째, 재미는 자율적이다. 재미가 친사회적이라는 말을 듣고 나면, 직장 동료나 상사의 장단을 맞추면서 억지 미소를 짓는 행위와 뭐가 다른지 의문이 들 수 있다. 하지만 과학적으로 정량화되는 행복과 달리 재미는 오로지 우리 자신의 판단에 달려 있다. 재미는 자율적이다. 다시 말해 재미는 오로지 당신만의 것이다. 다른 사람이 자기가 생각하는 재미를 당신에게 강요한다면 악영향이 초래될 수 있다. 재미를 강요하는 관행도 재미의 명예를 실추시킨 요인 중 하나다. 이 문제에 대해서는 직장에서의 재미를 다룰 때 다시 살펴보도록 하자.

넷째, 재미는 특별하다. 만화책을 보면서 실실 웃는 것부터 일생일대의 경험을 하면서 희열을 만끽하는 것까지 재미는 다양한 수준으로 나타난다. 연인이랑 몸을 기댄 채 넷플릭스를 보는 것도, 멋들어지게 드럼을 치는 것도 전부 재미에 포함된다. 제일 좋은 점은 그 모든 재미가 일상을 초월하게 해준다는 것이다. 분명 재미에는 과학으로 설명할 수도, 측량할 수도 없는 기적 같은 면이 있다.

나는 감정가를 검정 칸과 빨강 칸이 번갈아 나타나는 카지노 룰렛에 빗대고는 한다. 어떤 색이 긍정적인 경험을 나타내고 어떤 색이 부정적인 경험을 나타낼지는 우리의 선택에 달려 있다. 이때 재미의 기술을 익히기만 한다면 구슬을 좋은 색의 칸에 넣을 가능성을 키울 수 있다. 물론 나쁜 색의 칸을 아예 피할 수는 없겠지만, 시간을 들여 노력하면 더 많은 구슬이 좋은 색의 칸에 들어갈 것이다. 또한 상황이 생각대로 풀리지 않더라도 경험 자체를 즐기는 법을 배울 수도 있다. 내가 특히 이 비유를 좋아하는 이유는 룰렛의 초록 칸(룰렛에 한두 칸밖에 존재하지 않기 때문에 위험과 보상이 모두 높음—옮긴이) 때문이다. 최고의 재미는 행복과 불행이라는 이분법을 초월한다. 산술적으로 감정가를 매길 수 없는 특별한 재미가 존재한다는 뜻이다. 우리는 주관적인 행복에 부합하든 말든 그런 재미를 있는 그대로 받아들인다. 이와 같은 절정의 순간에는 일시적으로 행복도 슬픔도 느껴지지 않는다. 운 좋게도 절정의 재미를 마주한 사람들은 그것이 말로 표현할 수 없는 놀라운 경험이라고 설명한다. 이런 해방감은 우리를 우리 존재보다 거대한 무언가, 즉 '신비 mystery'와 연결해준다.

여유로운 삶만큼 중요한 즐거운 삶 ‹‹‹

내가 옆구리만 슬쩍 찔러주면 알아서 잘할 독자들도 있을 것이다. 그들에게는 생활 방식을 조금 조정해보라고 부드럽게 일러주기만 하면 된다. 재미가 헛짓거리에 불과하다고 생각했던 사람들이 내가 알려준 기술을 사용한 다음 삶을 즐길 기회가 항상 코앞에 놓여 있다는 사실을 깨달았다고 말할 때면 얼마나 기분이 좋은지 모른다.

아직도 거부감이 드는 사람이 있다면 내가 입문용 마약(더 강력한 마약에 빠뜨리기 위해 미끼처럼 사용하는 마약—옮긴이)을 팔려는 게 아님을 알아주기를 바란다. 재미의 기술을 익힌다고 해서 당장 '버닝맨Burning Man 축제'(네바다주의 사막 한가운데에서 일주일 동안 자유롭게 창조 및 표현 활동을 벌이는 축제—옮긴이)에 참석해야 한다는 뜻은 아니다(물론 버닝맨 축제가 재밌는 활동으로 여겨진다면 상관없다). 삶의 온갖 문제, 어려움, 불안을 죄다 무시하거나 부정해야 한다는 뜻도 아니다. 그런 태도는 해로운 긍정성(우리가 부정적인 감정을 느껴서는 안 된다는 오해)에 해당한다. 나중에 살펴보겠지만 감정의 폭을 제한하는 것은 심각한 부작용을 불러일으킨다. 삶이 마냥 행복할 순 없다는 현실을 부정해서는 안 된다. 늘 행복해야 한다고 생각하다가는 큰코다친다. 그러니 "긍정적인 기운만 내뿜자"라는 구호는 지금 당장 잊고 인류 구성원의 복지에 이바지하기 위해 매주 일정 시간 불쾌한 일도 해야 한다는 사실을 받아들이자. 일상적인 활동이 아니더라도 때로는 예기치 못한 일을 맞닥뜨릴 수밖에 없으며 그중 일부는 기분을 구리게 할 것이다.

내가 진짜로 지적하고 싶은 것은 오늘날 사회가 재미와 여유의 가치를 지나치게 과소평가한 나머지 우리가 해를 입고 있다는 사실이다. 한때 휴식과 여유를 정죄하고 잠을 줄이는 뚝심을 찬양하던 때가 있었지만, 그런 관행이 터무니없는 자학 행위나 마찬가지라는 사실이 밝혀지고 나서는 분위기가 서서히 변하고 있다. 이제 재미를 정죄하는 태도도 그만둘 때가 되었다. 여유로운 삶만큼이나 즐거운 삶도 중요하다.

즐거움을 좇다가 자기 탐닉이나 현실도피에 빠질까 봐 두려운 나머지 더 많은 재미를 추구하기가 꺼려진다면, 어째서 그런 반응이 나타나는지 자신의 세계관을 재평가할 필요가 있다. 자율성을 되찾고 즐거움을 누리는 것이 지금만큼 중요했던 때가 없다. 이 사실을 일찍 깨달으면 깨달을수록 더 좋은 결과가 있을 것이다.

지금 당장 해야 할 일

기념사진 만들기

재미의 기술을 익히기 위해 가장 먼저 해볼 만한 일은 사진첩을 뒤지면서 어떤 사진이 당신만의 재미를 대표하는지 발견하는 것이다. 사진 속에 당신의 모습뿐 아니라, 당신이 삶의 즐거움을 경험하는 순간 함께했던 무언가가 함께 등장하면 더욱 좋다. (꼭 당신 사진이 아니더라도 당신이 생각하기에 재밌는 경험을 담고 있는 사진이라면 무엇이든 괜찮다.)

이제 그 사진을 출력해 책상 가까이에 두자. 원한다면 멋진 액자에 넣어두거나 직접 사진 테두리를 꾸며도 된다. 기분이 처질 때나 삶에 회의가

들 때면 사진을 바라보자. 그게 첫 단추이다. 다음으로는 사진 속 장면을 머릿속에서 생생하게 재현해보자.

이 책에 등장하는 다른 노하우들과 마찬가지로 이 활동 또한 과학 연구에 바탕을 두고 있다. 《행복 저널 Journal of Happiness》이라는 학술지에 소개된 한 실험이 대표적이다. 연구진은 어떤 회상 방식이 기분을 증진하는 데 가장 도움이 되는지 알아보고자 했다. 실험에 참여한 학생들은 매일 10분씩 추억을 떠올려야 했는데, 어떤 학생들은 머릿속에서 행복한 기억을 재생하도록 요청받았고, 또 어떤 학생들은 사진이나 스크랩북 같은 기념품을 활용해 회상하도록 요청받았다. 반면 대조군의 학생들은 과거의 기억이 아니라 현재 자신이 처한 상황을 매일 10분씩 곱씹어야 했다. 실험 결과 과거를 회상한 학생들은 대조군의 학생들에 비해 그 주에 행복을 느낀 시간이 증가했다. 특히 머릿속에 인지적 이미지를 그려본 학생들의 행복이 가장 큰 폭으로 증가했다.[30]

이런 사실을 고려할 때, 즐거운 추억이 담긴 사진은 바라보는 것만으로도 도움이 된다. 이 사진을 발판 삼아 머릿속에서 즐거웠던 날을 재현해본다면 더욱더 좋다. 다음 장에서는 바로 이 회상의 효과를 본격적으로 살펴볼 것이다. 하지만 일단은 나만의 즐거움이 담겨 있는 사진을 바라보는 것만으로도 충분하다. 그 사진을 보면서 앞으로 무슨 어려움이 닥치든 당신이 재미를 즐길 줄 아는 사람임을, 진실하고도 오래가는 행복을 향해 나아가고 있음을 기억하자. 재미가 등불처럼 우리의 앞길을 밝힐 것이다.

삶의 고단함을 줄이고
재미를 끄집어내자

시간 활용과 PLAY 모델

오늘 제가 이 자리에 있는 이유는
불행해지기를 거부했기 때문입니다.
저는 기회를 붙잡았습니다.

_ 완다 사이키스 Wanda Sykes

앞선 내용을 통해 이제 당신도 재미의 놀라운 가치를 이해했을 것이다. 재미의 기술을 익히고 써먹음으로써, 그것이 가진 힘을 한껏 이용하고 싶은 마음이 들지도 모른다. 또한 삶에 장애물과 어려움이 존재한다는 사실을 인정하면서도 현 상황에 맞서 싸우기를 바랄 것이다. 가장 먼저 해야 할 일은 바로 오늘부터 당신의 일상에 참신하고도 즐거운 활동을 포함하는 것이다. 그에 더해 이론을 실천하는 과정에서 발생하는 문제가 무엇인지 확인하고 극복해야 한다. 지금 바로 시작해 탄력을 붙여보자.

　　일정표에 재밌는 활동을 더 많이 넣으라고 권하면 많은 사람이 "시간이 없다"라고 답한다. 이 장의 목표는 그런 어려움을 해결하는 데 도움이 되는 노하우를 알려주는 것이다. 결국 재미의 기술이란 어떠한 순간에도 재밌을 기회를 놓치지 않는 것이다. 이 장은 일상에 우리의 삶을 풍성하게 할 긍정적인 경험을 채워 넣는 법을 알려준다. 그

런 경험이 쌓이고 쌓이면 실제로 우리는 점점 더 나은 선택을 할 수
있다.

　우리의 여정을 도울 간단하면서도 강력한 도구가 있다. 바로
'PLAY 모델'이다. PLAY 모델은 혁신적이며 기존 문화와 전혀 다르
기 때문에 해방감을 안겨준다. 지금까지 당신은 생산성을 잣대 삼아
일정표를 작성해야 한다고 생각했을 것이다. 매분 매초를 효율적으
로 쓰기 위해 돈을 주고 강의를 듣거나 상담받은 사람도 있을지 모른
다. 이제부터는 그런 관행에 제대로 반항해보자. 일정표를 '생산성'
대신 '재미'를 기준으로 검사하자. 사실 '검사'라는 단어는 '노잼 단

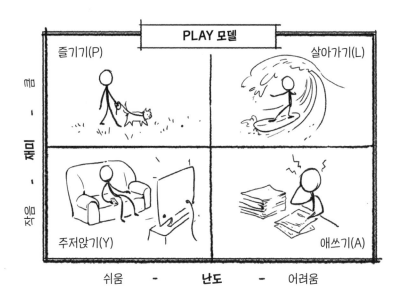

PLAY 모델

즐기기(P)　　　　　　　　　살아가기(L)

주저앉기(Y)　　　　　　　　애쓰기(A)

재미
큼 - 작음

난도
쉬움 - 난도 - 어려움

어 모음집'에나 등장할 단어이므로, 그 대신 '혁신'이란 단어를 사용하자. 담대해져라. 지금까지 당신의 결정에 영향을 미쳤던 낡은 통념과 우선순위는 잊은 채 투명하고 객관적인 눈으로 일정표를 살펴보자. 그렇게 할 때 생산성을 포기하지 않으면서도 즐거움을 증진할 기회를 찾아낼 수 있을 것이다.

　　PLAY 모델에 따르면 우리의 활동은 재미와 난도라는 두 가지축으로 분류된다. 결과적으로 총 네 개의 영역이 생긴다.

　　즐기기 pleasing 활동은 실천하기도 쉽고 재미도 있다. 하루하루를 살아가면서 간간이 끼어드는 기쁘고 즐거운 순간들이 여기에 포함된다. 구체적으로 어떤 활동이 포함되는지는 당신에게 달려 있다. 그래도 몇 가지 예를 들자면 친구를 만나 근황을 나누는 것, 자녀나반려동물과 자유롭게 노는 것, 자기만의 취미를 즐기는 것 등이 있다. 즐기기 활동은 사소하다고 여겨지는 경향이 있지만, 과학적인 근거를 살펴보면 절대 그런 소리를 하지 못할 것이다. 일례로 심리학자 매슈 킬링스워스 Matthew Killingsworth는 순간적인 행복을 수반하는 활동이 매우 큰 만족감을 안겨준다는 사실을 발견했다.[1] 즐기기 활동은지속 시간이 짧고 투자 비용도 적게 들지만, 계속 쌓이고 쌓이면 우리모두가 바라지만 누리기 힘든 감정, 즉 우리의 삶이 가치 있고 만족스럽다는 감정을 불러일으킨다. 그러므로 즐기기 활동은 일정표에 반드시 포함해야 하는 중요한 활동이다.

살아가기 living 활동은 재밌지만 난도가 높다. 이처럼 보람찬 즐거움을 누리려면 때로는 안전지대를 벗어날 필요가 있다(물론 다시 안정을 되찾은 뒤 지나간 순간을 한층 더 음미할 수도 있다). 여기에는 새로운 기술을 익히는 것, 도전에 응해 맞서 싸우는 것, 높은 산을 등반해 장엄한 경관을 바라보며 희열을 느끼는 것 등이 포함된다. 살아가기 활동은 매일 참여할 수 있는 활동이 아니다. 하지만 신체 능력을 극한까지 끌어다 쓰든, 자연의 신비를 마주하든, 풍부한 통찰력을 발휘하든, 소중한 사람과 깊이 있게 교류하든, 위험과 난관을 극복하고 절정의 재미를 만끽한다면 그 보상은 어마어마할 것이다. 과연 어떤 종류의 재미가 당신을 살아 있다고 느끼게 하는가?

애쓰기 agonizing 활동은 실행하기도 어렵지만 재미마저 거의 가져다주지 못한다. 하지만 인생이 늘 재밌기만 할 수는 없다. 우리에게는 재미없고 짜증 나지만, 해야만 하는 일과 과제가 있다. 애쓰기 활동도 마찬가지다. 개인마다 목록이 다르지만, 대개 직장 업무, 개인적인 책임, 가정 내에서의 책임(청소나 마당 가꾸기), 시민으로서의 의무(세금 납부) 등이 포함된다. 애쓰기 활동을 분류하는 것은 생각보다 까다롭다. 감정적·문화적 부담 때문에 자신이 진심으로 선호하는 게 무엇인지 모호할 수 있기 때문이다. 예컨대 나는 아내랑 같이 일정표를 점검하면서 저녁에 아이들을 씻기는 활동을 어디에 넣을지 고민했는데, 의외로 둘 다 애쓰기 활동으로 분류해야 한다고 생각하고 있었다.

(사족을 달자면, 자녀를 머리끝부터 발끝까지 사랑하더라도 양육은 고역처럼 느껴질 수 있다. 2004년에 텍사스주의 워킹맘 909명을 대상으로 진행한 연구에서 자녀 양육의 즐거움 순위는 집안일과 동급으로 나타났다. [2])

주저앉기 yielding 활동은 실행하긴 쉽지만, 삶에 썩 도움이 되진 않는다. 단지 우리의 마음을 편안하게 해줄 뿐이다. 주저앉기의 예로는 아무 생각 없이 SNS나 TV를 보며 시간을 죽이는 활동이 있다. 의무감으로 지인을 만나거나 모임에 참석하는 것도 여기에 포함된다. 어떤 사람들은 오로지 주저앉기 활동에 몰두하면서 여가 시간을 거의 다 써버리기도 한다. 하지만 이는 허무로 이어질 뿐이다.

지금 당신의 상태는?

자기 자신에게 던지는 질문
'나는 실제로 시간을 어떻게 쓰고 있나?'

이에 답하려면 일주일 동안 시간 단위로 모든 활동을 기록한 다음 각각이 PLAY 모델의 어디에 속하는지 살펴보면 된다. 달력이나 일기를 철저하게 작성하는 사람이라면 지난주 기록을 확인해보는 것으로 충분하다. 하지만 좀 더 확실히 평가하고 싶다면 이번 주 일정을 새로 기록하는 편이 좋다. 하나도 빠짐없이 기록하자. 수면, 요리, 식사, 출퇴근, 일, 여가, 가족 모임, 싸움, 잠자리, 스포츠 등 즐거웠든 지루했든 일주일간 일어난 모

든 일을 기록하자.✦

그렇게 작성된 일정표를 점검해보면, 어떤 활동이 재미의 기술을 적용할 기회를 극대화하는지, 또 어떤 활동이 재미의 기술을 적용할 기회를 허비하게 하는지 확인할 수 있을 것이다. 당신의 주의를 빼앗거나 앞을 가로막는 방해물을 찾고 나면, 어떤 점을 개선해야 할지 쉽게 진단할 수 있다.

하루 두 시간의 마법　　　　　　　　　　　≪≪≪

많은 책이 이 시점에서 성향 평가를 제안한다. 각각의 항목에 점수를 매기고 다 더해 이에 해당하는 당신의 '재미 유형'을 찾아보는 식이다. 다만 이미 언급했듯 재미는 자율적일 수밖에 없으므로, 굳이 이 책에서는 성향을 분류하지 않겠다.✦✦

　우리 각자에게는 자신만의 고유한 존재 방식이 있다. 따라서 당신을 특정한 틀 속에 가두고 싶지 않다. 사실 자기평가의 목적은 결코 순위를 매기는 것이 아니다. 핵심은 조화를 살펴보는 것이다. 다시 말

✦　미루지 말고 지금 당장 시작하자. PLAY 모델을 위한 일정표는 다음 주소에서 다운받을 수 있다. https://share.michaelrucker.com/time-audit

✦✦　나도 평가 도구를 마련했지만, 그냥 재미 삼아서만 해보기를 바란다. https://share.michaelrucker.com/fun-type

해 자신이 시간을 어떻게 사용하는지 주의 깊게 살펴본 다음, 그것이 삶의 질을 높이는 방향과 일치하는지 고려해야 한다.

결국 우리가 원하는 바는 즐기기와 살아가기 활동에 쏟는 시간의 균형을 되찾고, 주저앉기와 애쓰기 활동에 사용하는 시간을 합리적인 수준으로 줄이는 것이다. 물론 휴식과 회복을 위한 시간도 꼭 필요하다는 점을 기억해야 한다. 궁극적인 목표가 더 많은 재미를 누리는 것이기는 하지만, 무엇이든 과하면 우리를 지치게 할 수 있다.

분명 이런 의문이 떠오르는 사람도 있을 것이다. '다 좋아. 그런데 재밌는 활동에 정확히 어느 정도의 시간을 써야 하는 걸까?' 일단은 하루 두 시간으로 시작해보자. 이렇게 권유하는 데에는 두 가지 과학적인 근거가 있다. 우선 심리학을 바탕으로 최적의 마케팅 기법을 설계하는 마리사 샤리프Marissa Sharif, 캐시 모길너 홈스Cassie Mogilner Holmes, 할 허시필드Hal Hershfield의 연구를 살펴보자. 그들에 따르면 최적의 여가 시간은 하루 두 시간에서 다섯 시간 사이다. (다섯 시간을 넘어서면 생산성이 지나치게 떨어져서 오히려 심리적으로 부정적인 영향을 받는다)[3] 다음으로 미국인의 평균 여가 시간을 조사한 자료에 따르면, 대부분의 사람이 적어도 하루 두 시간은 투자할 수 있는 것으로 나타났다.

미국 노동통계국에서 미국인의 시간 사용 현황을 조사한 결과, 전일제 근무를 하는 사람은 하루 평균 4.09시간의 여가 시간을 가졌다.[4] 평일에는 평균 3.34시간, 주말에는 평균 5.87시간이었다. 자녀가 없는 사람의 하루 평균 여가 시간은 5.93시간으로, 자녀가 있는 사람보다 더 많았다. 하지만 자녀가 있는 사람일지라도 하루에 최소 4.12시간에서 5시간의 여가 시간을 보냈다. 한편 퓨리서치센터에서 조사한 바에 따르면, 요즘 세대의 이성애자 아빠들은 자녀 양육을 공평하게 분담하고자 노력하고 있지만,[5] 여전히 엄마만큼은 시간을 쏟지 못하고 있었다.[6] 따라서 엄마들은 여가 시간을 확보하는 데 불리할 수밖에 없는데, 아빠보다 매주 평균 2.7시간이 더 적었다.[7]

조사 대상자들의 여가 활동이 PLAY 모델을 기준으로 어떻게 분류될지는 알 수 없다. 다만 해당 조사의 자체 분류에 따르면, 여가 활동에는 TV 시청, 사교 모임 참석, 독서, 운동, 휴식, 컴퓨터게임 등이 포함되었다.

매일 여가 시간이 네다섯 시간이나 된다니, 너무 많은(또는 예상보다 많은) 시간이라고 생각할지 모른다. 하지만 보험회사 다이렉트라인이 2,000명을 대상으로 실시한 조사에 따르면, 최적의 여가 시간은 여섯 시간 하고도 59분에 달했다![8] 즉 사람들이 원하는 여가 시간의 양은 실제로 즐기는 여가 시간의 양보다 조금 더 많았다.

하루에 거의 일곱 시간에 달하는 여가 시간을 보내기란 사실 불가능하다. 그러나 누구든 하루에 최소 두 시간 이상은 자율적으로 사용할 수 있어야 한다. 그러니 당신도 일단은 하루 두 시간을 출발점으로 삼아보자.

경제적 풍요에서 시간적 풍요로 〈〈〈

사람들은 경제적 풍요를 생각하며 많은 시간을 보낸다. 사람들의 초점은 자기 삶에 돈이 부족하다는 생각에 맞춰져 있다. 필요한 것보다 많은 양의 부를 얻는 데 혈안이 된 사람들도 있다. 반면 사람들은 시간적 풍요를 쌓는 데는 거의 시간을 쓰지 않는다. 재밌는 경험으로 가득한 삶을 살기를 바란다면 이는 큰 실수다. 2010년에 발표한 논문에서 홈스는 우리의 관심사를 돈에서 시간으로 옮기는 것만으로도 훨씬 재밌는 삶을 살 수 있다고 지적했다. 홈스가 실험 참가자들에게 돈에 관해 생각하도록 유도하자, 그들은 생산성을 핵심 가치로 떠올렸다. 반대로 시간에 관해 생각하도록 유도하자 흥미로운 일이 벌어졌다. 적어도 짧게나마 일보다 사회적 유대감을 우선순위에 두었던 것이다.[9] 이로써 우리는 시간적 풍요에 초점을 맞추는 태도가 재미의 진가를 알아보는 데 도움이 된다는 사실을 유추할 수 있다. 다른 연구들에서도 돈보다 시간을 우선순위에 두는 사람들이 일반적으로 더 행복한 것으로 나타났다. 가령 UCLA와 펜실베이니아대학교의 연구진은 미국인이 시간 대신 돈을 선택하는 경향이 있기는 하지만, 더 많은 시간을 선택하는 경우 장기적인 행복이 더 커진다는 사실을 발견했다.[10]

많은 사람이 '생산적인 삶'과 '재밌는 삶'이 양립할 수 없을까 봐 걱정하지만, 실상은 그렇지 않다. 다행히도 일에 쏟는 시간을 조금

떼서 재미에 투자한다고 해 반드시 직업적 수행 능력이 떨어지는 것은 아니다. 오히려 나의 경우나 동료들의 경우를 보면 정반대의 결과가 뒤따랐다. 휴식하고 회복하는 시간은 더 생산적으로 일함으로써 더 나은 결과물을 만들어내도록 돕는다. (운 좋게 책임 면에서나 재정 면에서나 여유로운 상황이라서 몸소 이 사실을 경험할 수 있는 사람도 있겠지만, 슬프게도 모두가 그럴 수는 없다.) 많은 기업이 근무시간을 특정 수준 이상으로 늘리면 오히려 수익이 떨어진다는 사실을 깨닫는 중이다. 특히 창의력이나 직간에 의존하는 직종일수록 근무시간을 무작정 늘리는 것은 해가 된다.

시간적 풍요가 재밌는 삶을 사는 데 도움이 되는 이유가 하나 더 있다. 보통 부는 미래의 가능성에 투자함으로써 형성된다. 그렇지만 대부분의 사람이 시간, 특히 여가 시간에 대해서는 똑같이 생각하지 못한다. 어떤 활동을 할지 말지 고민된다면, 그것이 투자하는 것인지 단지 비용을 치르는 것인지 생각해봐라. 재미는 삶을 소비하는 게 아니라 풍요롭게 하는 것이기 때문이다. 예를 들어 SNS에서 다른 사람들의 여행 사진을 보며 30분간 빈둥거렸다면 어떨까? 그건 비용을 치른 것으로, 남는 것은 허무밖에 없다. 반면 다음 휴가를 어디로 떠날지 구체적으로 계획하면서 즐겁게 30분을 보냈다면? 그게 바로 투자다! 즐기기와 살아가기 활동에 사용한 시간은 그 순간 만족감을 불러일으킬 뿐 아니라, 우리의 미래도 풍요롭게 한다. 주저앉기 활동도 투자일 때가 있지만 대개는 비용에 불과하다. 애쓰기 활동은 어떨까?

물론 주저앉기 활동보다는 많은 희생이 필요하지만, 어떤 목적에 이르는 수단이 될 수는 있다. 애쓰기 활동은 희생이기는 하되 꼭 치러야 하는 희생이다. 삶을 집에 빗대자면 애쓰기 활동은 집안일에 해당한다. 그와 달리 주저앉기 활동은 보통 우리 재량에 달려 있다.

흔히 돈을 '오늘 있다가도 내일 없는 것'이라고들 한다. 그런데 궁극적으로는 시간이 더 그렇다. 따라서 우리는 시간을 반드시 능동적으로 사용해야 한다. 시간은 한정된 자원이므로, 시간적 풍요를 구축하려면 자신이 통제할 수 있는 시간의 양을 늘릴 방법을 찾아야 한다. 바꿔 말해 PLAY 모델을 효과적으로 사용하려면 일정을 더하는 것이 아니라 빼는 것부터 시작할 필요가 있다.

애쓰기 활동은 최소화하라 <<<

일정표 점검을 마쳤다면, 그것만으로도 시간을 사용하는 방식에 관해 눈이 번쩍 뜨이는 통찰을 얻었을 것이다. 시간적 풍요에 이르기 위해 처음으로 밟아야 할 단계는 우리를 고단하게 하는 활동 중 뺄 것을 빼는 것이다. 한번 숨 쉴 틈을 만들어보자.

물론 애쓰기 활동을 죄다 빼버릴 수는 없다. 하지만 PLAY 모델을 활용하면 자신이 관성대로 밀어붙이고 있던 활동들을 객관적인 눈으로 바라볼 수 있게 된다. 그리고 그중 생각보다 많은 활동이 그냥 빠져도 상관없다는 사실을 깨닫고 놀라게 될 것이다. 대표적으로 다림질을 생각해보자. 옷을 빳빳하게 차려입어야 하는 직종에 종사하는 게 아니라면, 굳이 다림질하지 않아도 사람들이 신경 쓰지 않는다. 그러므로 애초에 다림질이 필요한 옷 자체를 사지 마라. 겉모습을 치장하는 데 얼마나 많은 희생이 필요한지 이해하고 나면, 외모나 집을 가꾸기 위해 우리가 하는 활동 중 횟수를 줄여도 되는(또는 아예 안 해도 되는) 활동이 분명 눈에 띌 것이다.

니르 이얄^{Nir Eyal}을 친구로 둬서 얼마나 다행인지 모른다. 베스트셀러 《초집중》(안드로메디안, 2020)의 저자인 이얄은 좋은 습관 들이는 법을 누구보다 잘 아는 전문가다. 이얄 덕분에 나는 애쓰기 영역에서 아주 큰 비중을 차지하던 활동 하나를 비약적으로 줄일 수 있었다. 바로 이메일이다. 특히 한쪽에서 별생각 없이 보낸 이메일로 촉발되는 연쇄 작용을 끊어냈다. 물론 이런 불만이 생길 수 있다. "그래도 답장은 해야죠. 안 하면 너무 무례하잖아요." 이에 대해 이얄은 내게 명쾌한 해답을 제시했다. "메시지가 너무 많이 와서 부담이라면, 메시지를 그만 보내면 돼." 나는 남들이 나한테 하는 일만 신경 쓴 나머지 내가 남들한테 하는 일은 생각지도 못했다. 하지만 내가 받는 어마어마한 이메일의 양을 결정할 수 있는 건 다른 누구도 아닌 바로 나 자신이었다. 그 뒤로 이메일을 작성할 때면 나는 꼭 이렇게 자문했다. '이게 진짜로 꼭 필요한 연락일까?' 대부분 그 답은 '아니다'로 끝났다. 이것 말고도 나만의 전략이 또 있다. 아무런 설명 없이 "어떻게 생각해요?"라고만 묻는 이메일에 절대 답신하지 않는 것이다. 알맹이가 부실한 콘텐츠에 굳이 내 시간을 할애하기가 아깝기 때문이다. 두 가지 전략을 사용해 애쓰기 활동을 줄인 결과 나는 일주일에 최소 세 시간을 추가로 확보해 재밌는 활동에 재투자할 수 있었다.

완전히 빼버릴 수 없는 활동이라면 외주를 맡기는 것도 방법이다. 앞서 밤마다 두 아이를 목욕시키는 게 애쓰기 활동에 들어간다고 설명했다. 일단 아내 애나에게 아이들의 목욕은 겉치장 정도에 그치는 일이 아니다. 피할 수 없는 삶의 현실이다. (아내가 아니었으면 아이들 때깔이랑 영양 상태가 어떤 꼴이었을지 상상도 가지 않는다.) 아이들이랑 시간을 보내는 건 언제든 환영이지만 목욕만큼은 예외다. 아이들은 절대 씻으려 하지 않기 때문에 욕실로 끌고 가는 것부터 씻기고 나오는 것까지 매 순간 씨름을 벌여야 한다. 아이들도 우리가 스트레스받는다는 걸 감지하고는 일부러 약을 올린다. 둘 다 욕조에 같이 집어넣고 씻는 시간을 반으로 줄이고 싶은데, 그러면 둘이 싸우는 바람에 상황이 더 나빠진다. 그러다 보니 아내든 나든 아이들의 목욕을 책임지고 싶어 하지 않는다. 그저 한 녀석이 죽음을 앞둔 순교자 같은 표정으로 욕조에 들어갈 때까지 다른 녀석을 데리고 가만히 기다릴 뿐이다. 정말로 이만큼 애쓰게 하는 활동이 없다.

처음 이 문제를 놓고 고민할 때는 보모를 구하는 것 말고 달리 방법이 없는 것 같았다. 하지만 그럴 돈도 없었고 그러고 싶지도 않았다. 상황이 점점 더 나빠지자 결국 이런 말이 나왔다. "일주일에 사흘만 저녁 식사와 목욕을 맡아줄 베이비시터를 구하는 건 어때?" 처음에는 누군가를 불러서 목욕만 시켜달라고 요청하는 게 이상하다고 느껴졌다. 하지만 생각할수록 아무렴 어떤가 싶었다. 우리 가족에게는 그게 딱 맞을 수 있으니까. 결과가 어땠을까? 우리는 케이틀린이라는 베이비시터를 구했고 아이들은 매우 좋아했다. 케이틀린은 목욕을 아주 재밌는 놀이로 바꿨다. (예컨대 막내의 머리를 말리고 수건으로 몸을 감쌀 때면 부리토인 것처럼 대하며 놀아줬다.) 아이들은 (거의) 싸우지 않았고 오히려 온갖 놀이를 재밌게 즐겼다. 결과적으로 나는 아내랑 일주일에 세 번 저녁 데이트를 즐기면서 부부 관계를 돈독히 할 수 있었다. 전혀 예상치 못한 일도 벌어졌다. 케이틀린과 함께하면서 목욕이 기대되는 활동으로 바뀐 결과 아이들은 우리 부부가 목욕시키는 날에도 그리 속을 썩이지 않았다. 물론 우리가 케이틀린에게 몇몇 기술을 배운 덕분이기도 했다. 어쨌든 훨씬 편안하게 아이들을 씻길 수 있었고, 무엇보다 일주일에 세 번 아내와 함께 편안한 저녁 시간을 보낼 수 있었다. 그 결과 아이들과도 더 질 좋은 시간을 보내게 되었다. 이보다 더 좋을 수 있을까?

이제 애쓰기 영역에 포함되는 전형적인 활동을 몇 가지 살펴보자. 그리고 그런 활동이 삶에 남기는 흔적을 줄이거나 없앨 방법을 알아보자.

첫째, 24시간 뉴스 채널을 꺼두자. 암울한 뉴스, 특히 인간의 힘으로 어찌할 수 없는 뉴스를 계속해서 보는 활동은 시간 낭비일 뿐 아니라, 건강에도 악영향을 미친다는 점에서 참으로 고단한 일이다. 물론 사람이라면 누구나 많은 정보를 얻고 싶어 한다. 그러므로 일주일에 하루만 정해서 뉴스를 보자. 단 SNS에 업로드된 진위 여부를 알수 없는 게시물들을 생각 없이 훑어보기보다는 신뢰할 만한 채널을 몇 개 골라 집중한 상태로 한 시간만 뉴스를 보자. 스마트폰의 알림은 전부 꺼버리자. 실제로 내 주변에는 세상 돌아가는 상황을 일주일 내내 염려하는 대신 '걱정 시간'을 따로 확실히 정해두는 사람들이 있다. 당신도 한정된 시간을 정해놓고, 그 외에는 신경 끄기를 바란다.

둘째, 쓸데없는 회의는 무시하자. 두서없고 유익도 없는 회의 때문에 생산적으로 일하지 못하는 것만큼 고단한 게 있을까? 내 친구 브래드 윌스는 직장 후배들에게 참석해봐야 시간 낭비인 회의는 그냥 무시하라고 조언했다. 그는 진심이었다. 브래드는 후배들에게 회의실을 조용히 빠져나가라고 권했고, 혹시 누가 불만을 표하면 대신 나서서 막아줬다. 물론 모두가 생각이 트인 상사를 만날 수는 없다. 하지만 막상 해보면 몇몇 회의는 정중하게 거절하는 게 생각보다 쉽다는 걸 알게 될 것이다.

셋째, 적당히 운동하자. 나는 헬스장을 무진장 좋아한다. 그 설계를 돕는 일을 할 정도인데, 그런 나조차 이렇게 권한다. 만약 헬스장을 가기 싫으면 가지 마라! 모두가 헬스장을 가야만 하는 것은 아니다. 그 대신 집에서 중량을 치거나, 근처 공원을 걷는 등 다른 운동을 해라. (헬스장 측에 조언하자면, 재밌는 선택지가 될 수 있도록 흥미롭고 폭넓은 옵션을 제공하자.)

넷째, 일상적인 허드렛일은 가능한 한 외주를 활용하자. 이만큼 명쾌한 해결책이 없으나, 여전히 너무나도 많은 사람이 위탁 비용을 감당할 수 없을 것으로 생각한다. 하지만 막상 위탁해본 사람들은 더 일찍 그러지 못한 것을 후회한다. 돈을 조금 더 써서 얼마나 많은 시간을 아낄 수 있는지 생각해보자. 그리고 돈을 마련하기 위해 예산을 조정할 수 없는지 확인해보자. 일단 세탁부터 출발해보자. 예약 서비스를 이용하거나 세탁소에서 대신 줄 서줄 사람을 구하는 등 여러 창의적인 방법을 활용해 돈으로 시간을 살 수 있을 것이다.

다섯째, 직장 업무를 간소화하자. 업무 과정을 꼼꼼히 분석해 거슬리는 행정 및 사무 절차가 있다면, 그만한 노력을 투자할 가치가 있는지 점검해보자. 간단한 것처럼 보이지만 사실 많은 사람이 기존의 관행을 제대로 검증하지 않고 답습한다. 내 친구 로즈메리는 그래픽 디자이너로 일한다. 로즈메리는 와이어프레임 wireframe (그래픽 프로그램으로 어떤 물체를 그릴 때 그 형상을 기초적인 선들로 표현하는 것)이 디자인에서 절대 빼놓아서는 안 될 필수 과정이라고 생각했다. 하지만 그래픽디자이너로 여러 해 일하면서 와이어프레임이 고되고도 불필요한 과정이라고 느끼기 시작했다. 그래서 그 과정을 아예 빼버리면 어떤 결과가 나올지 실험해보았다. 의외로 고객이 받는 최종 결과물에는 아무런 차이가 없었다. 이후 로즈메리는 와이어프레임과 영영 작별했다. 당신은 어떤 부담스러운 업무를 생략할 수 있을까?

여섯째, 자녀들이랑 집안일을 분담하자. 내 친구 크리스틴은 아이들이 너무 어려서 별 도움이 안 될 거라고 생각해 집안일을 혼자 다 했다. 하지만 어느 날 아이들에게도 기회를 줘볼까 싶었고, 실제로 아이들은 크리스틴이 가장 싫어했던 일인 설거지와 빨래를 완벽히 해냈다. 내가 몇 년 전에 SNS에 올렸던 '아이들이 나이에 따라 할 수 있는 집안일'이라는 제목의 표가[11] 계속해서 공유되는 걸 보면, 꽤 많은 부모가 자녀들의 잠재력을 과소평가하고 있는 듯하다. 이 표는 가정학 전문가인 토니 앤더슨Toni Anderson이 '행복한 주부'로서 경험한 일을 참고해 만든 것인데, 믿기지 않겠지만 자녀들이 두세 살부터 기초적인 집안일에 참여하도록 권한다.

허무에 굴복하지 않으려면 ⟪⟪⟪

일정표를 점검하다가 자신이 주저앉기 활동에 많은 시간을 허비한다는 사실을 발견하더라도 지나치게 자책하지 마라. 오히려 좋은 소식이다. 빈둥거리는 데 쓰는 시간은 우리가 충분히 통제할 수 있는 시간이다. 따라서 행동에 조금만 변화를 줘도 즉각적이고 극적인 유익을 얻을 수 있다. 내가 가장 좋아하는 사례가 창의성 전문가인 타니아 카탄 Tania Katan의 책 《창의적 역습 Creative Trespassing》에 등장한다.[12] 카탄은 무슨 일이든 전 직원이 다 같이 해야 한다고 주장할 만큼 극도로 외향적인 CEO 밑에서 일한 적이 있었다. "점심 다 같이 먹읍시다. 무슨 일이든 다 같이 합시다. 화장실도 같이 갑시다"라고 말할 인물이었다. 카탄에게는 영 맞지 않는 스타일의 CEO였다. 카탄은 매일 어느 정도는 혼자만의 시간을 가져야 일의 능률이 올랐다. 그래서 기존 문화의 압력에 주저앉는 대신 매일 점심시간에 혼자 산책하기 시작했다. 정처 없이 거리를 거닐기도 하고 카페에 가서 친구도 만났다. 본래 계획은 혼자만의 시간과 생각할 여유를 갖는 것이었는데, 다른 직원들이 카탄에게 다가와 같이 나가도 되냐고 물어봤다. 카탄의 말을 빌리자면 "의도치 않게 산책 혁명을 일으킨 셈"이었다. (나중에 카탄이 걷기박물관을 운영하는 시각 예술가이자 교수인 아내를 만난 것도 산책을 향한 애정이 연결 고리가 되었기 때문이다.)

　　카탄이 그랬던 것처럼 이따금 우리는 문화적 압력에 굴복해 사회적 삶을 내어줄 때가 있다. 우리의 사회적 삶에 능동성을 부여하는 방법에 관해서는 프레임워크 ⑥에서 더 자세히 알아볼 것이다.

　　일단은 가장 흔하고도 쓸모없는 주저앉기 활동을 살펴보자. 바로 아무 생각 없이 SNS, 뉴스, 오락 콘텐츠를 소비하는 행위다. 스마트폰을 꺼내 하루 평균 스크린타임(말 그대로 화면을 켜놓은 시간—옮긴이)을 확인해보자. 아니, 이 어마어마한 숫자는 뭐람? 그게 바로 매일 허무 속으로 빨려 들어가고 있는 당신의 소중한 시간이다.

시청률 조사 기업인 닐슨의 최근 조사에 따르면, 사람들은 하루의 거의 절반을 미디어 콘텐츠를 소비하는 데 사용하고 있다.[13] 오해하지는 마라. 좋아하는 TV 프로그램이나 영화를 보는 것도 (특히 사랑하는 사람과 함께한다면) 얼마든지 즐기기 영역에 들어갈 수 있다. 하지만 생각 없이 TV를 보는 게 불행한 감정과 상관관계가 있다는 사실과[14] 온종일 전자 기기 앞에 앉아 시간을 보내지 않는 사람이 더 행복한 경향이 있다는 사실이[15] 밝혀진 지도 벌써 여러 해가 지났다.

늘 휴대 가능한 전자 기기를 통해 손쉽게 이용할 수 있는 SNS는 미디어 콘텐츠의 소비 문제를 새로운 차원으로 끌어올렸다. 전자 기기를 지나치게 오래 사용하는 것이 악영향을 미친다는 사실은 이제 모르는 사람이 없을 정도다(예컨대 SNS 사용 시간을 하루 30분으로 줄이자, 우울증과 외로움이 급속도로 개선되었다는 연구 결과가 있다).[16] SNS 기업이 불량 식품 기업처럼 우리를 중독자로 만들고 있다는 사실도 널리 알려져 있다. 그런데도 우리는 2분이든 두 시간이든 여유 시간이 생길 때마다 스마트폰으로 손을 뻗는다. 설상가상으로 우리는 SNS를 사용하는 것을 '재밌다'고, 또 '편안하다'고 착각하거나 옹호하기까지 한다. 일정 시간 이상 사용하면 전혀 그렇지 않다는 과학적 근거가 산처럼 쌓여 있는데도 말이다.

우리는 왜 SNS가 재밌다고 착각하는 걸까? 우리가 중립적이거나 부정적인 감정가를 가지고 있을 때(즉 재미없을 때) 불안에서 벗어나는 가장 손쉬운 방법이 SNS이기 때문이다. 아울러 참신한 콘텐츠와 사회적 상호작용을 갈구하는 기대감 때문에 뿜어져 나온 도파민이 SNS에서 그 둘을 모두 찾을 수 있다는 인지적 착각을 일으킨 탓이다.

결국 우리는 허무의 늪에 빠진다. 습관적인 주저앉기 활동이 우리의 기억에 미치는 영향을 그만큼 잘 표현하는 말은 없다. 아무 기억이 남지 않기 때문이다. 우리는 그 순간을 영원히 잃어버린다. 이는 인간의 두뇌가 효율적이기 때문이다. 우리의 뇌는 이렇다 할 사건이 벌어지지 않는 반복적인 활동을 단일한 기억으로 처리하는 경향이 있다. 만약 당신의 손에 무언가의 정확히 똑같은 복사본이 200개나 있다면, 굳이 하나를 뺀 나머지 199개를 쥐고 있을 이유가 있을까? 이렇듯 흔한 사건은 우리의 기억 속에 단일한 경험으로 저장된다. 일례로 오래된 출퇴근길을 생각해보자. 당신이 어딘가를 50번 지났을 때 그 50차례의 경험이 전부 기억나는가, 아니면 단 한 차례의 경험만이 기억나는가?

그렇다면 우리는 주저앉기 활동을 어떻게 피할 수 있을까? 차라리 금주라면 변기통에 술을 다 부어버리기라도 할 테지만, 스마트폰을 포기할 수 있는 사람은 거의 없을 것이다. 내 지인 중에는 금고를 산 다음 매일 특정 시각이 되면 그 안에 스마트폰을 넣고 잠가달라며 남편에게 부탁한 사람도 있다(한동안은 도움이 되었지만, 어느 순간부터 남편에게 스마트폰을 내주지 않았다고 한다). 내 경우에는 블록사이트 ^{BlockSite} 같은 앱(사용자가 지정한 특정 앱이나 사이트에 접근하지 못하도록 막아주는 앱―옮긴이)을 사용해 영혼을 빨아먹는 SNS를 차단해버렸다.

해답을 찾다 보면 자연스럽게 PLAY 모델을 활용하는 다음 단계로 넘어가게 된다.

나만의 재미보관함 만들기 ≪≪≪

습관으로 굳어진 주저앉기 활동을 줄이기란 쉽지 않으며 때로는 도움이 필요하다. 한 가지 도움을 행동과학에서 얻을 수 있다. 행동과학이 밝혀낸 사실에 따르면, 건전하지 못한 습관을 끊고 싶을 때에는 기존의 습관을 새로운 습관으로 대체해야 성공 가능성이 커진다. 예를 들어 금연을 시도하는 경우 담배를 피우는 대신 껌을 씹는 사람이 그러지 않은 사람보다 성공할 가능성이 크다.[17]

따라서 자신만의 '재미보관함^{Fun File}'을 채워보자. 재미보관함이란 PLAY 모델 중 즐기기와 살아가기 영역에 포함된다고 판단한 활동들을 마구 떠올려 모아놓은 가상의 상자다. 주저앉기 활동을 대체할 활동이 필요할 때 깊이 고민할 필요 없이 바로 그 상자에서 재밌는 활동을 고르면 된다. 담배가 피우고 싶을 때 껌을 하나 집는 거랑 똑같다. 재미보관함을 손에 쥐고 있으면 오랜 습관을 전전하는 대신 새로운 행동을 취하기가 훨씬 쉬워질 것이다.

그렇다면 재미보관함은 어떻게 만들어야 할까? 단지 머릿속에서 떠오르는 온갖 생각을 모아놓기만 하면 되는 걸까? 지금 소개하는 세 단계를 밟아나가면 좀 더 효과적으로 재미보관함을 만들 수 있을 것이다.

1단계는 브레인스토밍이다. 일단 재미보관함을 채울 활동들의 목록을 기록하고 저장할 방법을 택하자(예컨대 종이와 펜, 워드프로세서, 구글 문서도구, 에버노트 등을 선택할 수 있다). 다음으로 당신에게 기쁨과 즐거움을 가져다주는(또는 가져다줬던) 과거나 현재의 활동들을 브레인스토밍으로 죄다 떠올려보자. 사소한 즐거움(반려견과 놀아주기)부터 공들인 즐거움(반려견과 함께 여행하기)까지 빠짐없이 기록하자.

그다음 미래의 눈으로도 똑같이 브레인스토밍을 해보자. 어떤 활동이 미래의 나에게 기쁨과 즐거움을 가져다줄까? 여태까지 해본 적 없지만, 하고 싶은 활동에는 무엇이 있는가? 내 경우에는 언젠가 꼭 우주여행을 가보고 싶다. 실제로 나는 민간 우주여행 기업 버진갤럭틱 Virgin Galactic에서 운영하는 우주선에 탑승하기 위한 비용을 벌써 다 모아뒀다.

어떤 사람들은 이 단계를 밟을 때 제한 시간을 정해두는 게 도움이 된다고 느끼지만, 또 어떤 사람들은 며칠, 또는 몇 주 동안 브레인스토밍을 하는 게 더 편하다고 느낀다. 어느 쪽이든 당신에게 가장 잘 맞는 방법을 택하면 된다.

2단계는 뼈대가 될 구조를 세우는 것이다. 활동들의 목록을 미리 숙고할 정도로 꼼꼼해야 한다면, 재미가 보상이 아니라 짐처럼 느껴질지 모른다고 염려하는 사람도 있다. 하지만 내 생각은 다르다. 일단 목록을 만들어두면 선택의 자유는 물론이고, 선택의 가이드라인도 얻을 수 있다. 과학적인 근거에 따르면, 매번 새로운 선택지를 떠올려야 할 때 느껴지는 정신적 부하를 줄여야 재밌는 결과가 뒤따를 가능성이 커진다. 게다가 인간의 욕구로 말할 것 같으면 자율성을 향한 욕구와 체계성을 향한 욕구만큼 환상의 짝꿍이 없다.[18] 대부분의 사람은 두 욕구를 모두 갈구한다.

재미보관함에 체계적인 구조를 더하면 흥미로운 아이디어가 훨씬 더 많이 샘솟기도 한다. 조직심리학자 에릭 리첼Eric Rietzschel의 연구에 따르면, 체계와 질서는 백지상태에서 아이디어를 끄집어내야 할 때 수반되는 인지적 부담을 줄여준다. 따라서 체계적인 구조가 잡혀 있을 때 우리는 더 창의적인 생각을 떠올릴 수 있다. 쉽게 말해 주로 어디에서 재미를 느끼는지 패턴을 찾고 나면, 비슷한 아이디어가 더 쉽게 떠오를 것이다("나는 분명 콘서트를 좋아한단 말이지. 공연을 보면 정말 재밌을 것 같은데 아직 떠올리지 못한 밴드로는 누가 있을까?"). 한발 더 나아가 우리는 체계적인 구조 덕분에 절약한 인지적 에너지를 의사결정하고 행동을 실천하는 데 보탤 수도 있다. 체계적이고 능동적인 방식으로 재미보관함을 만들고 살펴볼 때 우리는 정말 중요한 일, 즉 실제로 재미를 만끽하는 일에 더 집중할 수 있다!

이때 한 가지 의문은 '재미보관함에 얼마만큼의 구조를 더해야 할까?'이다. 좋은 소식은 별로 많지 않다는 점이다. 내가 볼 때 필수적인 구조는 딱 두 가지다.

1. 정렬 순서(활동 유형, 수행 난이도, 수행 시기 등).
2. 당신만의 '최종 후보 명단'.✝

3단계는 최종 후보 명단을 짜보는 것이다. 재미보관함을 완성하기 위한 마지막 단계는 다소 까다롭다. 활동들의 기나긴 목록 중 가장 좋아하는 8~15개를 골라 몇 달 동안 우선권을 부여해야 한다. 이 최종 후보 명단에 들어가는 활동은 반드시 성취 가능해야 한다(내 경우에는 철인 3종 경기를 또 뛰는 것이 꿈이지만, 골반 수술을 받은 뒤로는 불가능한 일이 되었다).

브레인스토밍을 하면서 선택지를 넓히는 게 중요한 출발점이기는 하지만, 대기 명단에 활동 수백 가지가 쌓여 있으면 재미를 즐기는 데 썩 도움이 되지 않는다. 과부하가 발생하기 때문이다.

✝　현재의 내 최종 후보 명단이 어떤지 보고 싶다면 다음 주소를 방문하라. https://share. michaelrucker.com/fun-list

가령 금요일 밤에 집에서 영화를 한 편 볼 계획이라고 해보자. 저녁쯤에 영화를 고르는데, 1,000개 중에 고르는 게 나을까, 10개 중에 고르는 게 나을까? 10개 중에 고르는 게 낫다고 생각한다면 당신의 직관은 연구 결과와 일치하는 셈이다. 실제로 실험 참가자들에게 보고 싶은 영화를 고르도록 요청했을 때 적은 선택지 중에서 고른 사람이 상대적으로 나은 결정을 내렸다.[19] 1,000편 중에 하나를 골라야 한다면 몇 시간 동안 예고편들만 보며 고민하다가 결국 잠들고 말 것이다.

선택지가 지나치게 많으면 우선순위를 정하기가 어려워지고, 때로는 아예 선택 자체를 못 할 수도 있다. 왜 그럴까? 인간은 비교에 매우 능하기 때문이다. 인간이 얼마나 비교에 능했는지 기억하는가? 재밌는 아이디어가 쭉 나열되어 있으면, 우리의 두뇌는 각각의 선택지를 하나하나 비교하면서 무엇이 가장 재밌을지 예측하려 애쓴다. 재미보관함에 그런 문제가 발생하면 안 될 것이다.

왜 하필 최종 후보를 8~15개로 추리라고 했을까? 여기에도 과학적인 근거가 있다. 사람들에게 각각 여섯 개, 12개, 24개 항목으로 구성된 목록을 주고 그중 하나를 고르도록 한 다음 MRI로 두뇌 활동을 측정하자, 항목이 12개인 목록을 받은 사람의 만족도가 가장 높았다. 이에 연구진은 8~15개의 선택지가 주어질 때 인간의 두뇌가 가장 효과적으로 작동한다고 결론지었다.[20]

자신의 재미를 위해 최종 후보 명단에 꼭 17개의 활동을 넣어야

겠다면 그래도 좋다. 정확한 개수보다 훨씬 중요한 것은 최종 후보 명단에 살아가기 활동이 반드시 포함되어야 한다는 점이다. 당신이 앞으로 어떤 절정의 재미를 맛볼 수 있을지 짐작조차 가지 않는다면, 바로 이어지는 내용을 살펴보자.

절정의 재미로 향하는 다섯 관문 <<<

미국심리학회 American Psychological Association에서 펴낸 심리학 사전은 '절정경험 peak experience'을 "시공간과 자아를 초월해 경외감이나 희열을 느끼거나 삶에 대한 갑작스러운 통찰을 깨우치는 순간"으로 정의한다.[21] 살아가기 활동의 정점을 묘사하기에 이만한 표현이 없다. 나는 절정경험으로 통하는 관문이 무엇인지 고민하다가 뜻밖에도 어린 시절 즐기던 비디오게임에서 그 답을 찾았다. 게임에는 즐거움과 어려움, 위험과 보상 등 살아가기 활동의 특성이 독특하게 혼합되어 있다. 다만 실제 삶의 재미와 달리 게임을 하며 느끼는 스릴은 게임기에 전원이 연결되어 있는 동안만 지속될 뿐이다. 그렇더라도 게임 개발에 쓰이는 몇몇 기술은 실제 삶에도 적용할 수 있지 않을까?

알렉산드르 맨드리카 Alexandre Mandryka는 여태까지 24종의 게임 개발에 참여했으며 그 게임들은 총 5,000만 장이나 팔렸다. 하지만 나는 맨드리카를 게임 개발자로 생각하기보다는 세상에서 가장 뛰어난 절정경험 환경 제작자로 생각하고 싶다. 놀랍게도 스릴 넘치는 게임을 제작하는 과정을 꿰뚫는 맨드리카의 통찰은 뛰어난 절정경험을 이끌어내는 과정에도 똑같이 적용된다. 그러므로 재미보관함을 발전시킬 때 맨드리카의 통찰을 활용해보자. 그러면 굳이 에베레스트산을 등반하지 않더라도 지금보다 훨씬 더 짜릿한 삶을 살 수 있다는 사실을 깨닫게 될 것이다. 그 절정경험에 가닿기 위해 반드시 거쳐야 할 다섯 관문의 특성을 하나하나 살펴보자.

첫 번째 관문은 성장이다. 맨드리카에 따르면, 난도가 높은 과제에 도전하는 상태와 그 과제에 완전히 숙달된 상태를 번갈아 경험할 때 게이머가 절정의 재미를 느낀다고 한다. 바꿔 말해 편안하거나 불안한 상태 중 어느 한쪽에 쭉 머무를 때보다는 안전지대와 불안지대 사이를 왔다 갔다 할 때 스릴을 느낀다는 것이다. 현실 세계의 사례를 들자면, 처음 자전거를 탈 때와 비슷하다. 처음에는 보조 바퀴가 달린 자전거를 타면서도 어마어마한 스릴을 느낀다. 그러다가 익숙해지면 스릴이 사라진다. 그러면 보조 바퀴를 떼고 자전거를 타는데, 잠깐 겁먹다가도 균형 잡는 법을 깨우치면 다시 환호성을 지른다. 이마저도 익숙해지면 속도, 가속도, 거리를 바꿔가며 다양한 시도에 나선다. 심지어 묘기에 도전하기도 한다. 숙련도를 높이기 위해 코스의 난도를 다양화하는 등 익숙하지 않은 환경을 조성하는 셈이다.

흥미롭게도 긍정심리학의 대가인 미하이 칙센트미하이 Mihaly

Csikszentmihalyi의 몰입이론(예술가나 음악가 같은 숙련된 기술자들이 수천 시간의 연습 끝에 실력을 최대로 끌어올리면 마치 최면 상태와 같은 몰입에 빠진다는 이론)도 도전과 숙달 사이에서 균형을 잡는 일을 필수 요소로 제시한다. 몰입은 일종의 절정경험이다. 다만 이 정도 수준에 이르려면 상당한 노력이 필요하다. 반면 살아가기 활동은 도전과 숙달 사이에서 균형을 잡기만 한다면 누구든 즐길 수 있다. 성장에서 오는 기쁨을 어떤 단계에서든 얻을 수 있기 때문이다.

또한 맨드리카는 도전을 통해 게이머들이 성장하도록 자극하는 것이 "즐겁지만 정신이 멍해질 만큼 노력을 쏟아부었을 때 느껴지는 공허함"을 막아준다고 설명한다. 배움의 과정에서 느끼는 즐거움이 우리가 허무에 빠지지 않게 도와준다는 뜻이다. 맨드리카는 블로그에 이런 말을 남겼다. "노력도 한계도 없이 즐거움을 얻을 수 있는 게임은 마약과 같다. 그런 종류의 게임은 우리의 몸과 뇌가 허울뿐인 화려함에 초점을 맞춰 도파민만을 원하게 한다." [22]

두 번째 관문은 학습과 자기 결정권이다. 우리 스스로 선택하는 한 배움은 즐겁다. 혹시 프랑스의 어느 회사에서 직원들이 상사를 깜짝 놀라게 해주려고 전투기에 태웠다는 기사를 본 적이 있는가? 깜짝 생일파티도 어떤 사람에게는 공포로 다가온다고 하는데, 깜짝 공중곡예는 얼마나 무서웠을까? 비행 직전 해당 상사의 스마트워치가 측정한 심박수는 100회 이상에 달했다. 전투기가 이륙해 760미터 상공에서 시간당 1,400킬로미터 속도로 날기 시작하자 상사는 혼비백산한 나머지 비상 탈출 버튼을 누르고 말았다. 그가 평소 공중전에 얼마나 흥미가 있었든, 이런 활동은 스스로 선택하고 싶은 활동이지 강제로 요구받고 싶은 활동은 아니었을 것이다. 절정의 재미를 느끼는 경험과 트라우마적인 경험은 서로 다르다. (다행히 상사는 낙하산이 펼쳐지며 안전하게 착륙했지만, 전투기는 파손되고 말았다.)[23]

학습이든 재미든 자기 결정권이 보장될 때에만 유익하다는 사실은 직관적으로 당연해 보이는 것 이상으로 과학적 근거가 충분하다. 내가 아니라 다른 누군가가 스릴 있다고 생각하는 경험을 해본들 천장(전투기의 천장이 아니라 재미의 천장)을 뚫기란 쉽지 않다. 예컨대 방과 후 활동을 조사한 어느 연구에 따르면, 프로젝트에서 모종의 책임을 맡아 스스로 선택할 수 있었던 학생들이 가장 큰 재미를 느꼈던 것으로 나타났다. 연구진은 방과 후 활동에서 벌어진 상호작용을 분석해 '자기 결정권+학습=재미'라는 간단한 공식을 도출해냈다.[24]

세 번째 관문은 불확실성이다. 맨드리카는 이렇게 말한다. "재미는 본인이 원해서 불확실성을 탐구하는 것이다." 인간은 불확실성에 매료된다. 다음에 무슨 일이 벌어질지 모른다는 떨림을 즐긴다. 책을 읽을 때도 예상치 못한 반전이 있을 때 더 즐겁지 않나?

스완지대학교 컴퓨터연구소 소장 앨런 딕스[Alan Dix]는 설령 지루한 활동일지라도 놀랄 만한 요소를 추가하면 재밌는 활동이 될 수 있다고 설명한다. 예를 들어 주전자가 끓기를 기다리는 일은 굉장히 단조로운 활동이다. 하지만 주전자가 끓을 때 새가 튀어나와 노래를 부른다면 갑자기 이 활동에 우스꽝스러운 성격이 더해질 것이다. 딕스는 이것이 어이없는 일일 수 있지만, 애초에 중요한 점은 멋짐이 아니라 재미를 더하는 것임을 강조한다.[25] 새가 튀어나오는 요술 주전자를 절정경험에 비할 사람은 아무도 없다. 하지만 의미 있는 활동일지라도 불확실성을 더한다면 살아가기 영역에 포함될 가능성이 커질 것이다. (다음 장에서 변칙적 쾌락을 논하면서 이 주제를 더 자세히 다룰 것이다.)

네 번째 관문은 강렬한 감정이다. 영리한 게임 개발자는 게이머가 게임에 몰입해 재미를 느끼는 데 정교한 그래픽이 필수 요소가 아님을 안다. 오히려 인간의 기초적인 감정과 본성을 이용하기 위해 미스터리나 마법 같은 요소를 적절히 첨가하는 게 중요하다. 인간은 세계를 이해하고자 수천 년에 걸쳐 이야기에 의존해왔기 때문에 그런 요소에 본능적으로 반응할 수밖에 없기 때문이다.

절정경험이 인간의 감정과 얼마나 밀접하게 엮여 있는지 설명하기 위해 굳이 과학 연구까지 언급할 필요는 없을 것 같다. 사람들에게 가장 행복했던 순간을 물으면, 대개 사랑에 빠지고 결혼하고 자녀를 낳는 등 관계에서 비롯된 중요한 사건을 꼽는다. 친밀한 관계를 맺고 그 관계를 돈독히 하면서 보내는 시간(긍정적인 감정을 강렬히 느낄 수 있는 시간)은 재미에 이르는 중요한 관문이다.

하지만 강렬한 감정을 인간관계에서만 얻을 수 있는 건 아니다. 한번 창작자 관점에서 인생을 바라보자. 하루하루가 무미건조한 것 같다면 이렇게 자문할 수 있다. '내 이야기에 액션과 서스펜스를 더할 방법은 없을까? 이번 달, 또는 올해에는 어떤 클라이맥스를 향해 나아갈까?' 인생에 극적인 굴곡이 부족하다고 느껴진다면 당신이 직접 창조하면 된다.

다섯 번째 관문은 선 넘기다. 신체적인 위험을 무릅쓰고 스릴을 즐기는 활동은 적어도 일부 사람에게는 재미에 이르는 관문이 될 수 있다. 자발적으로 위험을 무릅쓰는 태도를 사회학자 스티븐 링 Stephen Lyng은 '선 넘기 edgework'라고 부른다. 링의 설명에 따르면, 많은 사람이 부상의 위험이 있거나 특별한 기술이 요구되는 활동에 적극적으로 참여하는 이유는 그런 활동이 유일무이한, 따라서 만족스러운 경험을 제공하기 때문이다.[26] 실제로 절정경험은 일상적으로 추구하는 제한적이고 상품화된 활동을 벗어나 새로운 도전에 나서게 한다. 미국의 스타 사회학자 조지 리처 George Ritzer가 《환상에서 깨고 다시 환상에 빠지고 Enchanting a Disenchanted World》에서 지적한 것처럼 이때 우리는 직업, 지위, 능률, 소득에 연연하지 않는다.[27] 5단계 욕구이론으로 유명한 에이브러햄 매슬로 Abraham Maslow도 '평범한 욕구와 욕망'에 시큰둥해진 상태를 절정경험의 한 측면으로 꼽았다.[28] 가령 BMX 문화(난도 높은 묘기용 자전거인 BMX를 즐기는 하위문화)를 깊이 분석한 루이

빌대학교의 연구에 따르면, 재미는 육체적인 스릴을 넘어선 무언가와 연관되어 있다.[29] 인터뷰에 응한 BMX 선수들은 자신들이 위험을 무릅쓰는 이유가 사회의 제약에서 벗어나기 위함이라고 밝혔다. 그들이 BMX를 타면서 즐기는 재미는 일상 세계의 합리성과 상업성에 저항하는 수단이었던 셈이다.

물론 위험을 무릅쓰는 것에는 단점도 있다. 나는 어린 나이에 뛰어난 묘기를 선보여 유명해진 스케이트 선수 스카이 브라운 Sky Brown이 2020년에 큰 사고를 당한 뒤 공유한 영상을 굉장히 인상 깊게 봤다.[30] 브라운은 반원통형 코너의 한쪽 끝에서 높이 날아오른 뒤 제대로 착지하지 못하고 추락하면서 의식을 잃었다. 급하게 구급 헬기를 불러 병원으로 실려 갈 정도였다. 영상을 보면 브라운은 한쪽 눈이 멍든 채 병상에 누워 간신히 입을 뗀다. 그는 사람들이 재밌는 부분만 보기를 바라기 때문에 보통은 사고 영상을 공유하지 않는다고 말한다. 하지만 보드를 타기 시작한 이래로 가장 큰 사고를 당하면서 '이따금 넘어질 수 있다'는 사실을 모두가 알길 바라는 마음이 생겼다고 고백한다. 브라운은 이렇게 말한다. "무슨 일이든 기쁨과 애정을 품고 해야 한다는 사실을 알아줬으면 해요." 스릴을 찾는 사람이라면 위험과 보상을 모두 따져볼 줄 알아야 한다. 따라서 활동에 무엇이 걸려 있는지, 생각보다 위험한지 아닌지 꼭 확인하자. 예를 들어 암벽등반을 할 때 숙련자가 아니라면 프리클라이밍에는 도전하지 말자.

더 궁금한 점이 있는가? 매슬로는 《존재의 심리학》(문예출판사,

2005)에서 절정경험의 특성 16가지를 꼽는다.[31] 이를 참조해 에너지를 쏟아볼 만한 살아가기 활동에 무엇이 있는지 추려보았다.

- 일상의 억압을 벗어나게 해주는 활동.
- 자연에 완전히 녹아들게 해주는 활동.
- 성취감을 안겨주는 활동.
- 예술적 표현이나 자유로운 창조 활동.
- 스스로가 강인하고 고유하게 느껴지는 활동.

재미를 추구할 때 주의해야 할 점 ≪≪≪

살아가기 영역으로 나아가는 관문들을 살펴봤으니, 이제 가드레일을 세워보자. 우리가 재미를 추구할 때 조심해야 할 함정과 넘어서는 안 될 선에는 무엇이 있을까?

첫째, 중독과 의존, 집착을 경계해야 한다. 내 주변에는 헬스광이 득실거린다. 철인 3종 경기를 두 차례나 완주했으니, 나도 한때 운동광이었다는 사실을 쉽게 유추할 수 있을 것이다. 헬스 업계 종사자들은 매일 헬스장에 나오는 사람을 보며 이렇게 말한다. "저 사람은 목표를 향해 뼈 빠지게 달려가고 있거나 두려움에서 부리나케 도망가고 있거나 둘 중 하나야." 순전히 취미로 매주 15시간씩 헬스장에서 시간을 보내는 사람을 상상해보자. 진심으로 열정 넘치는 사람일 수도 있지만, 스포츠심리학자 마크 안셸^{Mark Anshel}에 따르면 운동 중독의 문턱에 서 있는 사람일 가능성이 크다.[32] 많은 전문가가 지적하듯 운동은 그 자체로 재미를 즐길 수 있는 건전한 방법이지만, 의존하게 되는 순간 심각한 행동학적 문제를 일으킬 수 있다(예컨대 '내 인생 전체가 달리기를 중심으로 돌아가야 해'라고 생각할 수 있다).

자제력과 자율성이 사라진 과도한 재미는 그것이 악명을 얻게 된 이유 중 하나이기도 하다. 앞 장에서 소개한 린든의 주장에 따르면 인간의 두뇌는 선과 악을 구별할 줄 모른다.[33] 헤로인을 흡입하거나 가벼운 만남을 즐길 때 뇌에서 활성화되는 신경 회로는 명상하거나 선물을 주는 등 도덕적인 행동을 할 때 활성화되는 신경 회로와 똑같다. 그렇기 때문에 재미는 근본적으로 좋은 것인데도 정도를 넘어서면 나쁜 것이 될 수 있다. 특정 경험이 반복되면 우리 뇌의 신경 회로에는 장기적인 변화가 생긴다. 이것이 바로 '신경가소성 ^{neural plasticity}'이다. 뇌에 기억이 저장된다는 점에서 중독은 사실 학습의 일종이다. 특정 활동은 엔도르핀처럼 기분을 좋게 하는 신경화학물질을 생성한다(격렬한 운동 후에 황홀감을 느끼는 이유가 바로 이 때문이다). 즐거운 활동이 불러일으키는 황홀감은 너무나 강렬하기 때문에 자연스레 반복적으로 끌리게 된다. 그 과정에서 진정한 유익이 무엇인지 망각할 수 있다.

당신이 열정적으로 즐기는 활동이 건강하지 못한 집착으로 이어지고 있지는 않은지 확인하고 싶다면, 심리학자 로버트 J. 밸러랜드 Robert J. Vallerand가 제시한 '열정이원모델 dualistic model of passion'을 적용해보자.[34] 밸러랜드는 조화로운(건전한) 열정과 강박적인(해로운) 열정을 구별한다. 이 모델을 토대로 한 연구에 따르면, 조화로운 열정, 즉 자기 의지로 기꺼이 특정한 활동에 참여하고자 하는 강한 경향성은 긍정적인 감정을 불러일으키며 삶의 만족감을 높인다.

반면 강박적인 열정은 삶을 풍요롭게 하지 못한다. 열정이 식으면 공허감이 느껴질 뿐이다. 예컨대 주말에 집안일을 분담하기로 배우자와 약속했는데도 골프를 쳤다고 해보자. 분명 만족감을 느끼는 대신 오히려 부끄러움과 죄책감이 들 것이다. 강박적인 열정은 그 밖에도 여러 문제를 불러일으킨다.

- 금단 증상. "운동을 안 하면 너무 짜증 나."
- 융통성 없는 태도. "나나 주변 사람들에게 피해를 준다고 해도 이걸 꼭 해야겠어."
- 위험을 보지 못함. "올인할래."

밸러랜드의 연구에 따르면, 강박적인 열정을 가지고 자전거를 타는 사람은 눈이 오는 날이나 몹시 추운 날에도 자전거를 타려고 한다. 도박으로 전 재산을 다 날리는 경우처럼 병적인 중독 또한 강박적

인 열정과 깊은 관련이 있는 것이다.[35]

자제력과 자율성을 잃고 활동 자체에 매몰되면 재미의 어두운 측면이 드러나기 마련이다. 즐거움을 추구하는 과정이 고통스럽게 변하는 것이다.

둘째, 우울증을 조심해야 한다. 우울증이나 그 밖의 정신 질환을 겪고 있다면 억지로 재미를 찾으려다가 괜히 짐을 더하게 될지 모른다. 안타깝게두 도움을 요청하는 게 창피한 일이라는 낙인 때문에 너무나도 많은 사람이 충분한 지원을 받지 못하고 있다. 호르몬 때문이든 트라우마 때문이든 일부 정신 질환은 전문가와 의약품의 도움이 반드시 필요하다.

예를 들어 치료 저항성 우울증을 겪고 있는 사람은 본인의 의지만으로 결코 문제를 해결할 수 없다. 자기 힘으로 우울증을 극복하려고 하다가는 오히려 치명적인 결과를 맞이하게 된다. 나는 20대 초반에 바이러스 감염으로 입원했다가 혼자 힘으로 도저히 빠져나올 수 없는 신경정신과적 질환에 걸린 적이 있었다. 다행히 외부의 도움을 받아들인 덕분에 어둠의 구렁텅이에서 빠져나올 수 있었고, 서른이 될 때까지 3년간 대학원에서 별 탈 없이 공부할 수 있었다. 또한 나는 스트레스가 극심할 때면 기분을 끌어올리기 위해 S-아데노실메티오닌S-adenosylmethionine(간 기능을 돕는 영양제의 일종—옮긴이)을 복용하고 있다. 당신도 필요하다면 부끄러워하지 말고 도움을 청해라. 필요한 도움을 받고 나면 마침내 재미를 향해 나아갈 수 있을 것이다.

셋째, 과로와 수면 부족을 피해야 한다. 잠이 모자라면 삶이 재미있을 수 없다. 단순한 진리다. 하지만 안타깝게도 수면 부족은 점점 더 광범위한 공중 보건 위기가 되어가고 있다. 미국수면재단의 연구에 따르면, 성인은 하루에 일곱 시간에서 아홉 시간을 자야만 한다.[36] 며칠간 권장 시간보다 적게 자면 수면 부채가 늘어나 뇌가 정상적으로 기능하기 어려워진다.[37]

한편 현대인은 지나치게 일을 많이 한다. 하버드대학교 의과대학 교수인 찰스 A. 체이슬러 Charles A. Czeisler는 일 때문에 끊기지 않고 지속해서 보내는 시간이 하루 최소 11시간은 되어야 한다고 강조한다. 아울러 인간은 일주일에 적어도 하루(이상적으로는 이틀 연속)는 온전히 쉬어야 수면 부채를 해소할 수 있다. 매주 근무시간이 60시간을 넘어서는 안 된다.[38]

만약 당신이 미국 성인의 3분의 1처럼 하루에 여섯 시간을 채 못 자고 있다면,[39] 아무리 재밌는 활동일지라도 일정표에 포함하는 게 도움이 되지 않을 것이다. 그럴 경우에는 어떤 활동도 활력을 채워주지 못한다. 재밌는 활동마저도 젖 먹던 힘까지 갈아 넣어야 겨우 할 수 있을 것이다. 앞서 논의한 것처럼 과로와 시간 부족은 밀접한 관련이 있다.

넷째, 강한 자극을 재미로 착각해선 안 된다. 다른 사람이 아니라 당신의 욕구와 욕망에 따라 재미에 관한 습관을 들여야 한다. 이와 관련해 행복 연구에 크게 이바지한 버클리대학교 심리학 교수인 이리스 모스^{Iris Mauss}의 설명을 들어보자. 모스의 지적에 따르면, 미국이나 서양 문화권에서는 재미를 자극이 강한(활력과 흥분이 넘치는) 긍정적인 경험과 연결하려는 경향이 있다. 모스는 이렇게 말한다. "서양 문화권에 속한 사람들은 (스탠퍼드대학교 심리학 교수인) 진 차이^{Jeanne Tsai}가 말한 '저자극 긍정 감정', 즉 차분함, 평온함, 고요함 같은 감정을 과소평가하는 것 같아요." 조용히 독서하거나 명상하거나 정원을 다듬는 것처럼 자극이 약한 활동은 재미에 포함되지 않는 것처럼 보일 수 있으나, 사실 재미의 정의에 정확히 부합한다. 게다가 그런 활동은 많은 사람이 절실히 필요로 하는 균형과 회복에도 도움이 된다.

다섯째, 과잉 최적화의 유혹에서 벗어나야 한다. 최신 전자 기기에 익숙한 신세대는 자신들이 정신없이 일하는 와중에도 몇 분씩 짬을 내 재미를 즐길 줄 안다고 자랑한다. 어느 젊은 사업가는 내게 이렇게 이야기하기도 했다. "저는 짐승처럼 일하는 탓에 일분일초를 억지로 쥐어짭니다. 화장실에 볼일을 보러 가서는 틴더에 접속해 데이트 약속을 잡는 식이죠." 이렇게 말하는 사람들은 자기 계발과 삶의 효율에 끊임없이 목매는 하위문화에 영향받았을 가능성이 크다. 그들은 어차피 일을 재밌게 즐기고 있는데, 일주일에 80시간씩 일하는 걸 비판할 필요가 있냐고 주장한다. 맞는 말일 수도 있다. 하지만 그런 거품 속에 갇혀 산다는 건 인생의 무궁무진한 가능성 중 극히 일부만을 우선순위에 두는 것과 다르지 않다. 잠깐 볼일 보는 사이에 데이트 약속을 잡고, 몇 분 되지도 않는 사이에 재미를 즐긴다면, 모종의 성취감을 느낄 수도 있다. 하지만 누구든 비울 줄 알아야 한다. 궁극적인 목표는 시간을 과도하게 최적화하는 게 아니라, 본인의 의지에 따라 계획성을 갖는 것이기 때문이다.

의도하고 의식하라 《《《

이 장을 읽으면서 시간이 한정되어 있다는 사실과 그 시간을 활용해 다양한 기회를 즐길 수 있다는 사실을 모두 이해했기를 바란다. 흔히들 매 순간이 중요하다고 하지만 꼭 그렇지는 않다. 사이사이 지루한 순간과 고단한 순간이 존재하더라도 재밌고 행복한 삶은 잘 굴러갈 수 있다. 다만 시간이 한정되고 희소한 자원임을 진지하게 받아들이지 않는다면(다행인지 불행인지, 정확히 얼마나 귀중한지를 알기 어렵지만), 우리는 재밌는 활동에 투자할 수 있는 시간을 모두 허비하고 말 것이다.

내 지인 중 살아가기 활동에 많은 시간을 쏟는 사람들을 보면, 어떤 선택이라도 허투루 하지 않는다. 워낙 바쁘기 때문에 재미를 즐길 때도 계획을 짠다. 우리는 종종 미리 계획해서는 '마법 같은 순간'

을 맞이할 수 없다고 착각한다. 물론 억지로 마법 같은 순간을 꾸며낼 수야 없겠지만, 적어도 우리의 인생에 그런 순간들이 자리 잡을 여지는 마련해둘 수 있다. 여유 시간을 효과적으로 만들려면 어느 정도의 계획과 절제는 반드시 필요하다.

그와 같은 노력이 얼마나 중요한지 온몸으로 깨달은 적이 있다. 바로 내 동생 브라이언이 생각지도 못한 순간에 너무 이른 나이로 세상을 떠났을 때다. 당시 동생의 나이는 고작 41세였다. 사랑하는 사람을 떠나보내는 일이 언제고 쉽겠냐마는 나는 특히나 감정적으로 전혀 준비가 안 된 상태였다. 사별의 슬픔을 헤쳐나가는 데 그나마 도움이 된 것이 하나 있다면, 동생이랑 내가 어른이 되고 나서 서로 떨어져 산 기간이 꽤 길었는데도 함께 행복한 기억을 굉장히 많이 만들었다는 사실이다.

동생이랑 나는 오래전부터 버킷리스트를 공유해 함께 소원을 이뤄왔다. 뮌헨에서 열리는 옥토버페스트에도 갔고 시카고의 유명한 코미디 극장인 세컨드시티에도 갔다. 브라이언이 인디애나주에 살던 시절에는 '암흑 군주의 날Dark Lord Day 축제'(헤비메탈 밴드가 대거 참여하는 수제 맥주 축제)에도 갔다(동생은 수제 맥주를 좋아하고 나는 헤비메탈을 좋아하니 합이 딱 맞는 축제였다).

브라이언이 세상을 떠나기 한 달 전에 갔던 여행이 우리가 함께 한 마지막 추억이다. 당시에 나는 투잡을 뛰고 있었던 데다가 새 회사를 막 창업한지라 스트레스가 이만저만이 아니었다. 사업 때문에 뉴욕에 갈 일이 생겼을 때 나는 뉴저지주 프린스턴에 살고 있던 동생이 생각났다. 그래서 사업에 조금 손해를 보더라도 동생이랑 같이 시간을 보내려고 일정을 조정했다. 우리는 뉴저지주 잭슨에 있는 식스플래그 놀이공원에 가기로 계획했다. 롤러코스터 마니아라면 바로 이곳에 세계에서 가장 높고 두 번째로 빠른 롤러코스터 킹다카가 있다는 걸 알고 있을 것이다. 가서 타기만 하면 끝이니 이처럼 쉬운 일이 없었다. 물론 나로서는 왕복 여덟 시간이나 걸렸기 때문에 조금도 귀찮지 않았다면 거짓말일 테다.

하지만 마침내 놀이공원에 도착하니 걱정이 싹 사라졌다. 오랜만에 동생이랑 재회해서 너무나 기뻤고 롤러코스터도 잔뜩 기대되었다. 다만 그보다 10년 전에 캘리포니아주의 식스플래그 놀이공원에서 롤러코스터를 타려다가 못 탄 기억이 떠올라 살짝 불안했다. 동생이 덩치가 있다 보니 놀이기구의 안전대가 잘 들어맞지 않았던 탓이다. 따라서 뉴저지주에 도착해 롤러코스터를 향해 걸어가는데 점점 긴장감이 엄습했다. '킹다카도 못 타면 어떡하지?'

줄을 서서 기다리다가 우리 차례가 오자 허겁지겁 자리에 앉았다. 얼른 안전대를 내리면서 딸각 소리가 나는지 귀를 기울였다. 소리가 안 나면 안전대가 제대로 들어맞지 않은 것이라 킹다카를 탈 수 없었다. 동생이 좌석에 몸을 구겨 넣는 모습을 긴장한 채 바라보는데, 왠지 예감이 좋았다. 숨을 깊게 내쉰 동생은 안간힘을 쓰며 안전대에 가슴을 집어넣었다. 직원이 조금 손을 보태니 딸각 소리가 났다!

잠시 뒤에 롤러코스터가 출발했다. 어마어마했다. 기대에 완벽히 부응했다. 겁나게 재밌었다! 그날 내내 롤러코스터 이야기를 쉬지 않고 나눴다. 다른 놀이기구는 못 타더라도 상관없었다. 킹다카를 정복했으니까! 다음 날 동생이 나를 공항까지 데려다주기 전에 같이 승리의 만찬을 즐겼다. 식사 중에 전날의 일을 하나부터 열까지 복기하느라 어린아이들처럼 끊임없이 재잘거렸다. 그렇게 해서 동생과 함께한 즐거운 기억이 하나 더 늘었다.

재미를 계획한다는 발상이 미심쩍다면, 딱딱해 보이기만 하는 일정표의 빈칸마다 즉흥적이고 예상을 벗어나는 요소가 얼마든지 들어갈 수 있다는 사실을 기억하자. 모순적인 말처럼 들리겠지만 때로는 '재미를 꼼꼼히 준비하는 사람'이 될 필요가 있다. 그래야 예기치 않은 사건, 흥미진진한 사건, 비범한 사건을 맞아들일 여유 시간을 마련할 수 있기 때문이다. (기대했던 계획이지만 실제로는 재미없을 수도 있다. 그럴 때는 또 새로운 시도를 하면 된다.)

미래를 완벽히 통제할 방법은 없다. 삶은 언제나 예상치 못한 사건으로 우리를 놀라게 한다. 이따금 고통스러울 때도 있겠지만, 이는 결코 나쁜 일이 아니다. 우리는 그저 우리가 가진 시간을 최선을 다해 활용하기만 하면 된다.

프레임워크

2

재미를 극대화하고
선택지를 늘리자

질적 변화를 위한 SAVOR 시스템

사람들은 단지 당신이 운동을 하고
무게를 치고 잘 먹고 주위에서
하라는 대로 한다면
오래 살 거라고 말해요.
그럴지도 모르죠. 그런데 사람들은
대체 왜 얼마나 잘 사는지가 아니라
얼마나 오래 사는지를 기준으로
삶을 평가하는 걸까요?

_가브리엘 이글레시아스 Gabriel Iglesias

PLAY 모델 덕분에 낭비되는 시간을 줄이고 일상에 재밌는 활동을 더할 수 있게 되었는가? 이번 장에서는 일상을 질적으로 더 즐겁고 만족스럽게 변화시킬 도구들을 살펴볼 것이다.

과학적·실증적 근거가 확실한 'SAVOR 시스템'은 다섯 가지 요소로 이루어져 있다.

1. 이야기 고치기 Story editing .
2. 활동 묶기 Activity bundling .
3. 쾌락 변주하기 Variable hedonics .
4. 선택지 늘리기 Options .
5. 추억 잠그기 Reminiscing .

SAVOR 시스템을 소개하는 가장 좋은 방법은 이를 일부 적용하는 것만으로도 얼마나 강력한 변화를 일으킬 수 있는지 실례를 보여주는 것이다. 재미가 내 삶을 구원하기 몇 해 전에 나는 박사과정 실습 과제로 캘리포니아주의 의료 네트워크를 지원하는 일을 맡았다. 의사 중 한 명이 스스로 목숨을 끊는 사건이 발생했기 때문이다. 그의 죽음은 수많은 의사가 일터에서 전방위적인 압박 탓에 고통스러워하고 있음을 여실히 드러냈다. 번아웃은 누구에게나 찾아올 수 있지만, 연구자들이 특히 의료 종사자를 주목하는 이유는 그들에게서 대인 간 스트레스의 영향을 쉽게 관찰할 수 있기 때문이다. 실제로 관련 연구들은 번아웃에 취약한 직업으로 의사를 꼽는다. 특히 전체 의사를 설문 조사해 수집한 자료에 따르면, 캘리포니아주 의료 네트워크에는 의사 한 명의 죽음이라는 개별 사건을 넘어서는 훨씬 광범위한 위기가 닥쳐오고 있었다.[1]

내가 방문했을 때 의료 네트워크의 CMO(의료 총책임자)는 기꺼이 새로운 아이디어를 받아들일 준비가 되어 있었고, 얼른 행동에 나서기를 바랐다. 그는 특히 긍정심리학을 통해 회복력을 높이는 방법에 관심이 많았다. 혹시 이런 전략이 의사의 복지를 증진하는 데도 효과가 있을까? CMO는 어떤 식으로든 의사들이 회복력을 갖도록 도우면 번아웃을 막을 수 있지 않을까 기대했다.

CMO와 나는 몇 차례의 논의 끝에 복지위원회(의료 네트워크의 다양한 집단을 대표하는 여러 의사로 조직된 위원회)와 협력하기로 결정했다. 어느 집단이든 회복력을 갖도록 돕는 것은 그리 간단한 일이 아니다. 병원이라는 특수한 환경에서는 특히 더 까다로운 일이었다. 의사들이 제안한 내용은 이미 확고히 굳어진 의료계의 관행을 고려할 때 별 실효성이 없어 보였다. 근무 외의 시간을 써서 외부 강연을 듣거나 훈련해야 한다는 이야기가 많았다. 그들에게 시간이 얼마나 부족한지 고려한다면, 이런 조치들에는 잠재적인 이익이 거의 없었다. 오히려 번아웃이 심해질지 모를 일이었다.

복지위원회가 제대로 답을 내놓을 수 없다면, 차라리 당사자인 의사들에게서 답을 찾는 편이 나을 수 있었다. 하여 의사들과 개별 면담을 진행했는데, 그 시작부터 문제의 핵심이 수면 위로 떠올랐다. 바로 의사들이 본인보다 일을 우선시한다는 점이었다.

의과대학을 마치는 데에는 어마어마한 노력이 든다. 목표에 다다를 때까지 개인의 행복을 비롯한 온갖 욕구를 제쳐두고 공부에만 전념하는 마음가짐을 고수해야 한다. 이런 마음가짐에서 벗어나는 일이라면, 설령 하룻밤 일을 쉬고 영화를 보러 가는 것처럼 소소한 활동일지라도 참아야만 한다. 결과적으로 예비 의사들은 무사히 수련 기간을 마치는 데 직접적으로 도움이 되지 않는 것처럼 보이는 인생 경험이나 자기 관리를 과감히 포기한다.

의과대학 경험이 없는 사람이더라도 이런 상황이 왠지 익숙할 것이다. 이는 오늘날 직업적 야망을 품은 사람들 사이에 널리 퍼져 있는 사고방식을 극단적으로 보여주는 하나의 사례에 불과하기 때문이다. 우리는 월급쟁이로 살아서는 성공과 보람을 누릴 수 없다고 확신한 채 오로지 일만 우선시하며 그 외의 삶은 남는 자리에 억지로 욱여 넣는다.

의과대학을 졸업한 지 한참 지난 의사들과 면담해보니, (직업적인 필요보다 개인적인 필요를 우선시하도록) 우선순위를 재설정하는 일은 알아서 해결될 문제가 아니었다. 일단 경력이 오래된 의사일수록 직업과 삶에 대한 열정이 모두 미지근했다. 그 나름대로 자리를 잡으면서 오직 의사여야만 한다는 집착이 가라앉았다. 인내와 열정만으로 기운을 낼 수 있으리라는 확신도 착각이었음이 서서히 드러났다. 의사라는 직함을 거머쥐기 위해 소중한 것을 수없이 희생했다는 고통스러운 깨달음 또한 피할 수 없었으며, 이 사실이 그들의 정신을 갉아먹었다. 세상에서 가장 유용하고 중요하며 존경받는 직업인 의사마저 직업 밖의 삶이 필요했던 것이다. 그런 삶을 누리지 못한 의사들은 아무리 세속적인 경험을 통해 지식과 통찰을 쌓았어도 모두 헛되다고 느꼈다.

과제를 진행하면서 나는 복지위원회에 속한 몇몇 의사와 개인적인 친분을 쌓을 수 있었다. 그중에서도 특히 한 의사가 최신 지식에 열띤 관심을 보였다. 바로 앤토니아였다.✤

✤ 나는 복지위원회에서 협업한 의사 한 명 한 명을 모두 깊이 존경한다. 다만 병원 측과 실습 과제 계약을 맺을 때 결코 바꿀 수 없는 사항이 바로 비밀 유지였다. 따라서 실제 인물을 염두에 두고 앤토니아를 언급하기는 했지만, 그 이름은 가명이며 익명성을 보장하기 위해 그녀와 있었던 일은 다른 경험과 뒤섞어 서술했다.

앤토니아는 본인이 번아웃으로 고생하고 있었기 때문에 복지위원회에 참여했다. 특히 최근의 자살 사건에 크게 충격받아 의사들의 복지를 증진하기 위해 할 수 있는 일이라면 무엇이든 하려고 했다. 한편 앤토니아는 입원 환자 전문의로 오랫동안 일하면서 개인으로서의 삶이 완전히 사라져버렸다는 사실에 불안해하고 있었다.

우리는 어떤 작은 변화가 앤토니아의 개인적 삶을 더 만족스럽고 생생하게 할 수 있을지 논의했다. 그녀는 기꺼이 변화할 마음이 있었지만 어디서부터 시작해야 할지 확신하지 못했다. 그래서 의과대학 이전의 삶이나 유년시절을 되돌아보는 게 어떻겠냐고 제안했다. 나는 "그때 시간을 어떻게 보내셨어요? 뭘 하면 미소가 지어지던가요?" 하고 물었다. 앤토니아는 망설임 없이 "그림 그릴 때요"라고 대답했다. 하지만 이내 가벼운 취미에 불과했다며 손사래를 쳤다. "제대로 된 예술가"였던 적은 없었다는 것이다. 나는 앤토니아와 함께 (가치와 우선순위의 기준을 조정하는) 이야기 고치기 과정을 진행하면서, 그림 그리는 것이 그녀의 행복에 진정으로 중요한 활동으로 인식되도록 했다. 실제로 그림은 한때 앤토니아가 느끼는 즐거움의 중요한 근원 중 하나였다. 시간이 지나면서, 특히 의과대학이라는 도가니에 빠지면서 우선순위가 밀려나다 못해 아예 인식 속에서 사라졌을 뿐이다. 당시 앤토니아는 그림 그리기가 과분한 취미라고 생각해 포기했지만, 바로 그 때문에 그녀의 삶에는 자기표현과 놀이의 수단이 사라지고 말았다. 이는 번아웃에 크게 일조했다.

처음에는 오래전에 잃어버린 열정을 다시 찾기가 어려웠다. 하지만 우리는 포기하지 않았다. 같이 일정표를 훑어보면서 하루 중 잠깐이라도 창의성을 발휘할 시간이 없을지 찾아봤다. 마침내 환자들을 응대하는 저녁 시간에 그림 그리기 활동을 묶을 수 있다는 사실을 발견했다. 곧 그녀는 해당 시간에 자신이 마주하는 까다로운 상황들을 풍자하는 만화를 그리기 시작했다. 이 과정을 통해 앤토니아는 스트레스를 풀 수 있었고, 예술적이고도 감정적인 자아와의 관계를 회복할 수 있었다. 우리는 이러한 승리에 섣불리 만족하지 않고 선택지가 더 없는지 고민했다. 예컨대 자녀들이 좋아하는 활동에 같이 참여할 수는 없을까? 점점 추진력이 붙으면서 앤토니아의 재미보관함에는 다양한 활동이 채워지기 시작했다. 보관함이 부담스러울 만큼 비대해지도록 내버려두는 대신 우리는 최선의 선택지를 몇 개 추려냈고, 바로 그 선택지들을 현실화하는 데 집중했다. 예를 들어, 앤토니아는 이미 감사일기를 쓰고 있었기 때문에 비슷한 활동을 추가하는 대신 거기에 가장 즐거웠던 기억들을 기록하면서 추억에 잠기기로 결정했다.

명심해야 할 점은 내가 의사들과 협업하면서 성과를 거둔 사례가 그리 많지 않았다는 점이다. 대부분은 자신의 중대한 업무에 비해 재미는 사소한 방해 요소에 불과하다며 코웃음을 쳤다. 하지만 앤토니아를 비롯해 열린 마음으로 내 제안을 받아들인 일부 의사는 재미가 피로회복제 역할은 물론이고, 안전하고도 합법적인 스테로이드 역할을 할 수 있다는 사실을 깨닫기 시작했다. 결국 삶을 즐길 줄 아는 의사가 유능한 의사였다.

복지위원회를 떠나고 나서도 가끔 앤토니아를 만나 커피 한잔 하면서 요새 어떤 성과가 있는지 이야기하고는 했다. 새로운 자아를 발견한 뒤로 앤토니아가 늘 머금고 있던 미소는 언제 봐도 기쁨을 주었다. 그녀는 병원 밖으로도 취미를 확장해 예술과 건강의 상관관계를 탐구하는 웹사이트까지 만들었다. 번아웃을 해결할 치료제는 바로 재미였던 셈이다. 나는 마치 새로운 약을 개발해 임상 실험에 성공한 과학자가 된 듯했다.

이어지는 내용을 읽으면서 이렇게 자문해보자. '내 인생의 이야기 중 도대체 무엇이 재미를 느끼지 못하게 가로막고 있을까? 그 이야기는 아직도 유용할까, 아니면 앤토니아가 그랬던 것처럼 나도 그 이야기에 도전장을 내밀어야 할까? 그 이야기가 내 발전을 방해하지 못하게 하려면 앞으로 어떻게 해야 할까?'

인생이라는 이야기를 고쳐 쓰기 ‹‹‹

심리학자 티모시 윌슨Timothy Wilson의 《스토리》(웅진지식하우스, 2012)를 읽다가 이야기 고치기 기법을 처음 알게 되었다. 이 책에서 윌슨은 우리의 믿음이 주관적인 현실을 얼마나 강력하게 좌우하는지 탐구한다. 그의 설명에 따르면, 인간은 "자신의 행동과 복지에 지속적인 변화를 초래하는 방식으로 자신의 이야기를 편집"할 수 있다.[2] 실제로 이야기 고치기 기법은 재미가 부질없는 시간 낭비에 불과하다는 잘못된 사고방식을 바로잡는 데 도움이 된다.

쉴 새 없이 일하는 생활 방식이 주류로 자리 잡은 오늘날의 사회규범은 재미를 즐기는 건 고사하고 제대로 평가조차 못 하게 막는다. 이야기 고치기는 바로 그 사회규범에서 벗어나기 위한 첫걸음이다. 사실 이런 제약이 존재한다는 현실을 인식하고 삶을 더 재밌게 살겠다고 마음먹기만 해도 절반은 해결한 셈이다. 이야기 고치기 기법을 충분히 연습해 써먹겠다고 다짐한다면, 지독히 단조로운 환경에서도 어떻게든 재미를 누리게 될 것이다.

이야기 고치기를 시작하려면 우선 재미에 관한 편견이 있는지 확인해야 한다. 특히 재미를 즐기는 것과 어른다운 어른이 되는 것이 양립할 수 없다는 생각을 버려야 한다. (여전히 의심을 떨쳐버릴 수 없다면 책을 계속 읽어보자. 어째서 그런 생각이 틀렸는지 차근차근 설명해주겠다.) 재미는 '있으면 좋고 없으면 말고'인 것이 아니라 개인의 행복을 구성하는 필수 요소다. 이처럼 이야기의 방향을 새롭게 설정할 때 낡은 각본에서 벗어나 주도권을 되찾을 수 있다. 반드시 재미가 당신의 정체성에 포함되어 있어야 한다.

재밌는 생각을 마음대로 떠올릴 수 있으려면 의식적인 연습이 필요하므로 인내심을 가져라. 사실 대부분의 사람은 지나치게 걱정하지 않으려 애쓰는 것조차 굉장히 힘들어한다. 윌슨과 버지니아대학교의 연구진이 함께 진행한 연구가 좋은 예다. 실험 참가자들은 가만히 앉아서 15분 동안 이런저런 생각을 하거나, 그게 싫으면 전기 충격을 한 번 견디도록 요청받았다. 그러자 남성 참가자 3분의 2와 여성 참가자 4분의 1이 전기 충격을 택했다.[3] 후속 연구에서 심리학자 사라 알라마디Sarah Alahmadi가 이끄는 연구진은 인간이 멍하니 생각에 잠길 때 즐거운 생각을 먼저 떠올리는 경우가 적다는 사실을 밝혀냈다. 그런 생각이 얼마나 재밌고 유익한지 과소평가하는 경향이 있기 때문이다. 결국 연구진은 우리가 의식적으로 노력하지 않는 이상 절대 재미를 우선순위에 둘 수 없다고 결론지었다.[4] 대부분의 사람은 정작 목표에 도달하더라도 그 순간을 즐길 역량이 없다는 사실을 망각한 채, 그저 특정한 목표(성공, 인정, 돈)에 닿기 위해 평생 노력한다.

물론 적절한 계기(편안히 생각에 잠기거나 지금 이 순간을 즐겨도 괜찮다는 사실을 상기하는 일)만 주어진다면, 우리는 얼마든지 재미를 손에 쥘 수 있다. 일례로 한 연구에서는 실험 참가자들을 두 집단으로 나눈 다음, 한쪽에만 각자가 좋아하는 화제를 떠올리도록 생각을 '보조'해줬다. 실험 참가자가 자기가 좋아하는 주제들의 목록을 만들면 연구진이 그것들에 관해 몇 분간 생각하도록 요청하는 식이었다. 실험 결과, 요청받은 사람들은 더 쉽게 좋아하는 주제에 집중했고 정신이 더 또렷했으며 더 재밌게 활동했다.[5] 생각의 힘을 활용하는 방법에 관해서는 다음 장에서 더 자세히 다룰 것이다.

이렇듯 인간에게는 재밌는 일을 생각하지 않으려는 경향이 있다. 따라서 좋아하는 것을 의식적으로 떠올리기 위해 이를 요청하는 일종의 알림 장치를 마련할 필요가 있다. 방향을 재설정하는 것만으로도 삶에서 가장 지루해 보이는 순간(길게 줄 서기, 물이 끓기를 기다리기, 설거지하기 등)마저 즐거웠던 순간을 추억할 계기로 바꿀 수 있다. 일상이 잔잔하게 흘러갈 때면 SNS를 보면서 다른 사람들이 누리는 기회가 나에겐 찾아오지 않을까 봐 두려워하는 대신 나만의 즐거운 추억을 만끽할 방법을 찾아야 한다. 재미보관함을 다시 살펴봐도 되고, 과거의 좋은 추억을 이따금 떠올리게 해주는 알림 장치를 마련해도 된다(페이스북의 '과거의 오늘' 기능과 비슷하지만, 무엇을 추억할지는 전적으로 당신이 선택해야 한다).

이야기 고치기 기법을 성공적으로 활용하면 스탠퍼드대학교 심리학 교수인 캐럴 드웩Carol Dweck이 《마인드셋》(스몰빅라이프, 2013)에서 소개한 성장 마인드셋을 발전시킬 수도 있다.[6] 성장 마인드셋을 가진 사람들은 주체성이 굉장히 강하다. 그들은 삶이라는 자동차의 운전대를 꽉 붙잡고 있다. 자신이 처한 상황을 얼마든지 긍정적으로 개선할 수 있다고 믿는다. 반면 고정 마인드셋을 가진 사람들은 자신의 능력을 바꿀 수 없고, 삶을 통제할 수 없다고 생각한다.

성장 마인드셋을 가지려면 부정적인 일이 발생하더라도 성장을 촉진할 기회로 해석할 줄 알아야 한다. 예컨대 거절당하거나 실수를 저질렀을 때 이렇게 생각해보자. '도전은 언제든 환영이야. 다음에는 더 열심히 준비해서 도전을 훨씬 더 재밌게 즐기겠어.'

이와 반대로 고정 마인드셋을 가진 사람들은 실패나 실수를 최종 판결로 해석한다. '하나도 재미없네. 난 여기에 재능이 없나 봐. 다시는 안 해야지.'

사고방식을 극적으로 전환하기가 어렵다면 작은 변화부터 시작해보자. 다가오는 주말을 휴가로 생각하는 건 어떨까? 이처럼 간단한 전환만으로도 의도적으로 시간을 쓸 수 있다. 실제로 이와 같은 생각의 전환이 진짜 휴가를 보내는 것과 같은 심리적 유익을 가져다주는 등의 긍정적인 효과를 미치는 것으로 밝혀졌다.[7] 일단 작은 변화가 가져다주는 유익을 경험하고 나면 더 큰 사고방식의 변화도 기꺼이 맞이할 힘이 생길 것이다.

이야기 고치기 기법을 연습하는 동안 이전에는 생각지도 못한 곳에서 재미를 즐길 기회를 발견하게 될 것이다. 예컨대 이전에는 배만 채웠던 점심시간이 진짜 휴식처럼 느껴질 것이고, 오랜 친구랑 재회하는 등 무언가 재밌는 활동을 할 기회도 만들 수 있을 것이다. 운이 좋다면 (프레임워크 ①에서 살펴본) 카탄처럼 영혼의 단짝을 찾을지도 모른다. 설령 그러지 못하더라도 재미가 당신의 감정에 미치는 영향을 몸소 느끼면서 그것을 즐기고 싶은 욕구가 다시 불타오를 것이다.[8]

당연한 사실이지만, 모든 활동을 다 할 수는 없다. 아쉽게도 당신의 하루를 30시간으로 늘릴 도깨비방망이 같은 건 존재하지 않는다. 하지만 그와 비슷한 효과를 낼 수 있는 기술 하나는 알려줄 수 있다. 바로 활동 묶기다.

활동 묶기는 일종의 마법이나 다름없다. 하루를 늘리지 않고도 일상에 재미를 즐길 시간을 더할 수 있기 때문이다. 활동 묶기란, 시간을 어떤 방식으로 소비하고 있는지 점검한 뒤 제대로 활용하고 있지 못한 시간에 다른 긍정적인 요소를 신중히 통합하는 과정을 가리킨다. 물론 활동 묶기를 적용했다가는 오히려 나쁜 결과만 초래할 기초적인 활동(수면, 명상, 몽상 등)도 존재한다. 하지만 주의 깊게 적용한다면 활동 묶기는 지루하거나 답답한 순간을 재밌는 순간으로 바꿔줄 것이다. 앤토니아가 환자를 응대하는 저녁 시간에 그림 그리기 활동을 통합했던 것을 생각해보자.

여러 활동을 한데 묶는 기술은 재밌는 활동을 즐길 기회를 훨씬 더 많이 누리게 해준다. 활동 묶기는 PLAY 모델의 네 개 영역 중 어디에든 효과적으로 적용할 수 있다. 예를 들어 두 개의 즐기기 활동을 하나로 합쳐 재미를 두 배로 키울 수도 있고(코미디쇼를 보면서 친구랑 놀기), 애쓰기 활동을 즐기기 활동과 연계할 수도 있다(집안일을 하면서 좋아하는 팟캐스트나 오디오북 듣기).

또 다른 방법은 반드시 해야 하지만 재밌지는 않은 활동에 보상을 부여하는 것이다. 행동과학자들은 재밌는 활동이 재미없는 활동의 강력한 동기가 될 수 있음을 오래전부터 알고 있었다. 일례로 존스홉킨스대학교의 생물학자 커트 폴 리히터 Curt Paul Richter는 1920년대에 쥐가 굶주릴수록 더 많이 활동한다는 사실을 발견했다.[9] 심리학자 데이비드 프리맥 David Premack은 이 현상을 한층 더 깊이 연구해 '프리맥의 원리'라고도 알려진 '강화상대성이론 relativity theory of reinforcement'을 확립했다. "A 반응이 B 반응보다 독립적으로 일어날 확률이 큰 경우 그리고 오직 그러한 경우에만 A 반응은 B 반응을 강화한다."[10] 쉽게 말해 재미없는 활동을 해야만 재밌는 활동을 할 수 있는 상황을 만들면, 재미없는 활동을 수행하기가 더 쉬워진다는 뜻이다.

자녀가 있다면 이미 이와 같은 전략을 잘 알고 있을 것이다. 자녀에게 중요하지만 재미없는 일을 시키고 싶을 때, 그 일을 하고 나면 다른 재밌는 일을 시켜주겠다고 유혹한 적이 있을 테니까 말이다. "방 청소 끝내면 같이 아이스크림 먹으러 가자!"라고 꾀는 식이다. 관련 연구에 따르면 꼭 해야 하지만 피곤한 일이 있을 때 우리 자신에게도 이런 전략을 사용할 수 있다. 재미는 훌륭한 동기부여 수단이다. 그러니 사용하지 않을 이유가 있을까?

한 가지 주의할 점이 있다. 활동 묶기 기술은 심각한 역효과를 불러일으킬 수 있다. 한 활동이 다른 활동의 질을 떨어뜨릴 수 있기 때문이다. 따라서 어떤 활동이 서로 잘 어울릴지 신중하게 고민하자.

예를 들어 반려견을 산책시키면서 오디오북을 듣는 건 괜찮은 전략처럼 보인다. 하지만 막상 해보면, 오디오북 내용에 너무 심취한 나머지 반려견이 쓰레기통을 파헤치는 모습을 뒤늦게 발견할지 모른다. (내 친구가 실제로 경험했던 일이다. 물론 친구의 반려견은 덩치가 너무 커서 설사 쓰레기통에서 연회를 벌이고 있지 않더라도 신경을 쓸 수밖에 없긴 하지만 말이다. 게다가 친구는 오디오북보다 종이책을 더 선호한다.) 친밀한 사람과 좋아하는 TV 프로그램을 보는 활동을 지적으로 고된 활동(세금 신고 준비 작업 등)과 묶는 행위도 위험하다. 이 경우에 지적 활동은 훨씬 더 고되게 느껴질 것이며 소중한 사람과 보내는 시간 또한 무용지물이 될 것이다. 이처럼 활동 묶기 기술에는 한계가 있다. 따라서 되는 대로 사용하다가는 해를 입을 수 있음을 꼭 기억하자.

나는 충분한 연습을 통해 활동 묶기 기술의 효과를 극대화했다. 그 결과 이 기술은 내 삶에 지대한 영향을 미치고 있다. 다들 짐작하겠지만, 철인 3종 경기를 뛰던 사람으로서 고작 마흔다섯 살에 제대로 걸을 수나 있을지 걱정하게 된 상황은 쉽게 받아들일 만한 일이 아니었다. 내게 달리기는 일종의 치료제나 다름없었다. 그래서 의사에게 대퇴골두가 골반을 짓누르고 있으니 앞으로 달리기는 꿈도 꾸지 말라는 말을 들었을 때 마음이 이만저만이 아니었다. 이전 활동량을 유지하지 못하자 살이 불고 혈당이 높아졌다. 운동 전도사로 먹고살던 사람에게는 그리 낙관적인 상황이 아니었다.

제대로 걸으려면 고관절 대치술을 받는 수밖에 없었기 때문에 수술실로 들어갔다. 이후 몇 주 동안은 지칠 줄 모르고 날뛰는 두 아이랑 놀아주기가 꽤 힘들었다. 특히 딸과 친밀한 관계를 유지하는 데 어려움이 생겼다. 수술 전까지는 같이 뛰어놀면서 유대감을 쌓았기 때문이다. 회복 초기에는 물리치료가 피할 수 없는 애쓰기 활동처럼 느껴졌다. 그와 동시에 얼른 딸과 예전처럼 재밌게 놀고 싶다는 마음이 간절했다. 바로 이때 나는 활동 묶기 기술을 사용했다.

당시 딸아이는 춤에 흥미를 갖는 중이었다. 그래서 나는 혼자 지루하게 물리치료 활동을 하며 시간을 보내는 대신 유능한 댄스 강사를 찾아 무리 없이 소화할 수 있으면서도 딸과 재밌게 즐길 만한 춤동작을 배웠다. 시간이 지나면서 춤추기는 매주 반복되는 살아가기 활동으로 진화했다. 나는 이 시간을 통해 딸과의 관계를 회복했고 건강을 되찾았으며 점차 숙련된 댄서가 되었다. 무엇보다도 나는 딸과 신나게 재미를 만끽했다.

따분함을 물리치는 쾌락 변주하기　　　≪≪≪

진짜 기분이 좋았어요. 왜인 줄 아세요? 5개월을 기다렸으니까요. 굶어 죽을 정도로 배가 고픈데 누군가가 크래커 하나를 던져주면 당신은 이렇게 말하겠죠. "와, 내 인생 최고의 크래커야! 이거 그냥 크래커가 아닌 거지? 그렇지? 대체 뭐야? 소금 친 크래커

인가? 진짜, 겁나 맛있어. 근데 소금 친 크래커도 아니란 말이지. 음, 리츠 크래커구나. 아니라고? 근데 진심 내 인생 최고의 크래커라니까!"

코미디언 에디 머피 Eddie Murphy 의 익살스러운 설명처럼, 인간은 한동안 경험하지 못했던 쾌락을 다시 마주할 때 그것을 더 강렬하게 즐기는 경향이 있다. 이를 활용한 간단한 전략이 있다. 재밌는 활동을 잠깐 쉬거나 반복되는 일상에 변화를 주는 것이다. 이런 효과가 나타나는 이유는 변칙성이 쾌락 적응 현상, 즉 인간의 두뇌가 쾌락 수치를 기본 수준으로 초기화하려는 경향을 방해하기 때문이다. 〈시작하기에 앞서〉에서 살펴본 것처럼 우리는 행복 설정점을 갖고 있다. 쾌락 적응 현상은 외부 상황이 어떻든 우리를 바로 그 행복 설정점으로 돌려놓는다. 두뇌는 우리가 매 순간 기분이 좋기를 바라지 않기 때문이다. 애초에 행복을 느끼게 된 이유가 긍정적인 행동에 보상을 주기 위해서였음을 기억하자. 원하는 것을 얻으면 기분이 좋아지고, 시간이 지나면 좋은 기분이 사라진다. 쾌락의 쳇바퀴가 돌아가는 것이다.

각각 샌디에이고대학교와 뉴욕대학교의 마케팅 교수인 레이프 D. 넬슨 Leif D. Nelson 과 톰 메이비스 Tom Meyvis 는 긍정적인 경험이 예기치 않게 중단될 때 더 재밌게 느껴진다는 사실을 발견했다. 반대의 경우도 성립했다. 재미없는 경험을 중간에 멈추면 더 재미없어진다. 중단되었던 쾌락 적응 과정이 다시 시작되면서 이전에 익숙해졌던 자극을 새롭게 인식하기 때문이다. 예를 들어 업무 중에 근처 공사장에서 소음이 들려온다고 해보자. 시간이 지나면 당신은 소음에 익숙해지고 업무에 집중하게 된다. 하지만 당신이 업무를 멈추는 순간 소음이 처음 듣는 것처럼 귀를 때리기 시작한다. 그러면서 이전보다 더 불쾌하게 느껴진다.[11]

넬슨과 메이비스가 밝혀낸 바에 따르면 경험의 감정가는 중요하지 않다. 즉 긍정적인 경험이든 부정적인 경험이든 일단 멈췄다가 다시 시작하면 감정의 강도가 높아진다. 그러므로 애쓰기 활동 중에는 쉬지 말고, 즐기기 활동 중에는 쉬거나 변주를 줄 필요가 있다.

초콜릿 먹기를 소재로 삼은 연구에 따르면, 일주일 동안 초콜릿을 먹지 않고 참다가 다시 먹은 사람들이 마음껏 먹거나 평소대로 먹은 사람들에 비해 만족도가 더 높았다.[12] 이처럼 때로는 재밌다고 생각하는 무언가를 잠깐 포기하는 것이 나중에 더 큰 즐거움을 얻을 수 있는 효과적인 방법이다.

물론 좋아하는 활동을 더 재밌게 즐기기 위해 억지로 참는 전략은 모두에게 통용되지 않는다. 실제로 지나치게 오래 초콜릿을 먹지 못한 사람들은 만족도가 급락했다.

활동에 불확실성을 도입하는 것도 더 많은 재미를 얻을 수 있는 방법이다. 윌슨이 진행한 또 다른 연구에서 실험 참가자들은 선물을 받았다. 이때 한 집단은 그 이유를 들었고, 다른 집단은 듣지 못했다. 이때 긍정적인 기분을 더 오래 유지하는 쪽은 후자였다.[13] 이렇듯 불가사의한 것, 궁금한 것, 신비로운 것에는 변칙적 쾌락이 개입할 여지가 많아진다. 예술가, 마술사, 예능인이 의외의 요소를 활용하는 이유도 경험의 질을 높이는 데 그만한 도구가 없기 때문이다. 실제로 재밌는 경험에 약간의 변주를 더하면 즐거움이 더 오래 지속되는 것처럼 느껴진다. 반대로 삶에 고정된 패턴이 생기면 시간이 더 빨리 흐르는 것처럼 느껴진다. 따라서 활동에 면밀한 주의를 기울이고, 평소에 무의식적으로 하던 일을 의식적으로 하는 것만으로도 시간이 늘어나는 효과를 얻을 수 있다.

참신한 활동을 할 때 뇌의 인식 속도가 느려지는 이유는 뇌에 새로 입력된 정보를 처리할 지름길('휴리스틱 heuristic'이라고도 불림)이 없기 때문이다. 운전을 예로 들어보자. 당신이 아직 임시 면허증만 가지고 있는 단계일 때 운전이라는 감각 경험은 매우 부담스럽게 다가온다. 앞에 가는 차를 주시하면서 거울 세 개를 동시에 확인하고, 교통법규를 기억하면서 손과 발을 바삐 놀려 차를 운전하기란 쉽지 않다. 운전 수업을 마칠 때쯤이면 뇌는 과부화되고 몸은 지친다. 하지만 연습을 거듭할수록 당신의 뇌는 어떤 감각 정보(앞 차의 브레이크등에 불이 들어왔나 등)에 집중해야 하고, 어떤 감각 정보는 무시해도 되는지 파악한다. 그렇게 오랜 시간이 지나면 운전 중에 수행하는 대부분의 활동은 무의식의 영역으로 들어간다. 심지어 자신이 운전하고 있는지조차 인식하지 못하고, 그 이후에 해야 할 다른 일들을 생각하는 경지에 이른다. 하지만 운전에 변주를 가미하면(예컨대 두꺼운 장갑을 끼거나 진한

선글라스를 쓰면) 분명 잃어버렸던 집중력을 되찾게 될 것이다. (물론 시도 해보지는 말자.)

습관화된 활동은 대개 기억에 남지 않는다. 2주 전의 출근길에서 겪었던 일을 세세히 기억할 수 있는가? 이처럼 습관화된 활동은 실제보다 훨씬 더 빨리 진행되는 것처럼 인식된다. 습관화된 활동과 시간 인식의 관계를 들여다본 히브리대학교의 연구에 따르면, 사람들은 습관적인 활동이 비습관적인 활동보다 더 빨리 진행된다고 생각한다. 심지어 두 활동에 걸리는 시간이 비슷해도 그렇다.[14]

재밌고 참신한 경험으로 삶을 가득 채우고 뇌에 새로운 정보를 주입하면(새로운 지식을 배우고 새로운 곳으로 여행을 떠나고 새로운 사람을 만나고 새로운 활동을 시도하면), 삶을 되돌아볼 때 더 큰 만족감을 느낄 수 있다. 신경과학자 데이비드 이글먼David Eagleman은 뇌가 최대로 활성화될 때 시간도 함께 늘어난다고 설명한다. 이글먼이 진행한 자유낙하 연구를 보면, 실험 참가자들은 강렬하고 풍성한 경험(새롭거나 재밌는 무언가를 하는 경험)을 할수록 시간이 느리게 간다고 느꼈다. 그들은 무려 45미터 높이에서 뛰어내렸는데, 연구진이 얼마나 오랫동안 떨어진 것 같냐고 물어보자, 자신이 떨어진 시간을 다른 사람이 떨어진 시간보다 평균 36퍼센트 더 길게 잡았다. 연구진은 "특정 사건의 이모저모를 매우 풍성하게 인식하는 경우, 이후 회상할 때 해당 사건이 실제보다 더 오래 지속되었다고 느끼는 경향"이 있다고 결론지었다.[15]

물론 변칙적 쾌락에도 단점이 있다. 변칙적 쾌락은 시간의 길이에 영향을 미칠 뿐 아니라, 다른 사람과의 비교에서 발생하는 만족감에도 영향을 미치기 때문이다. 승진했을 때 느꼈던 짜릿한 감정을 기억하는가? 〈시작하기에 앞서〉에서 소개한 것처럼, 새로운 직책에 적응함에 따라 그 희열감도 서서히 닳아 없어진다. 처음에는 노력의 보상, 더 높은 수입, 사회적 지위의 상승에서 오는 기쁨을 즐기지만, 시간이 지나면서 빛이 바랜 것이다. 결국 지금보다 더 나은 무언가를 갈망하는 익숙한 감정이 다시 고개를 쳐든다. 분명 상황이 나아졌는데도 승진 전에 느꼈던 직업적·재정적 불안감이 부메랑처럼 돌아온다. 대체 어떻게 된 걸까? 인간은 새로운 주변 집단(그들이 이룬 성취, 그들이 가진 물건, 그들이 오른 지위)에 맞춰 기대를 재설정하도록 진화했기 때문이다. 처음에 느꼈던 높은 만족감은 점차 희미해지고 우리는 다시 쾌락의 쳇바퀴에 올라탄다.

정치학자 프랜시스 후쿠야마Francis Fukuyama는《역사의 종말》(한마음사, 1997)에서 인간이 무언가를 욕망하는 이유가 "스스로를 위해서가 아니라 다른 인간이 그것을 욕망하기 때문"이라고 설명한다.[16] 우리 대부분은 어떻게든 옆집 아무개만큼은 잘 살려고 애쓴다. 하지만 우리의 사정이 나아지는 만큼 옆집 아무개의 사정도 나아지기 마련이다. 따라서 이 악순환을 의식적으로 끊지 않는 이상 쾌락의 쳇바퀴는 계속해서 돌아갈 것이다.

수많은 연구에 따르면 주관적인 행복은 우리가 가진 것(수입이나 지위의 절대적 수준)에 영향받을 뿐 아니라, 우리가 우리 자신을 다른 사람과 비교하는 방식(수입이나 지위의 상대적 수준)에도 영향받는다. 이런 현상을 설명하는 개념이 '위치성 positionality'이다. 대부분의 사람은 다른 사람(비교 대상)보다 조금 더 가졌다는 느낌이 들 때 더 행복해한다. 절대적으로 더 많은 것을 가져서는 그런 느낌이 들지 않는다.[17]

안타깝게도 이 점에서 변칙성은 함정이 될 수 있다. 우리가 조금 더 열심히 노력하기만 한다면, 보상을 조금 더 받는 것은 언제나 가능해 보인다. 그렇다면 쾌락의 쳇바퀴를 영원히 멈출 수 없다. 유일한 대안은 자신만의 본질적인 욕구가 무엇인지 파악한 뒤 의식적으로 그에 맞춰 행복 설정점을 유지하는 것이다. 성공에 대해 자신만의 정의가 있다면 외부의 압력을 덜 받게 될 것이고, 옆집 아무개에게도 덜 신경 쓰게 될 것이다. 그리하여 남는 활력은 진정한 기쁨을 가져다주는 활동에 투자하면 된다.

위치성에 대처하는 방법이 또 하나 있다. 건초더미의 꼭대기에 앉는 것이다. 예컨대 어떤 사람들은 고국의 화폐가 더 큰 구매력을 가지는 곳, 지역 당국에서 더 많은 자유를 허락하는 곳, 비슷한 사고방식을 가진 방랑자들이 소속감을 느끼는 곳으로 이주한다.[18]

실제로 서양인들이 인도의 고아, 발리, 태국처럼 경제적 이점을 누릴 수 있는 곳으로 떠나는 일은 생각보다 흔하다. 이를 두고 윤리적으로 문제가 있다고 생각하는 사람도 있고, 오히려 해당 국가의 경제가 발전하는 데 도움이 된다고 생각하는 사람도 있다. 누가 옳든, 경제적 이점을 활용해 자원을 더 효율적으로 사용함으로써 재미를 즐길 기회를 늘릴 수 있다는 점은 분명한 사실이다.

경제적 이점을 활용하기 위해 꼭 다른 나라로 이주해야 하는 것은 아니다. 잘 찾아보면 지금 사는 곳 근처에서도 비슷한 이점을 얼마든지 누릴 수 있다. 생활비가 더 적게 드는 지역으로 이사하는 것은 거의 즉시 당신의 삶에 긍정적인 영향을 미친다. 집세나 대출금이 줄어들면서 남은 자원으로 훨씬 더 많은 재미를 추구할 수 있기 때문이다. 이는 삶의 질을 높이는 것은 물론이고, 선택지도 늘려준다. 이런 전략을 '생활양식형 이주lifestyle migration'라고 하는데, 실제로 우리 부부는 샌프란시스코를 떠나 비교적 생활비가 적게 드는 캐롤라이나로 이사했다.

사회학자 미카엘라 벤슨Michaela Benson과 캐런 오레일리Karen O'Reilly는 생활양식형 이주를 "비교적 부유한 개인이 여러 면에서 더 나은 삶의 질을 제공하는 의미 있는 곳으로 일정 시간, 또는 전 시간 이주하는 행위"로 정의한다.[19] 학계에서 이런 현상은 여러 이름으로 불린다. '국제적 은퇴 이주', '편의 추구형 이주', '거주형 관광', '국제적 역도시화' 등이 그 예다. 학계에서 어떤 이름을 사용하든 해당 전략을 택하는 사람들의 공통점은 재미에 더 쉽게 접근하기 위해 위치를 조정한다는 것이다. 이때 경제적 부가 선택지를 넓혀주는 것은 부정할 수 없는 사실이지만, 경제적으로 여의찮은 사람들도 비슷한 전략을 취할 수 있다. 도심 지역에서 멀리 떨어진 곳이나 일손이 부족해서 임금이 높은 곳으로 이주하는 식으로 말이다.

주의할 점이 있다. 이주 자체가 더 많은 재미를 보장하지는 않는다는 점이다. 경제적 이점을 활용하기로 결정했다면, 우선 확실히 계획을 세우자. 우리의 행복 설정점이 새로운 환경에 순응하도록 내버려뒀다가는 상황이 꼬일 수밖에 없다. 더 많은 재미를 누리기 위한 핵심 비법은 경험은 변주를 꾀하되, 기대는 똑같이 유지하는 것이다. 또한 특정한 활동에 뒤따르는 보상을 지나치게 미화하지 않도록 상상력의 끈을 단단히 붙잡아야 한다.[20] 예컨대 당신은 고즈넉한 포도밭과 다채로운 마을 풍경 같은 환상을 품은 채 프랑스 시골로 이주할지 모른다. 하지만 막상 그곳에 도착하면 기대에 미치지 못한다는 사실을 깨닫고 어마어마한 후회를 할 수밖에 없다. 그러므로 철저히 조사하고 현실적인 기대를 품자. 그래야만 더 많은 재미가 보장된다.

좋은 선택지 늘리기   «««

좋은 선택지가 많아지면 좋은 선택을 할 가능성도 커지는 법이다. 우리의 궁극적인 목표는 재미이므로, 이제 재미를 즐길 선택지를 늘리는 방법을 알아보자. 약간의 노력을 쏟을 마음이 있는 사람이라면 재미를 즐길 풍성한 기회를 얻을 수 있다. 앤토니아랑 협업할 때 그랬던 것처럼, 일단은 실행 가능한 재밌는 활동에 무엇이 있을지 주의 깊게 살펴보는 게 먼저다. 기회는 딱 당신의 상상력만큼만 제공될 것이기 때문이다. 때로는 마구잡이로 브레인스토밍을 하면서 기발한 아이디어를 떠올릴 필요가 있다. 이 과정은 우리가 이미 만든 재미보관함을 발전시키는 데에도 도움이 된다.

더 재밌는 선택지를 떠올리는 좋은 방법으로 '다섯 개의 선택지' 기술이 있다. 이름에서 알 수 있듯이, 다가오는 주나 달에 현실적으로 실행 가능한 재밌는 선택지(현재 하고 있지 않은 활동)를 다섯 개 떠올리는 것이다. 여기에는 오랜 친구와 영화 보러 가기, 흥미로운 수업 듣기, 최근 소홀했던 취미 챙기기 등이 포함될 수 있다. 다섯 개를 떠올리기가 막막하다면 이렇게 자문해보자.

- 예전에 내가 했던 활동 중 재미와 즐거움을 가져다줬던 것에는 무엇이 있을까?
- 친구들이 하는 재밌는 활동 중 나도 해보고 싶은 것에는 무엇이 있을까?
- 내가 이미 하고 있는 것과 함께 묶어서 할 수 있는 재밌는 활동에는 무엇이 있을까?

다섯 개의 선택지를 떠올렸다면 지금 당장 시도할 수 있는 것을 골라보자. 딱 하나만 선택하기 어렵다면 각각의 것을 성공적으로 수행했을 때 어떤 기분일지 상상해보자. 바로 그 기분을 토대로 우선순위를 정하면 된다. 선택지를 골랐다면 정말 실행하기 위해 어떤 단계를 밟아야 할지 확인하자.

독창성도 재밌는 선택지를 떠올리는 훌륭한 방법 중 하나다. 비공개 행사나 VIP 행사가 재밌게 느껴지는 이유는 다양하다. 다만 가장 명백한 이유는 누구나 참여할 수 있는 행사가 아니기 때문이다. 하지만 때로는 문지기를 무시하는 게 생각보다 쉬울 수 있다. 그저 뒷문을 여는 열쇠를 찾기만 하면 된다. 나는 참여하기 어려운 활동에 참여하고 싶을 때면 그 활동에 공을 보태는 방식으로 뒷문을 찾는다. 보통은 자원봉사자로 참여하는 게 무난한 방법이다. 이런 전략 덕분에 능력 밖의 콘퍼런스에 참여하거나 A급 유명 인사들과 어울릴 수 있었다.

나는 1990년대 후반의 어느 여름에는 대학원생으로서 운 좋게도 유럽 배낭여행을 갈 수 있었다. 여행 중에 프랑스 칸영화제에서 '에이즈에 맞서는 시네마' 행사가 열린다는 소식을 들었다. 이 행사는 초대받은 영화계의 유명 인사들만 참석할 수 있었다. 정문으로는 도저히 들어갈 방법이 없었다. 그래서 나는 뒷문을 열고 들어갔다. 어떻게 가능했냐고? 그냥 주최 측에 "도울 일이 없을까요?"라고 물어봤다. 놀랍게도 나 같은 평범한 사람이 내야 하는 입장료는 너무나 저렴했다. 하루 동안 재밌고 멋진 사람들과 함께 유명 인사들에게 나눠줄 선물용 봉투를 붙이는 게 전부였다. 문지기는 기꺼이 나를 들여보내줬다.

한편 행사 중에 자선 경매가 진행되었다. 경매 물품에 사람들의 관심을 집중시키고 싶었던 엘리자베스 테일러는 자신을 무대 위로 부축해줄 젊은 청년을 찾아달라고 부탁했다. 내가 딱 적임자라고 생각한 스태프가 그 일을 맡겨도 괜찮을지 물어봤다. 당연히 좋다고 대답했다. 그 순간에는 생각도 못 했지만, 결과적으로 나는 15분 동안 반짝 스타가 될 수 있었다. 다음 날 아침, 전날 밤의 여운을 만끽하며 숙소를 나서는데, 꿈인지 생시인지 프랑스의 유명 일간지《니스마탱Nice-Matin》1면에 내가 테일러와 같이 서 있는 사진이 실린 것을 발견했다. 이런 어마어마한 행운을 누릴 수 있었던 이유는 재밌는 저녁을 보낼 방법을 창의적으로 만들어냈기 때문이다.

선택지를 넓히는 또 다른 방법은 '트래블해킹travel hacking'과 '펀해킹fun hacking'을 이용하는 것이다. 트래블해킹이란 신용카드 포인트를 이용해 무료 비행기표 같은 여행 관련 보너스를 얻는 기술을 가리킨다. 아내랑 처음 트래블해킹을 시작했을 때만 해도 살짝 겁이 났다. 하지만 몇 달이 지나자 왜 진작 안 했나 후회가 되었다. 제대로만 한다면 보너스를 상상하는 것보다 더 빨리, 더 많이 얻을 수 있다. 예전에는 트래블해킹 노하우를 찾기가 쉽지 않았지만, 요즘에는 구글에서 조금만 검색해보면 찾을 수 있다.

이보다 덜 알려진 사실이 있는데, 재밌는 경험을 늘리는 데도 신용카드 포인트를 활용할 수 있다는 것이다. 신용카드 회원에게만 제공되는 미술관이나 영화관, 유명 레스토랑의 초대권이 그 예다. 요즘에는 신용카드 포인트로 할 수 있는 활동이 여행에 국한되지 않고 워낙 광범위하다 보니, 나는 이를 아예 '펀해킹'이라고 부르기 시작했다. 조금만 노력을 기울이면 선택지가 거의 무궁무진해진다. 대부분의 카드사가 여행사와 제휴를 맺고 있기 때문에 펀해킹은 트래블해킹만큼 널리 알려져 있지 않다. 게다가 카드사에서 제공하는 보상과 관련된 정보가 숨겨져 있는 경우도 많다. 당신의 신용카드에 어떤 가능성이 숨어 있는지 알아내고 싶다면, 그저 카드사에 전화를 걸어 포인트로 어떤 특별한 경험을 할 수 있는지 물어보면 된다. 나는 VIP 콘서트를 즐기는 데 신용카드 포인트를 주로 사용한다. 한번은 록 밴드 '마이 모닝 재킷 My Morning Jacket'의 콘서트를 보러 가기도 했다. 꼭 콘서트가 아니더라도 당신의 기호와 취향에 맞는 다양한 선택지를 틀림없이 찾을 수 있을 것이다. 팁을 얻었으니, 이제 그저 재미를 향해 나아가면 된다.

추억 잠기기 그리고 감사하기 ‹‹‹‹

추억에 잠기는 것은 쾌락의 쳇바퀴를 빠져나오는 훌륭한 방법 중 하나이다. 심리학자 니코 프리다 Nico Frijda는 이렇게 말한다. "우리는 자신이 처한 상황이 얼마나 다행스러운지 끊임없이 의식함으로써 만족스러운 상황에 적응하려는 경향을 상쇄할 수 있다." [21]

감사하는 태도가 불러일으키는 긍정적인 영향은 이미 과학적으로 검증된 사실이다. 좋았던 기억을 감사하는 마음으로 회상하는 것은 감사하는 태도에 날개를 달아주는 것과 같아서 결과적으로 '기질적 감사dispositional gratitude'가 자리 잡게 한다. 기질적 감사는 크게 세 가지 특징을 가지고 있다. 첫째, 다른 사람에게 감사할 줄 안다. 둘째, 단순한 즐거움에 감사할 줄 안다. 셋째, 스스로가 풍요롭다는 마음을 품는다.

지나간 기억을 떠올려 감사하는 마음을 품음으로써 추억에 잠기는 습관을 확립한다면, 세상에 재밌는 일이 얼마나 많은지 계속해서 의식할 수 있다. 추억 잠기기 기술은 삶에 진심으로 감사할 구체적인 자극을 제공하기 때문에 후회와 결핍의 감정을 줄여준다. 삶의 기쁨을 인식하는 습관을 갈고닦는다면, 감사하는 마음이 커져 재미의 긍정적인 영향을 극대화할 수 있다.

단, 조심해야 하는 형태의 감사도 존재한다. 예컨대 캘리포니아 대학교 리버사이드캠퍼스의 연구에 따르면, 일주일에 한 번 감사일기를 작성한 사람들은 감사하는 태도의 순기능을 경험했지만, 그 횟수가 일주일에 세 번을 초과하자 순기능이 모두 사라져버렸다.[22] 감사일기의 문제점은 때때로 감사할 일을 찾기가 무척이나 어려울 수 있다는 것이다. 이 경우에 감사일기는 현재 삶이 만족스럽지 않다는 인식을 상기시킴으로써 오히려 해를 입히고 만다. 자기 자신이 행복에서 얼마나 멀리 떨어져 있는지 곱씹게 하는 것이다. 다만 대부분의 전문가가 감사하는 태도(감사할 일을 경험하고 감사를 표현하는 것) 자체는 우리의 행복에 매우 긍정적인 영향을 미친다는 데 동의한다.[23] 감사하는 마음으로 추억에 잠기는 기술이 통상적인 감사의 기술(감사할 만한 일을 억지로 찾는 관행)과 확연히 다른 점이 있다면, 우리를 감사할 만한 일에 능동적으로 참여시킨다는 것이다. 한마디로 매우 행동 지향적이다. 추억 잠기기 기술은 우리가 얻은 보상을 기념할 수 있게 해준다. 아울러 우리는 감사할 만한 일을 스스로 창조했다는 데서 주체성을 만끽할 수 있다.

제대로 적용하기만 한다면 SAVOR 시스템은 평범한 일상을 특별한 일상으로 뒤바꾼다. 당연하다고 생각했던 사실에(심지어 내가 하는 조언에도) 의문을 제기해라. 재밌는 삶에 방해가 되는 활동이 있다면 과감히 빼버려라. 도움이 되는 활동을 새롭게 발견했다면 적극적으로 추가해라. 자신만의 고유한 시스템을 구축해라. 이미 몇 가지 전략을 실제 삶에 적용했다면, 사회적 규범에 순응해야 한다는 압박감을 내려놓아도 된다는 사실에 안도해라. 당신은 삶에 기쁨, 놀라움, 즐거움을 더하는 새로운 방법을 습득했다. 이제 재밌는 삶이 바로 당신 코앞에 놓여 있다!

물론 이걸로 끝내기엔 아직 너무 이르다. 한발 더 나아가 우리를 끊임없이 성장시키는 선순환의 고리를 만들어보자.

프레임워크

즐거웠던 기억을
곱씹는 것은
돈이 들지 않는다

추억과 성찰

과거를 생각할 때면
늘 수많은 기억이 떠오릅니다.

_스티븐 라이트 Steven Wright

요즘 사람들이 요란하고 쉴 틈 없는 일상의 압박감에 대처하는 주된 방법은 지금 이 순간을 즐기는 데, 지금 바로 이 순간에 현존하는 데 집중하는 것이다. 실제로 의식적인 삶을 사는 것은 현재를 즐기는 데 도움이 된다. 에크하르트 톨레Eckhart Tolle나 스펜서 존슨Spencer Johnson 같은 사상가들의 조언대로 지금 이 순간의 가치를 인식하는 것은 더 많은 재미를 즐기는 데 훌륭한 교정물이자 보완물 역할을 한다. 지금 이 순간에 현존하는 것은 기억 형성도 촉진한다. 간단히 말해 세부적인 내용 중 흥미로운 부분을 놓치지 않게 해준다. 하지만 더 큰 재미를 즐기게 해주는 자산 중 우리가 자주 언급하지는 않지만 절대 잊어서는 안 될 것이 하나 있다. 바로 지금 이 순간이 지난 뒤의 재미다. 지금을 소중히 여기는 사람들은 인정하지 않을지 모르지만, 의식적으로 재밌는 추억을 떠올려 즐기려고 노력하지 않으면 삶의 즐거움을 온전히 즐길 수 없다. 어제의 재미, 작년의 재미, 지난 10년의 재미를 놓치는 셈이다.

이번 장의 목표는 추억 잠기기 기술을 최대한 활용함으로써 재 밌는 활동이 끝난 뒤에도 재미를 즐기는 법을 배우는 것이다. 수많은 책과 글이 마음챙김, 즉 매 순간에 현존해 값지게 살아가는 방법을 자세히 이야기한다. 하지만 추억 잠기기 기술은 지금 이 순간이 지난 뒤를 공략하는 도구다. 부디 당신이 재미를 경험하고 여러 해가 지난 뒤에도 추억을 최대한 활용해 즐거움을 얻기 바란다.

이를 위해 네 가지 전략을 소개하겠다.

1. 시간여행을 떠나자. 절정의 순간은 드문드문 나타났다가 순식간에 지나간다. 추억 잠기기는 그런 순간을 길게 늘어뜨리는 힘을 가지고 있다.

2. 기억을 엄선하자. 좋은 기억을 강화하는 것은 물론이고, 나쁜 기억에서도 유익한 점을 발굴하자. 그렇다. 나쁜 기억조차 행복에 이바지할 수 있다.

3. 알림을 활용하자. 재미를 즐길 시간을 따로 계획했던 것처럼 추억에 잠길 시간도 따로 계획해야 한다. 첨단 기술의 도움을 받자.

4. 피드백에 귀를 기울이자. 재미의 기술을 익혀 새로운 시도를 많이 하다 보면, 진정으로 유쾌한 활동이 무엇인지, 다음에는 생략해도 될 활동이 무엇인지 더 잘 이해할 수 있다. 그저 충

분한 관심만 기울이면 된다. SAVOR 시스템의 마무리 단계로서 당신의 경험을 사후에 평가해보자. 피드백이 충분히 쌓이면 즐거움을 가져다줄 가능성이 훨씬 큰 활동을 더 잘 선별할 수 있을 것이다.

우리 주변의 타임머신 «««

인생에서 최고로 즐거운 순간을 다 더해도 기껏해야 몇 시간 정도일 것이다. 이 사실을 존중한다면 소중한 추억을 효과적으로 붙들기 위해 노력해야 하지 않을까? 이번 장에서 주로 다룰 내용은 아니지만, 시간의 흐름을 또렷이 인식하는 태도가 도움이 될 수 있다. 시간이 얼마나 빨리 흐르는지 상기함으로써 즐길 수 있는 동안 확실히 즐기는 것이다. 예컨대 결혼식 날을 제대로 떠올리는 사람은 거의 없다. 다행히도 나는 결혼식을 앞두고 최고의 조언을 얻었다. 그날 하루는 내면을 끊임없이 들여다보면서 내 감정과 기분이 어떤지 확인하라는 것이었다. 시간을 내서 머릿속 사진을 찍어두는 셈이다.

이 현명한 조언 덕분에 나는 결혼식이 끝난 직후 잠깐 짬을 내 가장 좋았던 순간들을 온 힘을 다해 되새겼다. 그 결과 칵테일을 꽤 많이 들이켰는데도 그날 저녁의 황홀한 순간이 지금도 생생히 기억난다. 한 가지 주의할 점은 시간이 얼마나 빨리 흐르는지 지나치게 곱씹는다면, 오히려 재미를 집어삼킬 수도 있다는 것이다.

　핵심은 절정의 순간을 맞이했을 때 그 순간을 최대한 즐기는 것은 물론이고, 그 순간이 지나간 다음에도 기억을 음미해야 한다는 것이다. 이 장에서 소개하는 모든 전략이 절정의 순간을 머릿속에 재현하는 데 도움이 될 테지만, 결혼이나 세계여행 같은 평생에 한 번 있을 법한 경험을 기억하는 것과 관련해 내가 가장 좋아하는 전략은 '보물상자' 만들기다. 나도 하나 가지고 있는데 솔직히 말하자면 진짜 무겁다. 실제 물건을 담을 상자를 마련해도 좋고, 공간이 비좁다면 디지털 보관함을 만들어도 좋다(둘을 적절히 조합해도 좋다).

　어느 쪽이든 보물상자에는 당신을 과거로 데려다줄 기념품이 가득 차 있어야 한다. 낡은 기차표, 여행지에서 발견한 전단, 냉장고용 자석, 사진, 작은 물건, 글귀 등이 그 예다. 물론 재미 자체가 그런 것처럼 재밌는 추억을 회상하는 방식도 당신 스스로 결정하면 된다. 따라서 어떻게 하면 되는지 일일이 일러주는 대신 기억을 보관하는 좋은 방법을 쭉 나열해보겠다. 당신에게 맞는 방법을 재밌게 골라보기를 바란다.

- 기념품 보관용 유리병을 만들자. 재밌는 곳에 가면 몇 가지 물건(조약돌, 조개껍데기, 천 조각, 엽서, 그림 등)을 수집하자. 수집품을 유리병 속에 넣어 선반 위에 장식품으로 올려놓자.
- 형식적인 일기를 작성하는 대신 가장 좋았던 기억을 짧은 이

야기 형식으로 써서 파일 속에 보관해두자. 새로운 경험이 쌓이는 만큼 파일도 두꺼워질 것이다. 앤토니아처럼 그림 그리기를 좋아하는 우리 딸은 이야기를 만화로 기록 중이다.

- 주제가 있는 사진첩을 만들자. 결혼식 사진첩도 좋지만, 사실 의미 있는 사건이라면 무엇이든 사진첩으로 만들 수 있다. 요즘에는 사진을 출력할 수 있는 저렴한 방법이 매우 많기 때문에 사진첩이 닳거나 찢어진다고 해서 걱정할 필요가 없다. 사진을 다시 출력하면 그만이기 때문이다. 굉장히 소중한 기억을 담고 있다면 선반에 올려놓을 용으로 비싼 사진을, 아이들의 끈적이는 손이 닿을 만한 곳에 둘 것이라면 값싼 사진을 뽑을 수 있다.

- 스크랩북을 만들자. 나는 해본 적이 없지만, 손재주가 뛰어난 사람들은 많이들 이런 식으로 추억을 기록하고, 또 그 과정을 재밌어한다. 구글에서 검색해보면 스크랩북 만들기를 어떻게 시작할 수 있는지 충분히 많은 정보를 얻을 수 있을 것이다.

- 당신을 기분 좋게 하는 활동이 있다면, 그것과 관련된 물품들로 개인 소장품 박물관을 만들어보자. 재즈를 좋아하는 내 아버지는 재즈 앨범과 다양한 관악기를 수집해 전시했다. 나중에 다시 언급할 기업가이자 수집가인 제레미 피셀Jeremy Fissell은 초대형 오디오 애호가여서, 창고에 오디오를 한가득

채워놓았다.

기억을 저장하고 경험을 이해하는 최고의 도구, 일기 «««

우리 가족은 애니메이션 〈인사이드 아웃〉을 무척 좋아한다. 모르는 사람을 위해 설명하자면, 이 애니메이션은 라일리라는 어린 소녀의 머릿속에서 일어나는 일을 묘사한다. 아이들을 겨냥했지만, 픽사 작품답게 작가들은 학계 최고의 심리학자 둘에게 자문해 어느 연령대의 관객이든 재밌게 볼 수 있는 이야기를 만들어냈을 뿐 아니라, 기억과 감정이 형성되는 과정을 심리학적인 관점에서 기가 막히게 묘사해냈다.

영화 속에서 우리는 라일리의 다섯 가지 감정을 구체화한 캐릭터들을 만나게 된다. 바로 '기쁨이', '슬픔이', '까칠이', '소심이', '버럭이'다. 이 중 기쁨이는 전체 이야기의 화자이기도 하다. 기쁨이는 라일리의 기억을 재밌는 추억으로 가득 채우기 위해 최선을 다한다. 우리가 초점을 맞추는 경험들이 우리가 누구인지, 우리가 어떤 존재가 되는지, 우리가 주변 세상을 어떻게 인식하는지를 결정하는 핵심 요소이기 때문이다.

재미의 기술을 가지고 새롭게 만든 기억들을 음미하다 보면 수

많은 심리학적 유익이 뒤따른다. 긍정심리학의 최고 권위자인 바버라 프레드릭슨^{Barbara Fredrickson}과 그녀의 뒤를 이은 학자들이[1] 밝혀낸 바에 따르면, 긍정적인 감정을 확장하고 기록하는 행위는 장기적으로 적응력을 강화하는 효과를 낳는다.[2] MIT 연구진도 긍정적인 기억을 활성화하는 것이 우울증을 억제하는 데 도움이 된다는 사실을 밝혀냈다.[3] 즐거운 기억은 칵테일파티에서 재밌는 썰을 늘어놓을 때 필요한 무언가, 그 이상이라는 뜻이다. 그런 기억은 튼튼한 지적·사회적·심리적 자원 역할을 한다. 때때로 삶이 그리 재밌지 않더라도 우리는 즐거운 기억을 떠올리며 감정적으로 회복할 수 있다. 그러므로 의식적인 추억 잠기기 활동을 통해 재미를 즐기고 심리적 유익을 얻는다면, 더 나은 미래를 맞이할 가능성도 커진다.

일기를 쓰면서 우리가 겪은 사건이나 활동을 일관된 서사로 풀어낸다면, 효율적이고 효과적인 방식으로 기억을 저장하고 경험을 이해할 수 있다. 일기는 자기 자신만의 이야기를 갖도록 만드는 도구다. 우리는 일기를 통해 우리 마음대로 재밌는 기억을 선별하고 추억을 기념하며 상실을 애도할 수 있다.

일기가 SAVOR 시스템을 가동하는 좋은 도구라고 생각하는 사람들을 위해 거기에 어떤 항목들을 포함할 수 있는지 몇 가지 제안을 해보겠다.

일기 쓰기 기초 팁

- 자신이 경험한 일을 목록으로 나열하든 이야기로 서술하든 기억으로 남길 만한 세부적인 내용을 꼭 포함하자. 그 경험은 왜 재밌었을까? 그때 어떤 감정을 느꼈는가? 누구와 함께 했는가? 그 일은 언제 어디서 벌어졌는가? 글쓰기에 영 소질이 없는 사람이라면 글자 수나 시간을 제한하는 게 역효과를 일으킬 수 있다. 중요한 점은 다시 일기장을 폈을 때 그 사건이 충분히 떠오를 만큼은 자세히 기록하는 것이다. 너무 간략히 기록하면 나중에 다시 봤을 때 무슨 일이 있었는지 하나도 기억하지 못한다. 이런 일이 발생하지 않도록 조심하자. 글쓰기를 좋아하는 사람이라면 마음껏 몰아쳐라. 이 과정 자체가 재미를 즐기는 또 다른 훌륭한 방법이 될 테니까 말이다.

- 가능하다면 일기에 연결 고리 역할을 할 요소를 포함하자. 당시 사건을 떠오르게 하는 사물(사진, 노래 가사, 영상 등)을 함께 기록하는 것이다. 이렇게 하면 추억은 주관적인 마음 안에 존재할 뿐 아니라, 객관적인 현실에도 물질의 형태로 존재하게 된다. 이런 연결 고리를 마련한다면 기억이 강화되어 미래에도 사건을 기억하기가 훨씬 쉬워질 것이다.

이런 기초적인 팁도 충분히 유용하지만, 일기를 좀 더 발전시키고 싶다면 경험을 향유하는 과학적인 방법을 참고해보자. 내가 특히 주목하는 내용은 심리학자 프레드 브라이언트^{Fred Bryant}와 조지프 베로프^{Joseph Veroff}가 긍정적인 경험의 처리 과정을 깊이 탐구한《인생을 향유하기》(학지사, 2010)에 잘 정리되어 있다.[4] 이 책은 학술서에 가깝긴 하지만, 추억 잠그기 기술을 비롯해 우리의 경험을 더 잘 향유하도록 도와주는 실용적인 노하우로 가득하다. 나는 그중 마음에 드는 기술들을 일기에 적용해봤는데, 특히 유용했던 몇 가지를 소개해보겠다. 단 더 깊이 있는 지식을 얻고 싶은 사람이 있다면 아예 해당 책을 읽어보기를 권한다.

일기 쓰기 심화 팁

- 당신이 느낀 기분이나 감정을 구체적으로 설명하자. 이번만큼은 살짝 자아도취에 빠져도 좋다. 당신의 경험은 살아가기 영역에 들어가는가? 만약 그렇다면 왜 그렇다고 생각하는가? 어떤 점 때문에 기분이 좋아진 걸까? 어떤 점 때문에 소속감이 느껴진 걸까? 어떤 점 때문에 자부심이 느껴진 걸까? 그 경험은 당신을 어떤 면에서 성장하게 했는가?

- 효과적으로 사용하기만 한다면 감사 표현은 강력한 도구가 될 수 있다. 기분이 내킨다면 당신의 경험 중 어떤 부분 때문에 감사하는 마음이 들었는지 기록하자. 그런 기억을 만들 기회를 제공한 존재에게 감사하는 마음이 드는가? 아니면

기억 자체에 감사할 만한 점이 있는가? 혹시 그 경험을 함께 한 이와의 우정에 감사하는 마음이 들지는 않는가? 당신을 무언가 더 거대한 존재와 연결해준 경험에 감사하는가? 예컨대 그 경험이 불러일으킨 경외감과 신비감에 감사하는 마음이 드는가?

• 마음챙김이론에서 제시하는 '감각지각 선명화 sensory-perceptual sharpening'라는 도구를 사용해 기억을 단단히 붙들자. 즉 추억을 기록할 때 오감으로 느낀 점을 포함하자. 요리를 먹을 때 음식 맛이 어땠나? 콘서트를 관람할 때 음향이 어땠나? 하이킹하는 동안 가을 공기 냄새는 어땠나? 공원에서 소중한 사람과 손잡고 함께 날린 연은 어때 보였나? 학기 내내 보지 못한 연인과 재회했을 때 그의 손길은 어떻게 느껴졌나?

• 일기를 쓸 때 자연스럽게 표출되는 한도 내에서 감정이 잔뜩 실린 몸짓을 해보거나, 표정을 지어보자. 경험을 기록하는 동시에 신체를 통해 즐거움을 표현한다면, 당신의 뇌는 그 경험을 긍정적인 기억으로 저장할 것이다. 이는 추억 잠그기 기술에 날개를 달아주는 것이나 다름없다. 그러므로 재밌는 기억을 기록하는 동안 큰 소리로 웃어보면서 본인에게 긍정적인 효과가 발생하는지 살펴보자.

• 일기를 마무리할 때에는 미래에도 비슷한 일이 일어날 것임

을 기대하는 내용을 포함하자. 비슷한 일이 다시 일어날 것임을 기대할 때(한발 더 나아가 비슷한 일이 다시 일어나도록 계획까지 세울 때) 기억을 음미하기가 더 쉬워진다. 앞으로 무언가 좋은 일이 일어날 것임을 기대하는 태도는 효과적인 향유 기술이다.

- 일기를 다 쓰고 나면 그 내용을 다른 사람에게 어떤 식으로든 공유해보자. 경험에 같이 참여했던 사람이나 그 경험에 관심이 있을 법한 사람에게 일기장을 보여줄 수도 있고, 말로 풀어서 이야기해줄 수도 있으며, SNS에 올린 다음 보여주고 싶은 사람을 태그할 수도 있다.

- 재미가 없었던 경험도 포함하자. 힘들었던 순간과 그 순간에 대처한 방식을 기록하자. 재미없는 경험을 되새기는 과정에서 자연스럽게 긍정적인 요소를 발견하게 될지 모른다. 재미없는 경험에 관한 기록은 (설령 독자적인 항목으로 분리해서 기록했다고 하더라도) 앞으로 무엇을 주의해야 하는지 가치 있는 피드백을 해줄 뿐 아니라, 좋은 기억을 더 돋보이게 하는 밑그림 역할도 할 수 있다.

감정의 교류를 소중히 여길 것 　　　　<<<

재밌는 경험을 한층 더 업그레이드할 것을 권하긴 했지만, 그렇다고 재미없는 기억을 억누르거나 늘 긍정적이려고 애써서는 안 된다. 이 면에서도 〈인사이드 아웃〉은 훌륭한 교훈을 베푼다. 영화 속에서 기쁨이는 슬픔이가 기억을 기록하지 못하도록 막는다. 그러자 라일리의 정신세계는 위기에 빠지고 모든 게 와르르 무너진다. 마침내 라일리가 슬픔을 표현하고 나서야 즐거운 기억이 쌓일 가능성도 다시 열린다. 이는 심리학자 브렛 포드 Brett Ford, 피비 람 Phoebe Lam, 올리버 존 Oliver John, 모스가 발견한 사실을 반영한다. 그들이 연구한 바에 따르면, 자신의 감정과 생각을 (그것이 긍정적이든 부정적이든) 수용할 줄 안다는 것은 정신 건강이 뛰어나다는 증거 중 하나다. [5]

앞서 긍정적인 감정을 강조하는 일이 얼마나 유익한지 밝혀낸 프레드릭슨의 연구를 존중하는 마음을 담아 언급한 바 있다. 프레드릭슨은 원래 긍정적인 감정에만 초점을 맞췄다. 하지만 얼마 지나지 않아 부정적인 감정도 정신을 지배하지 않는 선에서 똑같이 중요하다는 사실을 깨달았다. 심지어 몇몇 심리학자는 우리가 긍정적인 감정에만 관심을 쏟으면 정신이 무감각해질 수 있다고까지 주장한다. 가령 케빈 라툰더 Kevin Rathunde는 창조적인 일을 하려면 긍정적인 감정과 부정적인 감정의 교류가 있어야 한다고, 특히 양쪽을 통합할 때 최상의 결과가 나온다고 지적한다. [6] 이에 관해 대니얼 시겔 Daniel Siegel 같은 심리학자는 '이름 붙여 길들이기' 기법을 활용할 것을 제안한다. 부정적인 감정에 이름('화났어'나 '무서워' 등)을 붙이면 좌뇌와 우뇌를 통합적으로 활용해 편도체를 비롯한 변연계의 반응을 낮출 수 있다. 결과적으로 부정적인 감정의 영향력이 줄어든다.[7] 특히 불안해하는 아이에게 이 기법을 사용하면, 아이의 감정을 차분히 가라앉힐 수 있다.

그러므로 경험을 기억하는 과정에서 어떤 방법을 택하든 부디 부정적인 감정과 생각에도 존중을 표하기를 바란다. 그래야 긍정적인 감정과 생각을 소중히 여길 수 있다. 개인적인 사례를 몇 가지 소개하겠다.

- 나는 명절용 카드를 효율적으로 보내기 위해 일정 관리 앱을 사용하고 있다. 수신자 명단 중에는 세상을 떠난 분들도 있지만, 그렇다고 이름을 빼지는 않는다. 그 대신 매년 카드를 전송하기 전에 명단을 쭉 훑어보면서 그분들의 이름을 하나하나 확인한 뒤 체크 표시를 직접 해제한다. 이런 관례 덕분에 나는 그분들과 함께했던 좋은 추억을 잊지 않고 기억할수 있을 뿐 아니라, 명절 내내 그분들을 생각할 수 있다.
- 나는 내 허벅지에 15센티미터 길이로 그어진 수술 자국을 볼 때면 다시는 달리기를 즐길 수 없다는 사실을 떠올리고는 했다. 하지만 이야기 고치기 기법을 사용해 수술 자국이 지

닌 의미를 바꾸자, 모든 게 달라졌다. 이제 수술 자국이 눈에 들어올 때면 내가 스포츠맨으로서 얼마나 많은 것을 이뤘는지 되새긴다. 또한 수술 덕분에 우리 아이들과 다시 좋은 기억을 쌓을 능력을 얻었다는 사실에 깊이 감사한다. 한편으로는 아이들과 계획한 재밌고 유쾌한 일정을 꼭 지켜야겠다고 다짐하기도 한다. 언젠가 재수술이 필요할 때가 오면 몸을 움직이기가 더 어려워질지도 모르기 때문이다.

• 나는 일기를 쓴다. 대개는 재밌는 일에 관해 쓰지만 무언가 심각하게 재미없는 일이 생기면 그 또한 기록한다. 재미없는 일에 관한 기록을 다시 찾아보는 경우는 거의 없지만, 그저 그 내용을 써 내려가는 것만으로도 마치 고통스러운 기억을 머릿속에서 끄집어내 종이 위로 옮기는 것만 같이 카타르시스가 느껴진다. 게다가 훗날 아이들이 내 일기장을 발견한다면, 아빠의 삶이 늘 재밌지만은 않았다는 사실, 때로는 강인하고 유연한 마음이 필요하다는 사실, 고통스러운 순간이 닥치더라도 언젠가 다시 재미를 찾게 될 거라는 사실을 확인할 수 있을 것이다.

마지막으로 고려할 점이 있다. 전문가들은 잘못된 이유로 일기를 쓰면, 일기의 장점이 퇴색될 수 있다고 경고한다. 일기를 쓸 때는 경험을 통해 깨달음을 얻으려고 노력해야지, 자기도취에 깊이 빠져

선 안 된다.[8] 일기를 억지로라도 매일 써야 한다는 주장이 많지만, 그처럼 일기를 자주 쓰는 게 효과적이라는 신뢰할 만한 증거는 어디서도 찾지 못했다. 오히려 그런 조건은 부담스러운 의무감을 줄 수 있으며 이는 재미와 거리가 멀다. 생각만 많아질 뿐 실천하기는 어렵기 때문이다. 이에 관해 베스트셀러 《자기통찰》(저스트북스, 2018)을 집필한 조직심리학자 타샤 유리크 Tasha Eurich는 내게 이렇게 말했다. "매일 일기를 쓰다가는 지나치게 자기 속만 들여다보거나 자기 연민의 악순환에 빠지게 돼요. 그보다는 결정적인 순간에만 일기를 쓰는 편이 낫습니다. 예를 들자면 중요한 결정을 내릴 때나 이해하고 싶은 거대한 무언가가 있을 때 일기를 쓰는 거죠. 습관 중심보다는 사건 중심으로 일기장을 사용하도록 노력해보세요." 당신의 입맛에 딱 맞는 때에 다양한 방법을 활용해 일기를 쓰도록 하자. 그런데도 습관을 들이기가 어렵다고 느껴진다면, 일단 세 번째 전략에 주목해보자.

"추억에 잠길 시간입니다" ≪≪≪

많은 사람이 일상에서 꼭 해야 할 일을 기억하기 위해 생산성 앱을 사용한다. 이런 알림 시스템은 때때로 냉혹한 주인을 섬기는 종이 된 것 같은 기분에 빠지게 한다. 시간 단위로 쳐내야 할 일들이 산더미처럼 느껴질 때도 있고, 업무를 꼭 끝내려고 온종일 일정을 조율해놨더니,

오전 8시에 상사가 전화를 걸어 계획이 다 어그러질 때도 있다. 그럴 때면 알림 시스템이 일상을 죄다 집어삼키는 것만 같다.

알림 시스템이 우리의 삶에 이토록 강력한 힘을 발휘하는 이유는 일정표에 해야 할 일이 번쩍거리는 순간 집중하지 않을 수가 없기 때문이다. 마치 마법처럼(실제로는 과학의 힘을 빌려), 일정표에 나타난 일은 결국 일어나고야 만다. 좋은 소식은 이 마법을 활용해 우리의 삶을 더 재밌게 할 수 있다는 점이다. 지금 당장 시작하고 싶다면 재미를 즐길 시간을 일정표에 등록하면 된다. 우리는 이미 일정표를 중요하게 생각하고 있기 때문에 업무 외의 일이라도 등록만 해놓으면 우선 순위에 놓기가 쉬워진다. 마치 마법처럼 오랜 친구와의 만남도 꼭 해야 할 일로 느껴지게 된다.

과거를 회상하고 향유할 때 행복이 증진된다는 사실을 배웠으므로, 일정표에 추억 잠기기 활동을 등록한 다음 알림이 뜨도록 설정해보자. 가령 주간 일정표를 짤 때 회상 시간을 살짝 포함하면 된다. 예를 들어 오랜 사진을 훑어볼 시간, 친구에게 연락해 함께했던 추억을 공유할 시간, 주말에 했던 재밌는 활동을 음미할 시간을 정할 수 있다.

과학자들은 추억에 잠기는 데 도움이 되는 몇 가지 디지털 도구를 개발했다. 예컨대 코넬대학교의 연구진은 펜시브 Pensieve라는 앱을 고안했다. 펜시브는 기억을 불러일으키는 알림, 가령 SNS에 공유했던 사진이나 추억을 글로 풀어내도록 자극하는 질문('최고의 콘서트가 기억나나요? 어떤 가수의 콘서트였나요? 누구랑 같이 갔나요?')을 던진다. 그런 알림을 받은 사람들은 자연스레 추억에 빠져들었고, 그에 관해 글을 쓸 기회도 누렸다.[9]

이미 상품화된 앱 중에서는 페이스북의 '한 해 돌아보기' 기능이 유용할 수 있다. 타임홉 ^{Timehop}이라는 앱은 당신이 SNS에 올린 사진이나 게시물을 수집해 주기적으로 재배포함으로써 과거를 잊지 않도록 도와준다. 다만 이런 앱들에 '문제'가 있다면 당신의 자서전에 어떤 기억이 포함되어야 하는지를 다른 누군가가 정해준다는 점이다. 따라서 노섬브리아대학교 심리학부의 팸 브릭스 $^{Pam\ Briggs}$ 교수와 리사 토머스 $^{Lisa\ Thomas}$ 연구원은 그 대안으로 마이소셜북 $^{My\ Social\ Book}$ 같은 앱을 권한다. 이 앱은 스크랩북과 비슷한데, 따라서 어떤 기억을 포함할지 스스로 정할 수 있다. 아울러 추억을 다른 사람(연인, 가족, 친구)과 공유하는 데도 요긴하다. 브릭스와 토머스가 진행한 연구에서 실험 참가자들은 스크랩북을 만든 뒤에 자연스럽게 다른 사람들과 추억을 공유할 계획을 세웠다. SNS 콘텐츠를 소비하는 것이 친사회적인 행동으로 이어지지 않은 것과 달랐다. 한편 브릭스와 토머스는 추억 잠기기 활동이 모든 연령대의 사람에게 유익하다고도 강조한다 (이전에는 대개 추억 잠기기 활동을 비교적 나이가 많은 사람과 연결 지었다).[10] 일례로 우리 부부는 종종 아이들과 결혼식 사진이나 영상을 보면서 마치 결혼식을 다시 체험하는 것 같은 재밌는 시간을 보낸다. 그러면서 아이들에게 당시 어떤 일이 있었는지, 사진이나 영상 속에 모르는 친구나 가족이 있는지 물어본다. 이런 식으로 추억에 잠기고 나면 오랜 친구에게 연락해볼 의욕이 생길 때가 많다.

성찰로 이어지는 깊은 재미 «««

대학에서 심리학을 공부하다 보면 변화를 위한 다양한 도구를 습득하게 되는데, 그중 학계 사람들이 '중재^{intervention}'라고 부르는 기술이 있다. 중재의 목적은 누군가의 삶이든 어떤 조직의 환경이든 특정 영역에 침범해 간섭하는 것이다. 하지만 SAVOR 시스템의 목표는 그와 전혀 다르다. SAVOR 시스템은 무작정 문제(불행)를 들춰내 해결책(행복)에 이르도록 잡아끄는 투박한 도구가 아니다. 이런 식의 중재는 오히려 부작용을 낳을 수 있다.

그보다는 SAVOR 시스템을 자체 피드백이 가능한 유기적인 시스템으로서 일상에 결합해야 한다. SAVOR 시스템을 통해 즐거운 기억을 더 많이 추억하는 과정에서 적절한 피드백을 얻어야 한다는 것이다. 추억 잠기기 활동을 위해 따로 떼놓은 시간 동안 기억을 되새기면서 교훈을 얻고, 그것을 바탕으로 어떤 미래를 만들어갈지 고민해야 한다.

기억을 피드백 수단으로 사용할 때 주의해야 할 점이 있다. 재미를 실제로 즐기는 와중에는 피드백을 생각해서는 안 된다. 듀크대학교 교수이자 마케팅 전문가인 조던 에트킨Jordan Etkin은 내게 이렇게 말했다. "어떤 활동에 몰입한다는 것은 시간의 흐름을 완전히 잊어버린다는 것을 의미합니다. 내가 이 활동을 잘하고 있는지, 충분히 오래 하고 있는지는 생각나지 않죠. 예를 들어 저는 사람들이 행복을 추적하려 애쓰는 모습을 볼 때면 굉장히 회의적인 생각이 듭니다. 자신이 행복한지 성찰하는 데 주의를 기울이면 오히려 덜 행복해지죠. 첫째로는 자신이 행복한지 의심할 수밖에 없기 때문이고, 둘째로는 스스로에게 그 질문을 던지는 순간 정작 지금 당장 즐기고 있는 행복한 경험에 몰입할 수 없기 때문입니다."[11] 그러므로 성찰할 시간을 갖고 싶다면, 일단 활동이 끝난 뒤에 어떤 활동이 마음에 들었고 어떤 활동은 줄이는 게 나을지 생각하도록 하자. 이와 같은 피드백 과정이 쌓이면, 우리의 활동은 더욱 재미 지향적으로 바뀔 것이고, 자연스럽게 재미를 즐길 새로운 기회도 많이 얻게 될 것이다.

피드백에는 크게 두 종류가 있다. 부정적인 피드백과 긍정적인 피드백이다.[12] 재미의 기술을 활용해 습득한 물건이나 작성한 글귀를 되돌아보면, 우리가 수행한 활동이 긍정적인 감정가를 가져다줬는지 부정적인 감정가를 가져다줬는지 확인할 수 있다. 결국 핵심은 기억을 활용해 자신이 어디에 매력을 느끼고 어디서 영감을 얻는지 알아보는 섬세한 직관을 발전시키는 것이다. 이런 직관은 앞으로 나아가야 할 길을 안내해준다. 그렇다고 재미를 즐길 새로운 방법을 찾기 위해 무작정 밖으로 뛰쳐나가는 게 잘못되었다는 뜻은 아니다. 오히려 참신함, 호기심, 탐구심은 분명 재미의 구성 요소에 포함된다. 내 말의 요지는 우리가 무의식중에 자기 생각도 아닌 생각(광고, SNS, 주변 사람들에게 영향받은 생각)에 현혹될 수 있다는 것이다. 그 결과 자신이 진정으로 즐기는 것이 무엇인지 잊어버릴 수 있다. 그런 경우 우리는 다시 돌아갈 길을 찾아야 한다.

이번 장에서 배운 반성의 기술을 적용할 때(자아도취에 빠지는 대신 자신에게 기쁨과 재미를 가져다주는 일이 무엇인지, 자신을 다른 존재와 연결해주는 일이 무엇인지 열린 마음으로 바라볼 때) 재밌는 삶이 관성을 띤 채 끊임없이 돌아가기 시작한다. 다음 장에서는 스스로 진화하는 재미의 기술을 가지고 길을 나서는 데 어떤 숨겨진 가치가 있는지 살펴보도록 하자.

단조로운 일상의
쳇바퀴를 멈춰라

모험을 위한 대탈출

우리는 왜 떠나는 걸까요?
다시 돌아오기 위해서죠.
우리가 떠난 곳을 새로운 눈과 색으로
바라보기 위해서입니다.
우리가 도착한 곳의 사람들도
우리를 다른 시각으로 바라보겠죠.
떠났다가 다시 돌아오는 것과
그 자리에 가만히 있는 것은
전혀 다릅니다.

_테리 프래쳇 Terry Pratchett

사람들은 현실도피를 대개 부정적으로 묘사한다. "쟤는 러닝머신에 너무 집착한다니까. 마치 무언가로부터 도망치려는 것 같아"라든지 "쟤는 여기저기 축제만 찾아다녀. 현실 세계를 감당할 자신이 없거든"이라고 말하는 식이다. 이처럼 현실도피는 미성숙한 일탈로 여겨진다. 삶을 근본부터 뜯어고치기가 두려우니, 현실을 외면하고 쾌락으로 탈출한다는 것이다.

하지만 일탈과는 거리가 먼 현실도피(탈출)도 있다. 이는 우리가 삶의 모든 면에서 성장하도록 이끌어주는 통로와 같다. 이런 종류의 현실도피는 우리를 기존의 현실에서 더 나은 '현실'로 탈출시킴으로써, 관점의 전환을 불러일으킨다. 이런 맥락에서 현실도피는 재미가 제공하는 최상의 유익을 상징한다.

제대로 이해해보자. 인류 역사상 가장 극단적인 형태의 탈출은 무엇일까? 아마 우주여행일 것이다. 우주인은 무수한 생명이 온갖 기뿜과 고통을 누리며 살아가는 것을 가능하게 해주는 얇은 대기층을 말 그대로 '탈출'한다. 우리는 우주여행을 세계 밖으로 나아가는 탐험 행위로 간주하며, 그렇기에 초창기에는 우주여행을 두고 국가 간 경쟁을 벌이기도 했다. 하지만 그때마다 우주인은 결국 지구로 돌아와 자신의 이색적인 경험을 반추했다. 어떤 우주인은 자신이 마주한 가장 심오한 순간이 저 먼 무한의 영역을 바라볼 때가 아니라 허공에 걸려 있는 고향 행성을 다시 돌아볼 때라고 회상하기도 했다. 그들은 경외심에 압도된 채 '지구 바라보기'라는 초월적인 경험에 빠져들었다. 우주여행이 어찌나 매력적으로 보이는지 세계의 여러 부호가 이 꿈을 실현하기 위해 어마어마한 자원을 투자하고 있다. (그 자원이 이곳 지구의 문제를 해결하는 데 쓰이는 게 더 낫지 않느냐는 비판은 이 책에서 다룰 내용이 아니다.)

1980년대에 작가이자 우주광인 프랭크 화이트 Frank White 는 이와 같은 우주인들의 경험을 '조망효과 Overview Effect'라고 불렀다. 지금은 바로 이 조망효과의 잠재력을 연구하는 연구소까지 세워졌을 정도이다. (앞서 우주여행을 돈으로도 살 수 없는 경험이라고 말했다. 하지만 2021년에 억만장자인 제프 베조스 Jeff Bezos 와 리처드 브랜슨 Richard Branson 이 스스로에게 주는 선물처럼 우주여행을 다녀왔다. 물론 아주 잠깐 대기권을 벗어난 정도였지만, 이는 상업적인 우주여행 시대의 서막을 알렸다.)

캐나다 출신의 우주인 크리스 해드필드 Chris Hadfield 는 우주여행을 이렇게 묘사한다. "가볍게 공중을 떠다니면서 창밖을 내다보면 커피 한 잔 마실 시간에 온 대륙을 다 내려다볼 수 있습니다. 9분이면 로스앤젤레스부터 뉴욕까지 쭉 훑어볼 수 있죠. 온 지구의 역사, 문화, 기후, 지리가 전부 당신 발밑에 있는 겁니다. 일출과 일몰은 45분마다 볼 수 있고요. 인간 세상을 생긴 그대로 볼 수 있어요. 이런 경험은 당신 자신에게도 비슷한 영향을 미칩니다. 어마어마한 특권을 누리고 있다는 감정, 일종의 경외심과 겸허함이 몸 구석구석으로 퍼져나가죠. 이곳에 와서 이런 광경을 볼 수 있다는 사실에 소름이 돋을 겁니다. 정말 운이 좋은 거죠. 놀라움과 감사함이라는 감정, 세상을 보는 명확한 시야는 서서히 당신의 사고방식을 변화시킵니다. 사실 꼭 우주여행일 필요는 없습니다. 당신 자신보다 훨씬 더 거대한 무언가, 훨씬 더 심오하고 아득한 무언가가 존재한다는 사실, 그에 비하면 당신은 왜소하고 하찮은 존재일 뿐이라는 사실을 인식하는 게 훨씬 더 중요합니다."[1] 요컨대 현실도피는 우리가 인위적인 편견과 제약 없이 세계를 바라보도록 도움으로써, 인간으로서의 경험 자체를 뒤바꾼다.

해드필드의 설명을 듣고 나면, 현실도피의 장점과 단점을 연구한 심리학자 프로데 스텐셍Frode Stenseng의 '자기확장self-expansion' 개념(긍정적인 종류의 현실도피)이 떠오른다.[2] 자기확장은 크게 세 가지 측면으로 이루어진 경험이다. 스텐셍의 주장에 따르면 우리는 현실도피 상태에 들어갈 때, 첫째, 자신이 하는 일에 온전히 몰입한다(즉 '현재성nowness'을 갖는다). 둘째, 일시적으로 세상에서 분리된다. 이상적인 경우에는 자신의 정체성에서 해방되어 '단일성 oneness'을 갖는다. 셋째, 스스로를 판단하지 않는 아름다운 순간이 찾아온다. 그러면서 해드필드의 설명처럼 "자신보다 훨씬 더 거대한 무언가"를 향한 경외심으로 충만해진다. 끊임없는 자기비판으로 고통스러워하는 사람이라면 그런 경험이 얼마나 달콤할지 상상할 수 있을 것이다.

우리 중 대부분은 평생 지구를 벗어나지 못할 것이다(물론 우주여행 상품화를 두고 버진갤럭틱과 스페이스X가 경쟁을 벌이고 있으므로, 나는 희망을 품고 재미보관함에 우주여행을 넣어뒀다). 하지만 해드필드의 주장대로 꼭 우주여행을 하지 않더라도 우리 모두는 그와 비슷한 탈출의 순간을 경험할 수 있으며 경험해야만 한다. 그 순간 우리의 정신은 강력한 긍정을 맛보기 때문이다. 하버드대학교 심리학 교수인 대니얼 길버트 Daniel Gilbert는 킬링스워스와의 연구에서 '방황하는 정신'(마음챙김 수행자들의 말을 빌리자면 '원숭이의 뇌')을 우리가 느끼는 불행과 연결 짓고, 탈출의 순간에 이를 벗어나 온전히 현존할 수 있다고 주장한다.[3] 이때 우리는 맥락과 판단을 초월함으로써, 지금 당장 우리가 경험하는 활동을 특정한 이름으로 규정하려는 태도를 버리게 된다.

일상을 초월할 때의 유익은 초월하는 순간에만 오는 것이 아니다. 흔히 사람들은 현실도피(또는 재미)를 문제를 해결하지도 않고 일단 밴드를 붙여두는 것에 빗댄다. 하지만 절정의 재미가 이끄는 현실도피(해드필드가 묘사한 것과 같은 경외감에 빠진 상태)는 그런 편견과는 전혀 다르다. 이는 해결되지 않은 문제를 해결하는 방법이자, 삶을 '되는 대로 살아가는' 태도를 막아주는 버팀목이다.

　재미를 즐길 때 우리는 일상에서 탈출해 심리적 거리를 둘 수 있다. 그처럼 거리를 둔 상태에서 우리는 미래를 분석해 변화에 대비할 기회를 얻는다. 거리를 둔 덕분에 우리는 현실이 생각보다 훨씬 더 유연하다는 사실을 깨닫는다. 물론 이글거리는 석탄 위를 걸어서 지나갈 수 있다고 믿게 된다는 뜻이 아니다. 그런 종류의 일탈은 전혀 건강하지 않다. 여기서 말하는 탈출이란 매주 70시간씩 일하는 현실에 대안이 없는지, 무의식적으로 당연하다고 생각했던 일에 정말 그만한 가치가 있는지 고민하고 분석할 기회다. 이렇듯 경험의 폭을 확장할 시간과 기회를 누리면 창의력이 샘솟는다. 또한 현실도피는 단조로운 일상을 반복하면서 쌓인 결핍감을 해소해준다. 현실을 잠시 떠났다가 돌아올 때 우리는 주체성을 회복하고, 삶을 더 의식적으로 살고자 하는 힘과 의욕을 얻는다.

　지금까지 이 책은 일상의 범주 내에서 재미의 기술을 활용할 여러 방법을 소개했다. 재미의 기술을 통해 더욱 심오하고 풍성한 삶을 사는 방법을 이미 여러 가지 배웠으므로, 이번 장에서는 어떻게 현실도피(거리를 둔 채 일상을 더 예리한 시선으로 바라보는 것)가 높은 차원의 재미를 즐기게 해주는지 알아보자. 말하자면 재미학 심화 수업이라고 할 수 있다.

심리적 거리를 두는 검증된 방법 하나는 물리적 거리를 두는 것이다. 말 그대로 우리가 아는 세계를 떠나면 된다. 새로운 관점으로 기존의 일상을 바라보면 주체성이 커질 뿐 아니라, 바꿀 수 없는 것(거의 없음)이 무엇이고 조정할 수 있는 것(거의 전부)이 무엇인지 더 잘 이해할 수 있다. 한발 더 나아가 마치 갑판 위에서 팔딱거릴 때에야 물이 소중한 줄 아는 물고기처럼 결코 타협할 수 없는 것이 무엇인지 더 명확히 이해할 수 있다.

비법은 놀라울 만큼 간단하다. 휴가를 떠나면 된다. 여러 번 갈 수 있다면 더 좋다. 물론 현실은 말만큼 간단하지 않다. 우선 적어도 미국 기준으로는 사람들이 일하느라 너무 바빠서, 집세나 보험료를 내느라 너무 정신없어서 휴가를 떠날 생각을 못 한다. 미국 근로자는 휴가와 관련해 어마어마한 기록을 세우고 있다. 2018년 기준 사용하지 않은 휴가 일수가 총 7억 6,800만 일인데, 이는 전년보다 9퍼센트 증가한 수치다.[4] 여행 서비스 플랫폼인 익스피디아에서 진행하는 연례 설문 조사에서도 미국의 평균 휴가 사용 일수는 언제나 꼴찌다.[5] 평균 유급휴가 일수조차 태국과 꼴찌(2020년 기준 겨우 13일)를 다툰다. 참고로 대부분의 선진국은 최소 4~6주의 유급휴가를 보장한다.

현실이 어떻든 일단 우리가 휴가를 당연히 떠나야 할 것으로 생각한다고 가정해보자. 과연 그게 진정한 탈출이라고 할 수 있을까?

탈출은 당연히 주어지는 것이 아니다. 디즈니월드를 예로 들어보자. 수많은 미국인 가족이 결국에는 디즈니월드로 순례를 떠나고야 만다. 물론 나도 디즈니월드를 좋아하고, 그곳에서 우리 아이들이 마법 같은 광경에 푹 빠지는 모습을 보며 진심으로 멋진 시간을 보내기도 했다. 미키마우스와 이매지니어imagineer('상상하다'와 '엔지니어'의 합성어로 디즈니월드의 아이디어 기획자—옮긴이), 수많은 놀이기구까지, 디즈니월드는 최고의 현실도피 경험을 제공하는 기념비적 공간이다. 하지만 그와 동시에 디즈니월드는 진정한 대탈출을 돋보이게 하는 완벽한 비교 대상이기도 하다.

만약 당신이 디즈니월드의 설계자들이 의도한 대로 그곳을 즐기려 한다면, 세상에서 가장 고된 하루를 보내는 데 엄청난 에너지와 돈을 허비하게 될 것이다. 막상 디즈니월드에 도착해서는 그저 수영장에서 시간을 더 보내고 싶어 하는 아이들을 억지로 잡아끌고 기나긴 줄을 서거나, 비싼 저녁을 허겁지겁 먹느라 하루를 다 보낼 것이다. 식사, 입장용 팔찌, 교통수단, 숙소 등에 관해 전쟁을 준비하는 군대보다 더 치밀한 계획을 세워야 한다. 제대로 주의를 기울이지 않으면 희생양이 되고 만다. 기운도 돈도 전부 털린 채 집으로 돌아오면, 아이들은 디즈니월드에서 산 값비싼 장난감이 금세 망가지는 바람에 울음을 터뜨린다.

디즈니월드는 하나의 사례에 불과하다. 누구라도 과도한 일정, 비용, 기대 때문에 휴가를 망쳐본 경험이 있을 것이다. 내가 말하려는 핵심은 회복할 시간과 자율성을 발휘할 시간, 무엇이든 당신이 진정으로 하고 싶은 일을 할 시간을 반드시 확보하라는 것이다. 휴가 일정 사이사이에 숨 쉴 틈을 마련해두자. 정말 좋아하는 일이라면 한 시간으로 계획했더라도 세 시간까지 즐길 수 있도록 일정을 넉넉히 짜두자.

이와 관련해 중요한 조언을 하나 더 해주겠다. 휴가 중에 일하고 있다면, 그건 탈출이 아니다! 휴가가 진정한 의미에서 현실도피가 되려면 어디로 떠나는지가 아니라 정말로 일을 쉴 것인지가 중요하다. 일을 그만하라는 뜻이다. 제발 그만! 이메일도 확인하지 마라. 아름다운 풍경 속에서 일한다고 현실도피가 되는 건 아니다. 핵심 목표가 심리적 거리를 확보하는 것임을 잊지 말자. 업무 생각을 할 바에야 그냥 책상 앞에 앉자.

여행지가 어디인지는 중요할까? 잠시 뒤에 모험형 탈출의 가치를 살펴보기는 하겠지만, 일단 넓게 보면 정답은 '중요하지 않다'이다. 목적지가 어디인지는 정말 아무 상관이 없다. 많은 사람이 직장 업무와 일상 때문에 완전히 진이 빠진 나머지 매년 똑같은 곳으로 휴가를 떠난다. 그 정도면 쉬기에 충분하기 때문이다. 그들은 해변을 낀 휴양지로 떠나 아이들을 키즈클럽에 맡겨둔 채 선베드에 가만히 앉아 쉰다. 순전히 회복이 목적이라면, 그것만으로도 가치가 있으니 원하는 대로 해라.

이미 예상했겠지만, 휴가가 제공하는 심리적 거리 두기를 순식간에 망쳐버리는 요인이 일 말고도 하나 더 있다. 바로 허무다. SNS는 이 경우에도 유익이란 유익을 죄다 삼켜버린다. 인스타그램이나 페이스북을 열 때마다 심리적 거리는 박살 나고, 허무가 끌어당기는 힘에 굴복하게 된다는 사실을 명심하자. 물론 자신이 얼마나 멋진 시간을 보내고 있는지 친구나 가족에게 사진이나 문자로 알려주면, 괜스레 우쭐해지고 여행을 더 잘 음미하는 듯한 기분에 취하게 된다. 하지만 사진은 어차피 카메라나 스마트폰에 저장되기 마련이다. 나중에 공유해도 늦지 않다. 프레임워크 ①에서 이얄이 알려준, 이메일이 연쇄 작용을 일으키지 않도록 예방하는 비법을 떠올려보라. 똑같은 방법이 여행 사진을 SNS에 올릴 때도 적용된다. 당신이 사진을 올리고 누군가가 댓글을 달면 대댓글을 달고 싶기 마련이다. 그렇게 댓글은 끝이 없이 이어진다. 결국 애초에 당신이 휴가를 떠난 목적 자체가 상실된다. 그러므로 적어도 그날 하루를 마칠 때까지는, 이상적으로는 여행을 마칠 때까지는 기다리자.

사실 사진이나 영상 촬영 자체도 몰입을 흩뜨릴 수 있다. 미국을 대표하는 작가 중 한 명인 수전 손택 Susan Sontag 은 카메라를 가리켜 "중독적인 환상 제조기"라고 불렀다.[6] 그러면서 "일에 집착하는 사람들이 휴가 중에 재미를 즐겨야 함에도 일하지 않고 있다는 생각 때문에 느끼는 불안"을 해소하기 위해 카메라를 사용한다고 꼬집었다. 일리 있는 말이다. 여행 사진이 (특히 사진 촬영 자체를 재밌는 활동으로 여기는 사람이라면) 훌륭한 재미 요소가 될 수 있음은 사실이지만, 실시간으로 경이감을 느끼는 데에는 방해가 될 수 있다.

예전에 50번째 결혼기념일을 맞은 부모님과 고급 레스토랑을 방문했던 적이 있다. 파인다이닝으로의 탈출은 면면이 축복이었다. 최상급 식재료로 만든 요리가 조그만 접시 위에 예술적으로 올라가 있는데, 조금씩 맛보니 매 순간을 즐기기가 더 쉬웠다. 분위기는 우아했고, 식탁 위에는 바삭바삭하고 새하얀 식탁보가 덮여 있었으며, 화사하고도 싱싱한 꽃다발이 놓여 있었다. 이처럼 멋진 곳에 사랑하는 사람들, 친밀한 벗들과 함께 있다고 생각해보라. 심지어 너무 비싸서 앞으로 다시는 방문하지 못할 곳이라면? 그 즉시 당신은 현실 밖 어딘가로 떠날 것이다.

그날 저녁을 함께했던 한 지인은 은퇴한 식품영양학 강사였다. 그는 기억을 남길 겸 요리 사진을 딱 한 장만 찍고 다시 식사를 즐기는 데 집중했다. 반면 우리 테이블 양쪽에는 식사 내내 끊임없이 스마트폰을 들이대며 온갖 각도에서 요리를 찍어대는 사람들이 있었다. 그들은 SNS에 자신들의 고급 레스토랑 방문을 전부 생중계하다시피 했다. 하지만 그 때문에 식사 자체는 제대로 즐기지 못했을 것이다. 자신도 모르는 사이에 완벽한 감각 경험을 스마트폰 화면 위의 무의미한 픽셀 덩어리랑 교환한 셈이었다. 이렇듯 재밌는 경험을 하더라도 그 목적이 경험 외부(완벽한 사진이나 100만 개의 '좋아요')에 존재하면, 재미는 희석되고 만다.

대탈출을 준비하는 4가지 방법 ‹‹‹

성공적인 대탈출을 위해 고려해야 할 점이 몇 가지 더 있다.

잔고를 다 털지 말자. '꿈의 휴가'를 떠나기 위해 수년을 저축한
다는 건 오랜 참을성이 필요하다는 뜻이다. 미국인들이 휴가를 미루
는 대표적인 이유도 휴가를 떠날 여력이 안 된다고 생각하기 때문이
다. 휴가라는 상품에 붙은 가격표는 어마어마한 부담으로 다가온다.
하지만 그래서는 안 된다. 부디 당신의 생활양식과 예산에 맞는 여행
을 계획하기를 바란다. 어느 지역이든 모험을 떠날 기회는 존재한다.
그러므로 꼭 저 멀리 떠나야 한다고 생각하지 마라. 굳이 호화로운 휴
가를 떠날 필요도 없다(물론 여유가 된다면 조금 사치를 부린다고 나쁠 건 없다).
모두가 자신만의 재미를 즐기면 된다.

자동응답 기능을 이용하자. 다혈질인 데다가 일에 깊이 몰입
하는 성향이라면 휴가를 떠나기 전에 충분한 계획과 준비를 해놔야
만 일을 성공적으로(불안에 시달리지 않으면서) 잊을 수 있다. 휴가를 떠
나기 전에 하루나 반나절 정도 미리 업무를 마치거나 다른 사람에게
업무를 위임해서 일이 쌓이지 않도록 하자. 갑자기 무슨 일이 터졌을
때 누군가가 책임지고 대처할 수 있도록 만일의 사태에도 미리 대비
하자.

또한 자동응답 기능을 사용하자. 개의치 않는다면 자동응답 메시지를 재밌게 꾸며 받아보는 사람에게 즐거움을 주는 것도 좋다. 예컨대 즉흥 코미디를 굉장히 좋아했던 디지털 전략가 조던 허슈^{Jordan Hirsch}는 자동응답 메시지를 이렇게 설정했다. "연락해주셔서 감사합니다. 여행 중이라 오늘은 이메일을 확인할 일이 없습니다. 혹시 위급 상황이라면 심호흡을 한번 해보세요. 기분이 나아질 때까지 심호흡을 계속하시든지, 제게 연락한 이유를 잊어버리시든지 해보세요!"

원치 않는 이메일을 거절하기 위해 좀 더 확실한 조치를 마련해놓을 수도 있다. "휴가 중에 받은 이메일은 절대 보지 않습니다. 그러니 제가 돌아오는 날에 이메일을 다시 보내주세요." 인플루언서인 아리아나 허핑턴^{Arianna Huffington}은 본인이 겪었던 번아웃 경험을 살려 스라이브어웨이^{Thrive Away}라는 앱을 제작했다. 이는 자동응답 기능을 제공할 뿐 아니라, 수신된 메시지를 자동으로 삭제해준다. 아쉽게도 해당 앱은 서비스를 종료한 상태다. 이 앱을 사용할 만큼 배짱 좋은 사람들이 충분치 않았기 때문일까 싶다.

즉흥성을 가미해 균형 잡힌 계획을 세우자. 휴가 일정을 처음부터 끝까지 세세히 계획해야 할까, 아니면 그날그날 마음이 가는 대로 움직여야 할까? 그 답은 당신이 체계를 원하는지 자유를 원하는지에 어느 정도 달려 있다. 그러니 자신의 욕구를 먼저 파악하자. 하지만 어느 쪽이든 안전지대를 벗어나도록 스스로를 밀어붙이는 게 좋으므로, 휴가 계획을 세울 때 의도성과 즉흥성을 적절히 배합하도록 하자.

　내 친구 브라이언 위시는 애인이랑 함께한 캠핑 여행에서 이런 일을 겪었다. 둘은 주말 동안 전자 기기를 완전히 배제한 채 자연 속에서 의미 있는 시간을 보내기로 계획했다. 토요일 밤 둘은 일몰을 보며 늦은 저녁을 먹을 만한 좋은 장소를 찾기 위해 캠핑장을 떠났다. 차를 몰고 산속 깊이 들어가자 갈림길이 나왔다. 둘은 오른쪽 길을 택했다. 두 사람 앞에는 야생의 자연경관 대신 아름답게 손질된 길이 나타났다. 알고 보니 활주로였다. 둘은 차에서 나와 여기저기 돌아다니다가 작업장에서 일하고 있던 목수 한 명을 발견했다. 혹시 그곳에서 저녁을 먹어도 되냐고 물어본 걸 시작으로 대화가 몇 시간이고 이어졌다. (잠깐만 상상해보자. 둘이 그 목수를 지하철이나 동네 식당에서 마주쳤다면? 서로 대화할 일도 없었을 것이고, 어쩌면 존재조차 알아차리지 못했을지 모른다. 둘 다 스마트폰을 보고 있거나, 둘만의 대화에 집중하고 있었을 테니까 말이다.)

　목수의 이름은 루엘이었다. 루엘은 30년 동안 여객기 조종사로 일하다가 막 은퇴한 상태였다. 얼마 지나지 않아 루엘은 두 사람을 본인의 비행기 격납고로 데려가 이것저것 보여줬다. 그곳에는 1940년대부터 사용하던 소형 정찰기가 두 대 있었다. 다음 날 아침이 밝자 루엘은 비행기를 태워주겠다고 제안했다. 그날의 비행은 위시에게 인생 최고의 경험 중 하나였다. 그저 일몰을 보려고 길을 나섰을 뿐인데, 그 대신 캠핑장 위를 매끄럽게 가로지르며 온 지역을 한눈에 담을 수 있었으니 말이다. 여객기를 타고 날아가는 것과는 차원이 달랐다.

아니, 그 어떤 경험과도 차원이 달랐다.

　혼자 휴가를 갈 것을 고려해보자. 새로운 곳을 여행하는 데 반드시 동료가 필요하다고 생각하지는 말자. 특히 내향적인 사람이라면 혼자 있을 시간도 없이 여행하는 게 오히려 감옥처럼 느껴질 수 있다. 또한 단체로 여행하면 계획이 복잡해질 때가 많다. 그러면 모험에 집중하기가 어려워진다. 뉴욕에서 사회복지사로 일하는 멜리사는 혼자만의 고요한 시간을 중요하게 생각하는 사람이다. 그녀는 과들루프 Guadeloupe 섬으로 여행을 간 적이 두 번 있었다. 첫 번째 여행은 그저 그랬는데, 두 번째 여행은 최고의 여행 중 하나로 남았다. 첫 번째 여행은 지인들과 함께했지만, 두 번째 여행은 절친한 친구 한 명과만 함께했기 때문이다. 무리 지어서 여행하니 사회적 압력이 너무 부담스러웠고, 어디를 가서 무엇을 할지 갑론을박이 심하다 보니 누구도 100퍼센트 만족할 수 없었다.

　바로 그 점에서 혼자 떠나는 휴가는 큰 장점을 갖는다. 단 한 사람, 즉 본인만 만족하면 되기 때문이다. 하지만 설령 가족과, 또는 지인과 여행하더라도 계획만 잘 짠다면, 충분히 혼자만의 시간을 만들수 있다. 휴가를 떠나기 전에 미리 그 점을 논의해두자. 그래야 상처받는 사람이 없을 것이다.

휴가도 좋지만 모험은 더 좋다 «‹‹

성공적으로 재미의 기술을 익혔다면, 이제 작년에 갔던 휴양지를 다시 방문하는 것 이상의 무언가를 시도할 활력이 생겼을 것이다. 어디서든 재미를 찾을 수 있는 건 사실이지만, 아예 새로운 곳을 여행할 때 특별한 재미를 찾을 수 있다는 사실에는 의심할 여지가 없다.

내게 가장 오래도록 영향을 미친 경험이 무엇일까 생각해보면, 곧바로 남극대륙에 갔던 일이 떠오른다. 때는 2005년이었고, 마라톤 경주에 참가하기 위해 그곳에 갔다. 당시 대학원 졸업과 결혼식을 코앞에 두고 있었다. 통장에는 6,000달러 정도가 있었는데, 죄다 남극대륙에 가는 데 투자했다. (기쁘게도 그곳에는 방랑벽을 가진 사람들이 나 말고도 여럿 있었다. 모두 통장 잔고를 싹 비워서 온 사람들이었다. 우리는 금세 친구가 되었다.) 배에서 내려 남극대륙에 처음 발을 디뎠을 때 정신이 아득해져 앞만 바라봤다. 부드러운 파란빛을 발하는 얼음이 끝없이 이어졌다. 그리고 그 위에 펭귄 수천 마리가 있었다. 도로도 없고 신호등도 없고 아무것도 없었다. 그저 광활한 공간, 그게 전부였다. 이 광경에 비길 만한 것을 찾아 이전 기억을 마구 뒤졌지만, 그 무엇도 떠오르지 않았다. 시간이 지나면서 머릿속이 진정되고 이게 내 인생의 첫 경험이라는 사실을 받아들였다. 이만큼 완벽한 새 경험의 장이 있을까? 경외심과 경이감에 몸을 내맡기자, 자의식이 희미해졌다.

모험적인 탈출을 감행하면 특별한 무언가를 얻을 수 있다. 세계

곳곳의 수많은 대학생이 대학에 입학하기 전이나 학업 중에 휴학계를 낸 다음 배낭을 싸매 들고 최대한 많은 나라를 여행하려고 하는 데는 다 이유가 있다. 배낭여행을 갔다가 돌아오면 자신이 자란 환경이 자신에게 어떤 영향을 미쳤는지 더 풍부하게 이해할 수 있다. 또한 더 큰 자신감과 더 넓은 세계관을 가지고 대학 생활을 이어갈 수 있다. 여행 중에는 새로운 사람과 다채로운 가치관을 접할 수 있다. 무엇보다 미지의 세계를 탐험하며 온갖 경이로운 경험을 쌓을 수 있다.

끝내주는 여행을 많이 했지만, 남극대륙 여행만큼 강렬한 기억은 없다. 벌써 15년이 지났지만, 그곳에서 만난 사람들과는 아직도 친밀한 관계를 유지하고 있다. 이런 종류의 여행을 다니면서 만난 사람들과는 여러 해에 걸쳐 다질 만한 깊은 우정을 짧은 시간 안에 쌓을 수 있다. 함께 남극대륙을 가로질러 42.195킬로미터를 달린 경이로운 경험 덕분에 시간이 다르게 흐른 것이다. 일상이 순식간에 지나가는 듯한 느낌(삶이 그냥 휙 하고 흘러가는 듯한 느낌)은 다들 익숙할 것이다. 하지만 반대로 시간이 마법같이 늘어나는 듯한 느낌도 존재한다. 마치 교통사고 직전의 몇 초가 영원처럼 느껴지는 것과 비슷하다. 이런 경험은 일분일초 단위로 세세하게 기억에 새겨지고, 복잡하고도 정교한 질감을 가지기 때문에 결코 머릿속에서 사라지지 않는다.

마술사 네이트 스태니포스 Nate Staniforth의 책《진짜 마술이란 이런 것 Here Is Real Magic》은 그의 흥미로운 경험담으로 가득하다. 스태니포스는 우연히 인도 마술을 소개한 책을 접한 뒤 단조로운 생활에서 벗어나고자 훌쩍 인도로 떠났다.[7] (그 책은 피리로 뱀을 조종하거나, 공중으로 부양하거나, 불을 내뿜는 인도 마술을 '강렬하다', '긴박하다', '난폭하다' 등의 수식을 써가며 묘사했다고 한다.) 당시 스태니포스는 이미 미국 곳곳을 순회 공연할 정도로 성공한 마술사였다. 하지만 그가 보기에 인도 마술은 자신이 선보이는 연출된 공연과는 차원이 달랐다. 그래서 그는 "기계적으로 반복하는 순회공연을 무작정 그만두고 싶다는 정신 나간 상상"을 펼치기 시작했다. 그의 목표는 자기 공연을 보러 오는 관객처럼 본인도 누군가의 마술을 보며 경이감을 느끼는 것이었다. 그렇게 한다면 자신의 마술에도 혁신적인 변화를 일으킬 수 있을 것만 같았다.

스태니포스는 우리가 창조한 안전하고 친숙한 세계를 뒤에 남겨두고 떠나는 일의 중요성을 강조한다. "우리는 우리가 속한 세계를 통제하기 위해 세계를 더 작게 만든다. 우리가 이해할 수 있도록 세계를 더 단순하게 만든다. 그런 다음 이 작은 공간에 우리 자신도 구겨 넣는다. 그래야 이 동화 같은 세계를 벗어났다가 위험을 마주하는 실수를 저지르지 않기 때문이다. 하지만 그 과정에서 확실성의 세계를 둘러싼 울타리 바로 너머에 있는 장관마저 놓치고 만다. 진짜 문제는 시간이 지나면서 이 창백하고 단조로운 삶을 실제 삶으로 받아들이게 된다는 점이다. 삶의 무게를 느낄 뿐 삶의 경이를 느끼지 못한다. 이내 삶의 무게에 굴복하고 삶의 경이를 망각한다." 스태니포스는 인도 여행을 하면서 어찌나 풍성한 경험을 했던지, 마술 실력이 좀 더 좋아졌을 뿐 아니라(그는 아직도 마술 연습을 멈추지 않는다), 아내와의 관계도 돈독해졌다.

불을 내뿜는 재주꾼을 찾아 인도의 슬럼가를 뒤지고 다니거나, 황량한 대륙 위에서 영하의 기온을 견디며 마라톤 경주를 한다니! 당신 취향은 아니라는 생각이 드는가? 나도 겁줄 생각은 없으므로 안심해라. 모험이라고 해서 꼭 그렇게 극단적이거나 고될 필요는 없다. 물론 익숙하고 정제된 공간보다는 길들지 않은 공간에서 더 많은 재미를 느끼고 더 뛰어난 능력을 발전시킬 수 있다는 연구 결과가 존재하기는 한다. 하지만 내 생각에 정말 중요한 건 이색적인 목적지로 모험을 떠난다는 부분이 아니라, 당신에게 익숙한 공간을 떠난다는 부분이다. 청결한 화장실이 없는 곳으로는 결코 떠날 생각이 없다고 해서 살아가기 영역에 들어갈 만한 모험을 아예 할 수 없다는 뜻은 아니다. 오랜 고집을 반복하는 대신 안전지대를 벗어나 새로운 무언가를 시도할 용기를 내기만 하면 된다.

대탈출의 꽃, 안식년   «««

안식년은 그저 좀 더 긴 휴가에 불과할까? 안식년은 주로 교육계에서 활용되고 있는데, 장기간(6개월이나 1년) 자리를 비운 채 새로운 기술을 배우거나 여행을 떠날 수 있게 해준다. 다시 말해 안식년은 삶을 풍성하게 해줄 기회가 된다. 요즘에는 안식년을 사내 방침으로 정한 회사도 많다. 대개 5년 이상 근속한 직원에게 1~3개월의 장기 휴가를 주는 식인데, 때로 유급이기도 한다.

하지만 내가 만나본 대부분의 사람은 안식년이나 장기 휴가를 간절히 원하면서도, 직업이나 여건 때문에 불가능하다고 토로했다. 쉽지 않다는 건 동의하지만 불가능하다는 말에는 동의하지 않는다. 그걸 해낸 사람들도 많이 만나봤기 때문이다. 사람들이 안식년을 가질 여건이 되지 않는다고 말할 때면 나는 오랜 이웃인 골드필드 부부 이야기를 들려준다. 그 부부는 직장을 제쳐놓고 두 딸(당시 9세와 14세)과 함께 오스트레일리아, 동남아시아, 중국, 인도, 중동, 아프리카를 여행했다. 둘은 자녀들이 어항 밖의 삶을 경험하면서 다양한 문화를 배우고 세상이 '싸울 만한 가치가 있는 곳'임을 깨닫기를 바랐다. 263일간 여행하며 중국의 만리장성을 거닐었고, 보츠와나에서 캠핑했으며, 몰디브에서 고래상어와 함께 수영했다. 이는 그들이 경험한 방대한 모험의 극히 일부에 불과하다. 그들은 1,510종의 야생 생물을 목격했는데, 희귀종만 780종에 달했다. 그중 70종은 멸종 위기에 처한 생물이었다. 팬데믹으로 2020년 3월에 여행을 일찍 마무리하면서 남편인 댄은 블로그에 이런 글을 남겼다. "여행이 끝났다는 사실이 아직도 믿기지 않는다. 그동안 얼마나 많이 경험하고 성장했던지. 여행이 끝나지 않았다면 얼마나 더 많이 배울 수 있었을지. 우리는 삶을 잔째로 들어 쭉 들이켰다. 부디 이 여행으로 우리가 더 나은 사람이 되었기를 바란다."

수학 교사였던 댄은 장기 휴가를 다녀오더라도 새로 취직할 자신이 있었다. 반면 22년 동안 안정적으로 다니던 직장을 그만둔 그의 아내 샬린은 다시 취직할 수 있을까 긴장했다. 그렇지만 여행이 가져다주는 유익을 고려할 때 그 정도 위험은 감수할 만하다고 생각했다. 실제로 팬데믹이었는데도 댄은 한 고등학교에 새로 안착할 수 있었고, 샬린은 임시직으로 일하면서 일자리를 더 알아볼 수 있었다. 리부트파트너스^{Reboot Partners}(경력을 재개하도록 돕고 안식년을 권장하는 컨설턴트 회사)의 공동 창립자인 제이 스미스^{Jaye Smith}는 1개월에서 2년 정도 일을 쉰 500명을 만나 안식년에 대한 감상을 물었다.[8] 그러자 단 한 명도 빠짐없이 만족한다고 답했다. 그들은 자신의 결정을 후회하지 않았다. 휴식을 취하면서 마음가짐이 더 성숙해진 덕분에 궁극적으로 경력이 한층 발전했기 때문이다.

다른 직장으로 이직하기 전에 생기는 시간을 안식년으로 활용하는 사람도 많다. 프레임워크 ①에서 소개한 내 친구 윌스가 그런 사람 중 하나다.[9] 윌스의 깨달음은 어느 날 여섯 살배기 아들과의 대화 중에 찾아왔다. 아들은 자기가 요즘 목걸이를 만들려고 해변에서 조개를 모으는 중이라고 말했다. 윌스가 이유를 묻자 아들이 이렇게 답했다. "목걸이를 팔면 아빠가 일을 적게 해도 되고, 그러면 나랑 더 많이 놀 수 있잖아요." 윌스는 지금도 그 이야기가 나올 때면 주먹으로 명치를 맞는 기분이라고 말한다. 일과 삶 사이에서 균형을 찾느라 고민해본 부모라면(즉 어느 부모든) 방금 심장에 금이 가는 기분이었을 것이다. 심지어 윌스는 그때 주마등이 스쳐 지나갔다고 회상한다.

당시 윌스는 급성장 중인 첨단 기술 회사의 최고전략책임자였지만 스트레스받는 직장을 관두고 가족과 6주 동안 시간을 보내기로 결심했다. 그 기간에 여러 차례 짧은 가족여행을 다녀왔고, 친구들을 불러 특별한 저녁 시간을 보냈다. 무엇보다 가족과 함께하는 시간을 즐겼다. 지난 10년보다 이 6주 동안 만든 소중한 추억이 훨씬 더 많을 정도였다. 일을 쉬기로 결심했을 때만 해도 활력이 없고 가족과 소원한 상태였는데, 휴식을 마치고 돌아왔을 때는 가족과 끈끈해진 것은 물론이고, 목적의식과 희망이 넘쳐났다. 윌스는 SNS에 이런 게시물을 남겼다. "배 속에 남아 있던 불씨가 활활 타오르기 시작한 것만 같다. 눈앞에 의미 있는 미래가 보인다."

탈출, 특히 장기간의 대탈출을 계획하는 사람에게 마지막으로 해주고 싶은 조언이 있다. 반드시 당신을 기분 좋게 하는 일을 중심으로 여행 계획을 짜라. 이미 재미보관함을 만들어 재미를 하나둘 즐기고 있다면, 당신의 열망이 무엇인지 되찾았을 것이고, 달나라로 날아갈 것만 같은 경험도 해봤을 것이다. 하지만 다른 사람에게 영향받지 않고 독자적으로 결정을 내리기가 여전히 어려울 수 있다. 다른 사람(가족이나 친구, 또는 인스타그램 팔로워)에게 잘 보이려는 욕망은 때때로 당신이 느끼는 진짜 감정을 몰아낸다. 기업가 생활을 접고 강사이자 작가로 활동 중인 데렉 시버스 Derek Sivers는 우리의 여행 계획이 정말로 우리 자신(그리고 동행하는 사람들)만을 위한 계획이 맞는지 판단할 수 있는 훌륭한 리트머스시험지를 하나 제시한다.[10] 이렇게 자문해보는 것이다. "나는 카메라를 챙기지 않거나 여행 내용을 SNS에 올리지 않더라도 이 여행을 가려 할까?"

물론 대부분의 사람에게는 평범한 일상을 벗어나 6개월이나 1년간 휴가를 떠날 기회가 평생에 한 번 있을까 말까 할 것이다. 그러니 시버스의 말을 꼭 들을 필요는 없다. 제발 사진은 몇 장 꼭 찍자! 또한 당신이 진정으로 시간을 투자하고 싶은 곳으로 모험을 떠나려는 것이 맞는지 확실히 하기 위해 당신 자신과 동료 여행자에게는 꼭 솔직히 마음을 터놓도록 하자.

탈출은 도망이 아니라 도달이다　《《《

스텐셍이 말하는 현실도피가 거의 모든 종류의 재밌는 활동에 수반된다는 사실을 알아차린 사람도 있을 것이다. 극도로 즐거운 활동에 참여하면 우리는 거기에 몰입해 새로운 현실을 마주하고 스스로에 대한 평가를 내려놓는다. 반면 지극히 피상적인 형태의 현실도피도 있다. 바로 상황에 대처하는 것이다. 심지어 이 경우에도 현실도피는 불안을 줄여준다는 점에서 굉장히 유용하다. 예컨대 건강검진을 받으러 가서 대장 내시경을 견디고 온 날에는 배 속에 간식을 마구 집어넣을 수 있고, 한동안 무리해서 일했다면 하루 휴가를 내고 소파 위에서 빈둥거릴 수 있다.

결국 PLAY 모델의 핵심은 재미를 즐기는 삶이지 계획에 지나치게 얽매이는 삶이 아님을 기억하자. 긍정적인 현실도피는 힘과 활력을 불어넣음으로써 다가오는 큰 난관에 도전할 준비를 하게 해준다. 많은 사람이 끊임없는 자기평가에 시달리느라 긴장을 놓지 못하거나, 심각한 경우 탈진, 식이 장애, 알코올의존증, 우울증에 빠진다. 바로 이때 건전한 현실도피가 성취욕으로 가득 찬 자아의 끊임없는 자기평가를 잠깐이나마 멈춰줄 수 있다.

재미는 일시적으로 기분을 띄워준다. 우리가 즐거운 활동을 추구하는 이유도 그 때문이다. 때로는 자의식에서 벗어나기 위해 잠깐이나마 건전한 탈출을 감행할 필요가 있다. 여기서 키워드는 '잠깐'과 '건전'이다. 우리는 농담을 듣고 웃거나 자녀랑 같이 모래성을 쌓을 때 기분이 좋아진다. 술을 몇 잔 마시거나 초콜릿을 잔뜩 먹을 때도 기분이 좋아진다.

하지만 즐거운 활동 간에는 중요한 차이가 있다. 가족이나 친구랑 시간을 보내거나 자연 속을 거닐 때는 만족감이 느껴지지만, 술을 마시거나 과식할 때는 대개 공허감(그리고 매스꺼움을 비롯한 다른 부작용)이 뒤따른다. 하지만 두 종류의 활동 모두 일종의 현실도피 행위로 분류할 수 있다.

그러므로 똑같은 탈출 행위라도 잠깐이나마 현실 세계를 초월하고자 하는 목적의식이 있는지가 중요하다. 우리의 마음은 우리를 어디로 데려가고 싶은 걸까? 지금 우리가 마주했거나 앞으로 우리가 마주할 난관에서 도망치고 싶은 걸까? 아니면 긍정적인 경험을 통해 긍정적인 감정을 키우고 싶은 걸까? 스텐셍은 성장을 위해 움직이는 사람과 예방을 위해 움직이는 사람을 구분한다. 둘 다 현실도피를 즐길 수는 있지만 각자의 마음가짐은 다르다. 한 사람은 긍정적인 경험을 통해 건전한 방식으로 자신의 복지를 증진하려 애쓰지만, 다른 사람은 문제에서 도망쳐 불안을 회피하는 데 집중한다.[11] 어느 현인(래퍼 아이스 큐브^{Ice Cube})은 이렇게 읊었다. "너 자신을 망치기 전에 너 자신을 들여다봐."

성장을 위해 움직이는 사람은 자기 계발의 여지를 찾는다. 그가 현실도피를 하는 이유는 인생의 다른 중요한 활동을 보완하기 위해서다. 결과적으로 그는 더 나은 사람, 더 복합적인 사람이 된다. 이런 탈출은 자아를 확장하고 성장시킬 기회가 된다. 반면 예방을 위해 움직이는 사람은 현실도피를 하더라도 자기 계발이 매우 어렵다. 그의 목표는 부정적인 기억, 걱정, 난관, 스트레스에서 주의를 돌리는 데 그친다. 그런데 고통스러운 생각이나 감정이 의식을 침범하지 못하도록 막다 보면, 긍정적인 생각이나 감정마저 차단하게 된다. 자기 억압적인 탈출인 셈이다.

스텐셍은 우리 모두가 이 두 유형 중 어느 한쪽으로 얼마간 기울어져 있다고 말한다. 물론 상황이 중요한 역할을 할 수도 있다. 예컨대 개인적인 어려움을 겪고 있을 때는 자신을 고통과 슬픔에서 꺼내줄 오락거리를 찾기 마련이다(자기 억압적인 탈출이다). 고난 앞에서 스스로를 보호해야 하는 상황에서는 자기 계발을 향한 욕구가 덜 드러날 수밖에 없다. 어떤 사람은 스스로를 억압하는 경향이 유독 강한데, 바닥을 칠수록 더 강해진다. 반대로 또 어떤 사람은 자아를 확장하려는 경향이 강하기 때문에 다른 동기 없이 그저 재미를 즐기기 위해 긍정적인 경험에 몰입한다.

당신의 계획적 탈출, 또는 습관적 탈출이 자아를 확장하는지 억압하는지 알아보기 위해 스스로에게 세 가지 질문을 던져보자.

1. 내가 이 활동에 참여하는 동기는 무엇일까?
2. 내 탈출 행위가 장기적인 복지에 도움이 될까?
3. 나는 무언가에서 도망치고 있는 걸까, 아니면 무언가를 향해 나아가고 있는 걸까?

좋은 소식이 있다. 지금까지 이 책에서 소개한 조언을 잘 따랐다면, 당신은 이미 자아를 억압하는 방식이 아니라 확장하는 방식으로 재미를 추구하는 데 익숙해지고 있을 것이다. 안전 수칙도 읽었고 안전벨트도 맸으니 이제 발사 준비가 다 되었다. 교훈을 얻고 초월적인 경험을 할 수 있는 곳으로 힘껏 날아가자.

프레임워크

5

초월적인 경험을
계속 시도하라

지속 가능한 호기심

마음을 서둘러 가라앉히고 싶다면
서두르지 마세요.

_릴리 톰린 Lily Tomlin

팬데믹 동안 탈출이 절실했다. 두 가지 일(실제로 재미를 즐기고 있지도 못하면서 재미에 관한 책을 쓰는 일과 회사 고위 경영진으로서 웰니스 센터를 오픈해 수익을 내야 하는 일)에 치여 사느라 시간도 돈도 부족했다. 하지만 앞서 살펴본 것처럼 꼭 탈출에 많은 시간과 돈이 필요한 것은 아니다. 그래서 나는 나름의 전략을 활용해 약간의 휴식을 누렸다. 노스캐롤라이나주의 시골에서 남들 눈에 띄지 않는 숨은 명당을 발견해 하루를 지냈던 것이다. '자비의 샘 Well of Mercy'이라고 불리는 곳이었다. 이곳을 묘사하려면 어떤 곳인지를 설명하기보다는 어떤 곳이 아닌지를 설명해야 한다. 이곳은 치료 시설도 회의장도 만남의 장도 아니다. 그보다는 인적이 드문 곳에 있는 비밀 은신처 같은 곳으로, 방문객에게 공손한 환대와 평온한 안식을 제공한다.

자비의 샘은 수녀들이 운영하는데, 누구에게든 열린 공간이다. 그러다 보니 온갖 부류의 사람들이 이곳을 찾는다. 나도 순전히 호기심에 발을 들였다. 나는 이곳에서 하고 싶은 일을 하며 하루를 보냈다. 흥미로운 사람들도 사귀었고, 멋진 산책길이나 아름다운 미로 같은 오락 시설도 즐겼다. 하지만 이날의 예기치 못한 하이라이트는 제인 모싱어 ^{Jane Motsinger}라는 여성과 대화를 나눈 일이었다. 모싱어는 자비의 샘의 접대 담당자였는데, 따로 요청이 있는 경우에는 영적 조언을 해주는 길잡이 역할도 맡았다.

모싱어와 대화를 나눈 건 자비의 샘에서의 하루가 끝날 무렵이었다. 모싱어가 내게 물었다. "어쩐 일로 방문하신 거예요?" 보통은 낯선 사람에게 내 문제를 털어놓지 않지만, 그 순간에는 왠지 마음이 열렸다. 나는 심한 불면증에 시달린다고 답했다. 아마 코로나19 때문이었겠지만, 업무 스트레스, 엄마의 알츠하이머병 진단, 팬데믹에 따른 수입 감소도 한몫했을 것이다. 이렇듯 삶의 압박이 너무 심해 일에 집중하기가 힘들다 보니 마음을 비우고자 자비의 샘을 방문했다고 설명했다. 또 재미의 기술에 관한 책을 최선을 다해 쓰고 있다고도 말했다. 당시에는 잠이 부족해서 진도가 잘 안 나가고 있었지만, 어떻게든 책을 완성하고자 하는 의지만큼은 단단했다. 그때 모싱어가 이런 질문을 던졌다. "정말 중요한 사명처럼 들리네요. 재미의 어떤 점이 특히 중요하다고 생각하시기에 책까지 쓰시는 걸까요?" 나로서는 답하기 쉬운 질문이었다.

"재미를 더 많이 즐기는 법을 배우는 게 훌륭한 일이니까요. 특히 호기심을 발전시키는 데 적용하면, 재미의 힘이 놀라울 정도로 폭발해요. 행복에는 근원적인 문제가 있는데, 그건 바로 행복이 주관적인 자기도취의 산물이라는 점이죠. 또 행복은 인위적으로 꾸며낸 것이기도 해요. 말 그대로 과학에 의해 창조되었죠. 우리는 그런 행복을 기준 삼아 현실을 경험하는 방식에 순위를 매겨요. 우리가 어느 위치에 있는지, 어떤 가치를 개발했는지를 세세하게 구분해서 삶을 경험하는 방식을 결정하죠. 사실 그런 건 우리가 속한 문화에 따라 결정될 수도 있는데 말이에요. 자신의 행복을 평가하려면 주관과 우연에 기대고 있는 수많은 의문을 내면에 쏟아내는 수밖에 없어요.”

몇 번 더 말을 주고받는 동안 모싱어는 내가 마음껏 의견을 피력하도록 허락했다. 정말 잘 들어줬다.

“하지만 행복과 달리 재미는 생각이 아니라 행동과 더 관련이 있다는 사실을 깨달았어요. 재미는 즐기거나 못 즐기거나 둘 중 하나죠. 차이를 알아차리고 나서 같이 일하는 사람들을 보니까 바쁜 와중에도 틈틈이 평소 좋아하던 일을 즐기고 있더라고요. 그들에게 재미가 번아웃을 치료하는 만병통치약 역할을 하고 있었던 것이죠. 다른 사람들의 기대에서 벗어날 기회가 있다는 건 정말 안심이 됩니다. 행복은 순위와 관련이 있지만 재미는 조화와 더 깊은 관련이 있죠. 저기 밖에 있는 무언가와 스스로를 연결하는 거예요. 그 무언가는 사람일 수도 있고 환경일 수도 있죠. 무엇이든 함께 조화로운 방식으로 어울리면 돼요. 행복이 나와 관련된 문제라면 재미는 대개 우리와 관련된 문제죠.”

뒤이어 나는 '우리'가 반드시 다른 사람들과 관계 맺는 것을 의미하지는 않는다고, 자기 밖의 무언가에서 즐거움을 찾기만 하면 된다고 설명했다. 나는 세상을 떠난 동생 이야기도 꺼냈다. 그러면서 동생은 산책길(자연의 경이로움과 맺는 관계)을 거닐며 재미를 느꼈고, 그 밖에도 다양한 형태로 재미를 즐겼다며 기억을 나누었다. 나는 모싱어에게 최상의 재미가 우리를 좋고 나쁨을 초월하는 경지로 이끈다고도 설명했다. 그곳에서는 자아가 아니라 관계가 재미의 근원이기 때문에 무한한 즐거움을 누릴 수 있다고 덧붙였다.

모싱어는 이렇게 말했다. "정말 멋지네요. 책을 얼른 읽어보고 싶은걸요. 이 문제를 정말 오랫동안 고민하신 것 같아요. 책을 쓰시면서 어려운 점은 없나요?" 내가 답했다. "있죠. 그런 경험을 뭐라고 불러야 할지 모르겠어요." 모싱어가 말했다. "그렇군요. 음, 이게 어울릴지는 모르겠는데, 제 친구는 그런 경험을 그냥 '신비'라고 부르긴 해요." 나는 훨씬 기분 좋은 상태로 자비의 샘을 떠날 수 있었다.

재미 피라미드의 4단계 ⟨⟨⟨

눈치 빠른 독자라면 내가 모싱어와 나눈 대화의 핵심을 간파했을 것이다. 한마디로 모든 재미가 동등한 것은 아니다. 우리는 피라미드 형태로 재미의 위계를 나타낼 수 있다.

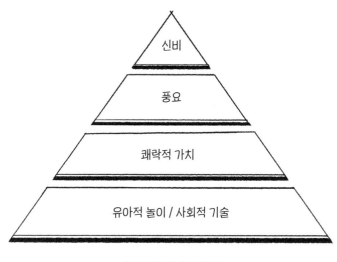

재미 피라미드 4단계

유아적 놀이 preverbal play 는 가장 기초적인 재미다. 이는 우리가 간단한 사회적 기술을 배우고 경계를 설정하고 운동 능력을 향상하는 단계에서 이루어진다. 공원에서 강아지나 어린아이를 지켜보면 초기 발달단계에서 재미와 놀이가 세상을 이해하는 방식의 근간을 이룬다는 사실을 이해할 수 있다.

쾌락적 가치 hedonic value 를 좇는 재미는 그다음이다. 이런 종류의 재미는 일정 부분 인간이 생존에 유리하도록 진화하는 과정에서 발달했다. 열량이 높은 음식을 먹거나(과거에는 음식이 귀했다), 성관계를 즐기는 이유는 결국 인간이라는 종의 생존을 위해서다. 물론 우리는 기능적 재미 말고 재미 자체를 위한 재미도 즐긴다. 앞서 이런 종류의 재미가 우리의 정신적·신체적 복지에 얼마나 크게 이바지하는지 충분히 살펴봤다. 하지만 〈시작하기에 앞서〉에서 지적한 것처럼 많은 사람이 바로 이 단계에서 재미 피라미드를 떠나고 만다. 삶을 살다 보면 어느 순간 사람들은 '어른답게' 사느라 바빠진 나머지 자기가 진심으로 즐기는 활동을 하찮게 여기거나 저버린다. 그들은 재미를 중요한 일을 못 하게 방해하는 미성숙한 오락쯤으로 격하한다. 재미가 무책임한 현실도피, 파멸을 향해 달려가는 폭주 기관차 취급을 받는 셈이다.

풍요 enrichment 의 향유는 좀 더 의미 깊고 의식적인 종류의 재미이다. 이 단계에 이르려면 지속적인 즐거움이 전제되어야 한다는 사실을 밝혀낸 연구가 하나 있다.[1] 하버드대학교, 스탠퍼드대학교, MIT 연구진은 사람들이 일상에서 각종 활동을 선택하는 방식과 이유를 알아내고자 했다. 실험 참가자들은 무려 2만 8,000명에 달했다. 연구진은 그들에게 매일 정해지지 않은 시간에 무작위로 기분('지금 기분이 어떠세요?')과 활동('지금 뭐 하고 계세요?')을 물어보는 무료 스마트폰 앱을 다운받도록 요청했다. 사람들이 어떤 활동을 할지 선택하는 데 무엇이 영향을 미쳤을까? 기분일까, 요일일까? 연구진은 사람들이 기분을 좋게 하는 활동을 선택하는 경향이 있으리라 예상했다. 기분이 나쁘면 기분을 좋게 하는 활동(좋아하는 음식 먹기 등)을, 기분이 좋으면 기분을 더 좋게 하는 활동(스포츠 참여 등)을 찾으리라는 것이었다. 사람들이 끊임없이 즐거움을 추구하리라는 가설이었다.

하지만 결과는 예상과 달랐다. 사람들은 '쾌락 유연성 원칙 hedonic flexibility principle'에 따라 활동을 선택했다. 기분이 나쁠 때는 기분을 좋게 할 재밌는 활동을 찾는 게 맞았다. 하지만 이미 긍정적인 감정가를 가진 상태에서는 의외의 결과가 나타났다. 이미 기분이 좋은 사람들은 기분을 북돋는 활동보다는 유용한 활동을 선택하는 경향을 보였다. 예컨대 가벼운 마음으로 즐기는 활동보다는 가만히 앉아 그런 활동에 관한 글을 쓰는 식이었다. (글 쓰는 건 나만 그럴지도 모르겠다. 그래도 무슨 말인지는 이해했을 것이다.)

요컨대 '재미그릇'이 꽉 차면 우리는 단기적인 이익의 유혹을 저지할 수 있고(의식적인 계획을 통해 단기적인 보상을 충분히 획득했기 때문이다), 그 대신 장기적인 풍요를 목표로 자원을 활용할 수 있다. 하지만 그저 주어진 상황에 대처하는 식으로는 방임적인 현실도피에 안주할 가능성이 크다.

마지막으로 굉장히 특별한 종류의 재미가 있다. 감정가와는 상관없이 나타나는 절정의 재미다. 우리가 미지의 세계(신비)로 발을 들일 때, 호기심과 경외심을 자극하는 불가해한 영역에 접근할 때, 바로 이런 종류의 재미가 우리에게 폭발적인 영향을 미친다.

학계에 떠도는 유명한 말이 하나 있다. '지도는 실제 땅이 아니다.' 어떤 대상을 묘사한 것이 실제 대상 자체는 아니라는 뜻이다.[2] 마찬가지로 사람들이 말하는 수많은 행복 지침 또한 지도에 불과하다는 사실을 기억해야 한다. 때때로 재미가 끝없이 활활 타오르는 이유, 재미가 우리의 성장을 촉진하는 이유는 그 순간 우리가 지도를 던져버리고 실제 땅을 탐험했기 때문이다. 이게 무슨 말인지 이해하기 어려워하는 사람을 만날 때면 나는 이 책을 쓰기 위해 여러 상황을 관찰하다가 얻은 깨달음 하나를 공유해준다.

나는 박사과정 시절에 연구 목적으로 어린이박물관 세 곳을 방문해 아이들과 어른들이 다양한 놀이에 어떻게 참여하는지 관찰했다. 예컨대 노스캐롤라이나주 롤리의 마블스어린이박물관에는 긴 고무 원통과 장난감 블록으로 가득 찬 방이 하나 있다. 여기서는 머릿속에 떠오르는 것은 무엇이든 만들어봐도 된다. 이곳을 방문한 아이들은 쏜살같이 장난감을 챙기고는 물 만난 고기처럼 뛰어놀았다. 반면 부모들은 망부석처럼 가만히 서 있었다. 손에 지도가 쥐어지기를, 존재하지도 않은 지침서가 주어지기를 기다리는 것이었다. 그들은 도대체 이 게임의 '목적'이 무엇인지 이해하지 못한 채 안내원에게 무엇을 하면 되냐고 물었다. 하지만 일단 활동에 참여하면 대부분은 (아이들보다는 아닐지라도) 아이들만큼 신나게 놀았다. 비로소 지도가 필요하다는 생각에서 벗어나 각자 자기만의 고유한 방식대로 실제 땅을 자유롭게 탐험했던 것이다.

재미를 매개로 선택지를 찾다 보면 가능성이 무궁무진해져 호기심이 부푼다. 재미는 우리가 미지의 세계에 발을 담그게 해주고, 그때마다 우리는 미지의 세계에 더 익숙해진다.

재미가 어떻게 우리와 미지의 세계를 연결하는지 자세히 알아보기 전에 짚고 넘어갈 것이 있다. 이런 종류의 재미를 '신비'라고 칭하는 게 어색한 사람들이 있다는 사실이다. 충분히 그럴 수 있다. 내가 재미 피라미드의 꼭대기를 뭐라고 불러야 할지 오래도록 고민한 이유는 여러분을 대신해 이름을 정한다는 게 미안했기 때문이다. 나는 소식지 구독자 수천 명에게 아이디어를 요청했지만, 단 하나도 겹치는 것이 없었다. '마법', '그곳', '경외감', '각성', '현존', '호시절', '심오함', '시간', '제어', '놀라움', '기쁨', '나만의 휴식처' 등 아이디어는 끝이 없었다. 지도를 쥐여주고 싶지는 않기 때문에 부디 절정의 재미를 가리키는 당신만의 의미 있는 표현을 떠올려보기를 바란다. 물론 나처럼 모싱어의 의견을 받아들여 '신비'라 불러도 좋다.

호기심이 재미를 부른다　　　　　　《《《

신비에 닿는 최고의 방법 중 하나는 호기심을 기르는 것이다. 호기심을 배양할 때 재미, 경이, 지혜를 마주할 기회가 늘어난다는 사실은 수없이 많이 증명되었다. 조지메이슨대학교 심리학 교수인 토드 B. 캐시던 Todd B. Kashdan 은 만성적인 지루함에 시달린다면 호기심이 부족하기 때문일 수 있다고 주장한다.[3] 캐시던은 권태에 맞서기를 바랄수록 흥미를 자극하는 대상이나 활동에 더욱 깊이 빠져들기 위해 노력해야 한다고 강조한다. 우리가 참신함을 추구하며 재미나 도전적인 상황을 만끽할 때 우리 뇌의 신경망은 더욱 강화된다. 호기심에 따라 행동하는 것은 우리를 더 유연하게, 더 똑똑하게, 정신적으로 더 젊게 해준다.

캐시던은 호기심에 관해 내게 이렇게 말했다. "호기심은 우리의 자원, 철학, 지혜, 관점이 자라나는 자기 확장의 기회를 열어줍니다. 우리가 기회, 또는 위협이라고 생각했던 게 정말로 그런지 재평가하게 해주죠. 이전에 위협이라고 생각했던 것 중 일부가 이제는 기회로 보입니다. 반대로 성숙해지고 가치관이 변화함에 따라 이전에 기회라고 생각했던 것 중 일부를 의심하게 되기도 하고요."

반면 경이로운 대상을 찾으려는 의지가 없거나 새로운 것을 찾으려는 호기심이 없다면 신체적으로든 정신적으로든 퇴보할 가능성이 크다.[4] 실제로 권태는 행동 장애, 정신 질환, 뇌 손상과 관련된다.[5] 지루함을 느낄 가능성을 낮추려면 당연히 호기심을 독려해야 한다. 당신이 마지막으로 호기심을 활용했던 게 언제인가? 마음에 들지 확신이 없는 새 식당을 방문한 것이나, 옛 친구가 그동안 어떻게 지냈는지 순수하게 궁금해서 연락한 것 등 사소해 보이는 일도 호기심의 활용과 관련된다. 다른 사람에게 관심을 품는 건 사회적 유대감을 강화하는 데도 큰 도움이 된다. 한편 호기심은 창의성과도 밀접한 관련이 있다.[6] 따라서 참신한 활동에 참여하거나, 익숙한 활동을 참신한 방식으로 해내려는 열망을 품을 때, 우리는 새로운 통찰을 얻을 뿐 아니라, 창의력도 높일 수 있다.

내가 호기심을 활용하는 주된 방법은 마일리지로 비행기표를 할인받아 내가 한 번도 가본 적 없는 곳(하지만 흥미로워 보이는 곳)으로 떠나는 것이다. 새로운 지역을 싼값에 갈 수 있다니, 여행 의욕이 샘솟을 수밖에 없다. 여행 전문가 에릭 파케 Erik Paquet의 조언도 새겨들을 만하다. "여행에 의미를 더할 수 있는 가장 효과적인 방법 중 하나는 현지인들을 만나 교류할 시간을 내는 겁니다. 엄청 깊이 있는 교류를 해야만 하는 것도 아니에요. 언어 장벽 때문에 어렵고 힘들더라도 때때로 현지인들과 교류하려고 노력하면, 눈이 부시는 순간을 맞이할 수 있을 겁니다." 내 경험상 여행 간 지역에서 어디가 제일 좋은지는 지도를 보고 알 수 없다. 실제로 그 지역에 호기심을 가득 품은 사람만이 찾을 수 있다.

하지만 호기심을 통해 재미를 즐길 때 얻을 수 있는 가장 중요한 유익은 외부 세계와 관계를 맺을 기회, 외부 세계에서 깨달음을 얻을 기회가 무한하다는 사실 자체를 깨닫는 것이다. 호기심을 발휘할 때 우리는 잠깐이나마 현실을 초월해 세상의 매력과 경이에 몰입한 채 우리가 무엇도 100퍼센트 알 수 없다는 점을, 그 사실이 너무나도 아름다운 축복이라는 점을 기쁘게 받아들일 수 있다.

놀라움이 주는 기쁨 «««

뜻밖의 사건은 우리를 자극한다. 이 또한 쾌락의 가변성 덕분이다. 우리는 앞으로 무슨 일이 일어날지 모를 때 흥분을 느낀다. 우리 앞에 놓인 놀라움이 기분 좋은 놀라움일지 기분 나쁜 놀라움일지 예측하는 동안 짜릿한 긴장감과 서스펜스가 느껴진다.

많은 과학 연구가 우리의 두뇌와 심리에 미치는 놀라움의 지대한 영향력을 이미 밝혀냈다. 우리가 뜻밖의 자극을 인식하는 방식은 인간성의 핵심 요소 중 하나일지 모른다.

우리는 생각이나 활동을 가로막는 예상치 못한 자극을 접할 때 놀라움을 느낀다.[7] 놀라움은 우리 세계의 일관성이나 예측 가능성을 어긋나게 한다. 따라서 우리 뇌가 놀라운 사건을 처리하고, 그것이 긍정적인 감정을 불러일으켰는지 부정적인 감정을 불러일으켰는지 판단하는 데는 시간이 걸린다. 네덜란드 라이덴대학교 심리학 교수인 마렛 노르데비르Marret Noordewier와 에릭 판데이크Eric van Dijk는 우리가 놀라운 경험을 할 때 처음 반응과 나중 반응이 늘 일치하는 것은 아니므로 둘을 구분할 필요가 있다고 주장한다. 예컨대 우리가 기분 좋은 놀라움을 겪더라도 첫 반응은 부정적일 수 있다. 우리 뇌가 세계관의 통일성이 깨지는 것을 원치 않기 때문이다. (지도가 틀렸을 때 좋아할 사람이 몇 명이나 되겠나?)

노르데비르와 판데이크가 학술지《인지 및 정서 Cognition and Emotion》에 발표한 논문에는 이런 내용이 나온다. "뜻밖의 자극이 긍정적일지라도 사람들은 우선 단절과 충격을 잠깐 느끼고 나서야 결과를 있는 그대로 이해하고 받아들인다."[8] 결국 우리가 놀라움에 대응하는 방식은 꽤 역동적이라 할 수 있다. 다시 한번 강조하지만, 처음 반응이 늘 나중 반응과 같은 것은 아니다.

따라서 놀라움을 즐기려면 결과를 이해할 시간이 필요하다. 놀라운 일을 겪는다고 늘 즐거움이 자동적으로 동반되지는 않는다. 오히려 이해와 평가를 통해 새로운 지혜를 창출하는 과정이 요구된다. 놀라운 일을 경험하는 순간에만 재미가 나타난다고 생각했다면, 꽤 흥미로운 사실일 것이다.

프레임워크 ①에서, 끓는 주전자에서 튀어나와 노래하는 새를 예로 들며 놀라움의 예측 불가능성이 즐거움을 북돋는다고 언급한 바 있다. 이는 측좌핵(즐거움 및 보상과 관련된 뇌 영역)이 예기치 못한 사건(생일이 아닌 날에 선물을 받는 사건 등)에 더 강렬히 반응하기 때문이다. 이 현상은 에모리의과대학교와 베일러의과대학교가 공동으로 진행한 연구에서도 확인되었다.

해당 연구는 의사인 그레고리 S. 번스 Gregory S. Berns 와 리드 몬

터규Read Montague가 이끌었다. 그들은 실험 참가자 25명의 입에 과일즙이나 물을 고정된 주기(10초)로 분사하거나, 예측 불가능한 주기로 분사했다. 이때 fMRI를 동원해 실험 참가자들의 두뇌 활동을 면밀히 관찰했다.

실험 결과, 분사 주기가 예측 불가능할 때 두뇌 활동이 더 강하게 활성화되고, 도파민이 분비되었다. 분사된 용액에 대한 선호도보다는 사건의 예측 불가능성이 실험 참가자들의 반응에 더 큰 영향을 미쳤던 것이다.

연구진은 우리의 보상회로가 자극의 쾌감(우리가 무언가를 좋아한다는 사실)보다는 자극의 예측 불가능성에 의해 더 강렬히 활성화된다고 결론지었다.[9] 진화론적인 관점에서 봐도 꽤 합리적인 결론이다. 인간의 뇌는 갑작스러운 변화를 맞이하면 경계 상태에 돌입한다. 이는 쾌락을 비롯한 다른 자극보다 우선적으로 처리된다. 인류의 조상은 뜻밖의 일을 맞닥뜨렸을 때 즉각적으로 반응하고 교훈을 얻어야 했다.

놀라움에 이끌리는 경향은 삶의 다른 영역에서도 관찰된다. 일례로 과학자들은 음악 감상에 주목한다. 막스플랑크인간인지및뇌연구소에서 음악과 뇌의 관계를 연구하는 빈센트 청Vincent Cheung은 미국 빌보드차트에 입성한 음악들에서 주로 나타나는 8,000개의 코드를 분석했다. (fMRI로 측정했을 때) 그중 청취자에게 가장 큰 만족감을 선사한 코드에는 의외성과 예측 불가능성이 적절히 섞여 있었다.[10] 청취자가 기대를 벗어나는 전개 때문에 깜짝 놀랄 때 큰 즐거움을 경험했다는 뜻이다.

《성격 및 사회심리학 회보 Personality and Social Psychology Bulletin》에 실린 한 논문에 따르면 놀라움은 창의성도 증진한다. 연구진은 실험 참가자들에게 서로 다른 이미지를 관찰한 뒤 새로운 종류의 파스타에 참신한 이름을 붙여보라고 요청했다. 다소 틀을 벗어나는 사진(사막에 살고 있는 에스키모 등)을 본 사람들은 전형적인 사진(설원에 살고 있는 에스키모 등)을 본 사람들에 비해 훨씬 독창적인 이름을 제시했다. 단 예측 불가능성은 체계의 필요성을 별로 인식하지 않는 사람들에게만 긍정적인 영향을 미쳤다. 사진에 담긴 예측 불가능성이 그들의 자유분방한 사고를 자극했기 때문이다. 반면 체계의 필요성을 크게 인식하는 사람들은 부자연스러운 사진을 접하자 오히려 자유분방한 사고가 저해되었다. 놀라움이 모든 부류의 사람에게 효과가 있지는 않은 셈이다.[11]

재미와 의미의 우선순위 ≪≪≪

재미가 내적 동기를 자극하고 성장을 유도하는 것은 물론이고, '센스메이킹 sense-making' 수단으로 사용될 수 있음은 확실하다.[12] 미국에서 가장 영향력 있는 사회심리학자 중 한 명인 칼 E. 웨익 Karl E. Weick의 정의에 따르면, 센스메이킹이란 경험과 사건을 이해함으로써 경험에

의미를 부여하고 사건에 질서를 확립하는 지속적인 노력이다.[13]

세상을 이해하는 것은 발달 과정에 필수적이기 때문에 우리는 의미를 찾는 데 수많은 시간을 쏟는다. 오스트리아의 정신과 의사이자 홀로코스트 생존자였던 빅터 프랭클Viktor Frankl은 그의 대표작《죽음의 수용소에서》(청아출판사, 2020)에서 인간의 주된 동기가 삶의 의미를 찾는 것이라고 설명했다.[14] 의미가 너무나 중요하다 보니 우리의 정신은 일상의 세세한 사건부터 인간 존재를 다루는 웅장한 이야기까지 참조해 창의적으로 의미를 만들어내고야 만다. 소설가 벤저민 헤일Benjamin Hale의 베스트셀러《브루노 리틀모어의 진화The Evolution of Bruno Littlemore》에는 이런 대목이 나온다.[15]

우리는 신비스러운 일들의 의미를 발견하는 게 아니라 창조해낸다. 우리가 의미를 만들어내는 이유는 무의미가 다른 무엇보다 두렵기 때문이다. 뱀보다도 무섭다. 추락이나 어둠보다도 무섭다. 우리는 스스로의 정신을 속여 무엇에서든 의미를 찾는다. 하지만 사실 우리가 하고 있는 건 의미를 세상에 접목해 스스로를 위안하는 것이다.

한마디로 의미는 전부 우리 머릿속에 존재한다. 게다가 끊임없이 의미를 만드는 과정은 굉장히 고된 일이기도 하다. 그래서 우리는 회복할 시간을 벌기 위해 기분을 좋게 할 방법(매번 의미를 고민하지 않아도 되는 활동)을 찾는다. 그렇다면 우리의 노력을 끝없는 의미 부여 대신 재미와 즐거움에 쏟는다고 해서 잘못된 걸까?

혹시 마음 한편이 불편하다면, 당신의 본능이 수백 년에 이르는 지적 역사에 영향받았다는 사실을 기억하자. 빅토리아시대에 활동했던 윤리철학자 헨리 시지윅 Henry Sidgwick 은 재미를 높이 평가하지 않았다. 행복해지려면 어떤 사람이나 활동에 의미 있는 방식으로 전념해야 하는데, 재미에 이끌리는 경향이 있으면 그럴 수 없다고 생각했기 때문이다.[16] 〈시작하기에 앞서〉에서 나는 청교도 윤리가 미국인의 정신을 얼마나 엉망으로 만들어놨는지 꼬집은 바 있다. 자신이 선택받은 자임을 끊임없이 증명해야 한다면, 나른한 오후의 몽상이나 재미를 위한 재미는 지극히 위험한 활동이 될 것이다. 어쩌면 당신이 악하다는 증거가 될지도 모른다. 이게 무슨 말이람!

다행히 과학 덕분에 오늘날 우리는 인간의 행동을 훨씬 종합적으로 이해한다. 재미를 즐긴다고 해서 인생의 진지한 측면을 거부하거나 무시하는 게 아님을 안다. 쾌락 유연성 원칙을 기억하는가? 재미가 일상의 일부가 될 때 (이미 단기적인 보상이 차고 넘치므로) 우리는 단기적인 이익의 유혹에 저항할 수 있으며, 우리의 존재를 지탱하는 장기적인 목표를 성취할 수 있다.

핵심은 우리가 흑백논리를 따를 필요가 없다는 점이다. 진정한 삶은 의미를 부여하는 활동과 재미를 추구하는 활동 사이에서 섬세한 균형을 이루는 삶이다.

의미 부여의 중요성은 학계에서 오래전부터 강조되어왔다. 따라서 이 책에서는 의미를 찾기 위해 삶의 일부를 떼어놓아야 하는지를 두고 왈가왈부하지 않을 것이다. 내가 전하고 싶은 말은 신비, 즉 자기 초월이 진정으로 재미를 즐기는 기술일 수 있다는 점이다. 우리의 한계를 벗어나는 훨씬 더 깊은 샘에서 지혜를 얻자. 스스로를 망각할 정도로 경험에 녹아들자. 맥락에 상관없이 순간 자체를 음미하자. 재미를 위한 재미를 즐기자.

오스트레일리아 서던크로스대학교의 인간과학 교수 데지레 코즐로브스키 Desirée Kozlowski는 단순한 재미를 의식적으로 향유한다는 '합리적 쾌락주의 rational hedonism' 개념을 소개한다. 코즐로브스키의 설명에 따르면 우리는 특정한 활동(케이크 먹기, 자녀랑 놀아주기, 해변을 거닐기, 휴식 즐기기 등)에 온전히 주의를 기울일 때 풍성한 행복을 얻을 수 있다. 우리가 삶을 경험할 때 능동적인 선택을 하는지가 재미와 행복을 이어주는 연결 고리인 셈이다.[17] 무언가가 실제로 의미 있는 활동인지는 중요하지 않다. 의미 부여를 하려는 자아의 욕구, 경험에 순위를 매기려는 자아의 욕구, 주변 사람들과 비교하려는 자아의 욕구를 초월할 수 있는지가 중요하다.

재미를 즐긴다고 해서 책임을 등한시한다는 뜻은 아니다. 오히려 우리는 재미를 통해 얻은 활력을 가지고 책임을 훨씬 더 '의미 있는' 방식으로 수행할 수 있다. 사실 의식적으로 재미를 즐기는 것이야말로 가장 책임감 있는 행동일지 모른다. 의미와 순위에 집착하는 자아의 욕구를 떨쳐버리고, 그저 경이로운 경험 자체(진정한 지혜를 얻을 수 있는 곳)에 몸을 내맡겨보자.

상상 그 이상의 즐거움 ≪≪≪

널리 인정받는 신경과학자 배럿은 의식적인 재미에 관해 내게 이렇게 설명해줬다.

"저는 경외심이나 경이감을 경험할 기회가 있을 때마다 놓치지 않아요. 때로는 그저 하늘을 올려다보며 아름다운 구름이나 별을 바라보는 것일 수도 있죠. 해변을 거닐며 그저 파도를 지켜보는 것일 수도 있어요. 산책 중일 때는 보도블록 사이로 뻗어 나온 민들레 같은 들풀을 감상하고요. 굳이 인간의 이해 속에 가두려고 애쓰지 않고, 자연이 가진 경이로운 힘을 그 자체로 즐기는 겁니다.

아니면 화상회의 중에 인터넷 연결이 끊겼다고 해보죠. 인공위성이나 컴퓨터가 먹통이 되어 연결이 끊길 수 있잖아요. 저는 그런 순간조차 경이로움을 경험할 기회로 삼습니다. 설령 벨기에나 영국이나 중국에 있는 사람이랑 연결이 원활하지 않더라도, 어쨌든 제가 벨기에나 영국이나 중국에 있는 사람이랑 이야기하고 있는 거니까요. 심지어 얼굴도 보이죠. 흐릿할 수는 있겠지만 얼굴도 보인단 말이에요.

정말 놀랍지 않나요? 10년 전만 하더라도 우리가 매일 같이 기대할 수 있는 일은 아니었지요. 1~2분이라도 경외감을 느낄 때, 스스로가 거대한 우주의 작은 점 하나에 불과하다는 사실을 경험할 때 인간의 신경계가 휴식을 취할 수 있다는 사실은 이미 수많은 과학적 근거로 뒷받침되고 있습니다. 당신보다 훨씬 더 웅장한 무언가가 존재하고 당신은 점에 불과하다면, 당신이 겪는 문제도 점에 불과하다는 뜻이니까요. 잠깐이나마 당신이 겪는 문제가 사소하게 여겨지면 당신의 뇌는 숨 쉴 틈을 얻을 수 있죠. 그러면 당신은 상황에 다시 적응해 문제를 새로운 관점으로 바라볼 수 있습니다."[18]

이와 같은 절정의 순간은 당장 의미를 찾으려고 할 때가 아니라 지금 이 순간에 온전히 몰입할 때 나타난다. 쾌락 유연성 원칙을 다룬 논문에 공동 저자로 참여한 행동과학자 조르디 쿼드박Jordi Quoidbach은 우리가 긍정적인 일을 경험할 때, 바로 그 순간에 몰입해야 한다고 강조한다. 그래야 그 일을 더욱 긍정적으로 경험할 수 있기 때문이다. 반대로 주의가 흐트러지면 해당 효과가 감소한다.[19] 물질세계를 이해하려는 욕구를 초월한 채 집중력을 끌어올려 지금 이 순간에 몰입할 때 진정으로 살아가기 활동을 즐길 수 있는 셈이다.

우리 시대의 가장 중요한 심리학자 중 한 명인 매슬로는 세상을 떠나기 직전 그 유명한 '인간 욕구 피라미드'에 자기 초월 영역을 추가했다.[20] 수정된 피라미드에서는 자기 초월 욕구가 자아실현 욕구를 밀어내고 꼭대기를 차지했다. 매슬로의 욕구이론과 미발표 일지를 연구한 심리학자 마크 E. 콜트코리베라 Mark E. Koltko-Rivera는 자기 초월 영역에 도달한 사람을 다음과 같이 묘사한다. "그는 개인적인 목표를 넘어서는 대의를 발전시키고 절정경험을 통해 자아의 경계를 넘나드는 교감을 경험하고자 한다."[21] 펜실베이니아대학교 행동과학 교수인 데이비드 브라이스 야든 David Bryce Yaden도 초월적인 경험을 "자의식이 감소하고 유대감이 증가하는 일시적인 정신 상태"로 설명한다.[22] 이 또한 재미가 가져다주는 수많은 선물 중 하나이다. 자기 머릿속에 갇혀 자의식과 씨름하는 대신 자기 밖의 세계와 연결되어 해방감을 느끼는 것이다.

　성숙한 자아 발달 및 실현 분야의 전문가인 수잰 쿡그루터 Susanne Cook-Greuter는 내게 이렇게 말했다. "제약에서 벗어나 자유를 누리는 건 아동 발달에만 필요한 게 아니에요. 특정한 개념이나 체계를 새로운 방식으로 가지고 놀 의지가 있는 사람이라면 누구든 성장할 수 있습니다. '세상은 원래 이래'라고 규정하면서 특정한 개념이나 체계를 정적인 방식으로 바라보는 사람이랑은 다르죠. 마음을 열고 '어쩌면 아닐지도 몰라. 내가 알던 세계와 다른 세계가 있을 수도 있지. 세상을 바라보는 새로운 방법이 있을 수도 있고'라고 생각한다면, 더 큰 가능성이 생기고 그 가능성을 발판 삼아 성장할 수 있습니다. 우리는 나이 들수록 믿음, 행동, 시각이 경직되는 경향이 있습니다. 흥미와 호기심을 점점 잃어버리죠. 하지만 새로운 일에 마음을 열어야 뜻밖의 일이 벌어질 수 있습니다."

특정한 활동이나 경험과 교감하는 단계에 이르면 현세적인 의미에서든 종교적인 의미에서든 일종의 영성을 체험할 수 있다. 예컨대 발레 무용수들은 춤추는 중에 절정의 순간을 맞아 영적 차원의 감정이나 의식의 전환을 경험한 경우가 많다고 한다. 마치 정신이 몸 밖으로 빠져나간 것 같거나 스스로를 의식하지 않게 되거나 전이와 교감이 일어나는 듯한 느낌을 받는다는 것이다. 또한 그들은 여느 운동선수들처럼 자기가 하는 활동, 즉 발레를 사랑한다. 열정적인 애정 행각에 비유할 정도다. 영적인 사람에게는 창조를 향한 사랑, 종교심이 없는 사람에게는 삶을 향한 사랑이리라.[23] 당신도 진정으로 즐기는 활동에 깊이 몰입할 때면, 그 힘을 사용해 호기심을 키우고 창의성을 기르며, 스스로를 놀라게 하고 새로운 깨달음을 얻기를 바란다. 그렇게 할 때 당신은 이전에 상상도 할 수 없었던 경이로운 경험을 만끽할 것이며, 그와 같은 찰나의 순간에 뒤따르는 심오한 지혜를 얻을 것이다.

기초 전략부터 심화 주제까지, 재미를 즐기는 법에 관해 상당히 많은 내용을 알아봤다. 당신만의 재미의 기술이 거의 완성되었으니, 이제 그 과정에 친구를 끌어들이는 게 얼마나 중요한지 알아보도록 하자.

프레임워크 6

친밀한 사람과 함께하면
재미는 늘어난다

진실된 우정 쌓기

우정은 참 요상하단 말이죠.
어쩌다 마주친 인간 중에
한 명을 골라잡고는
'그래, 이 녀석이 마음에 들어'라고
생각하면서 그 인간이랑
뭔가를 같이하잖아요.

_빌 머레이 | Bill Murray

대부분 그렇겠지만 내가 지금 살고 있는 동네는 내가 자란 동네가 아니다. 여기서 대학에 다닌 것도 아니고 여기서 성인이 된 것도 아니다. 노스캐롤라이나주 서머필드로 이사할 때 우리 가족은 친척들과 오랜 친구들을 서부 해안에 남겨두고 떠난다는 사실이 참 슬펐다. 그래서 계속 연락하며 지내려 했다. 하지만 생각보다 어려운 일이었다. 이사하고 몇 해가 지난 후 우리 가족은 행복하기는 하지만, 살짝 외로움도 느껴진다는 대화를 나눴다.

새로운 친구를 만드는 일은 생각보다 시간이 걸렸다. 옛 친구와 연락하는 건 그보다도 어려웠다. 우리 가족은 종종 이런 의문에 빠졌다. '친구들이 우릴 기억하기는 할까? 지금도 우리 이야기를 할까?' 그때 아내 애나가 사람들이 우리를 생각하게 할, 우리를 곧장 떠오르게 할 재밌는 아이디어 하나를 떠올렸다.

때는 명절 카드를 보내는 시기였다. 나와 애나는 두 아이와 함께

찍은 사진을 간단히 편집해 다섯 식구가 찍은 사진으로 만들었다. 그렇게 수정된 사진에서 우리는 뜻밖에 생긴 아기를 안고 있었다. 계획대로 이 명절 카드는 친구들과 친지들을 깜짝 놀라게 했다. 새해를 맞이하는 순간 스마트폰이 떠들썩하게 울리기 시작했던 것이다. 수많은 친구가 "축하해! 이런 좋은 소식이!"라며 안부 문자를 보냈다. 그 중에는 오래도록 소식을 못 들은 친구들도 있었다. 우리는 곧바로 진실을 알려주고 함께 웃음을 터뜨렸다. 그러고 나서 밀린 소식을 나눴다.

　　우리 가족만의 별난 연락법이기는 하지만 이 사건은 모든 사람에게 시사하는 바가 있다. 오늘날 사회적 관계를 이어가기 위해서는 유별나게, 또 의식적으로 노력을 기울여야 한다는 점이다. 재미를 의식적으로 추구해야 했던 것처럼 우리는 요즘 시류에 맞서 자신만의 길을 만들어가야 한다. 이야기를 들어봐도, 과학 연구를 살펴봐도 성인으로서 친구 관계를 형성하고 유지하기가 쉽지 않다는 건 명백해 보인다. 가정과 직장의 의무를 소화하느라 정신없기 때문이다.

　　《뉴욕타임스》에 실린 〈서른 이후에 친구를 만들기가 어려운 이유Why Is It Hard to Make Friends Over 30?〉라는 기사는 어찌나 많이 읽히고 공유되었는지 신문사에서 두 번 송고했을 정도다.[1] 기사에 등장한 어느 39세 여성은 페이스북 팔로워가 수백 명에 달했지만, 최근 이사한 지역에는 아는 사람이 한 명도 없어서 생일파티조차 제대로 열 수 없었다. 또 어느 이혼한 심리치료사는 동네 살사 학원에서 새로운 유형의 '집적남'을 만났다. 그는 여성에게 집적거린 게 아니라 술친구를 구하려고 남성에게 집적거렸다. 결혼하고 아빠로 살면서 다른 인간관계가 다 끊어진 탓이었다.

어떤 사람들은 친구가 별로 없다. 또 어떤 사람들은 친구가 있어도 같이 어울릴 시간이 없다. 미국을 대표하는 코미디쇼 〈새터데이 나이트 라이브〉에서 코미디언 존 멀레이니John Mulaney가 한 재치 넘치는 말이 떠오른다. "30대인 분들을 위해 노래를 만들고 싶네요. 제목은 '오늘은 어려운데 수요일은 어때? 아, 수요일에는 휴스턴에 가야 한다고? 알겠어. 그러면 6개월 동안 또 얼굴 보지 말자고. 그래도 완전 괜찮잖아'입니다."

사람들이 생존을 위해 함께 모여 살았을 때는 자연스레 일상도 사회적인 성격을 띨 수밖에 없었다. 하지만 오늘날 우리는 부족에 속한다기보다는 단기 체류자에 가깝다. 무엇이든 택배로 주문해 현관문 앞에 쌓아놓으면 그만이고, 멀리 떨어진 친구(또는 친구처럼 보이는 무언가)와는 통신 기술을 이용해 우정을 유지하면 그만이다. 하지만 통신 기술은 사회학자들이 말하는 친구 만들기의 핵심 요소 세 가지를 제공하지 못한다. 첫째는 근접성, 둘째는 계획되지 않은 상호작용의 반복, 셋째는 경계심을 풀고 편안히 지낼 수 있는 환경이다. 최근의 문화적 동향은 전통적인 소통 체계를 더욱 위태롭게 하고 있다. 예컨대 미국에서는 지난 20년 동안 교회 신도 수가 급격히 감소했다. 현재는 미국인 중 절반만이 교회에 소속되어 있다.[2] 주일을 지키라고 성토하려는 게 아니다. 한때 교회 같은 기관이 제공했던 공동체가 쉽게 대체될 수 없음을 지적하려는 것이다.

친밀한 사회적 유대가 자연적으로 생겨나기 어려운 시대이기는 하지만, 우리의 본성은 여전히 그런 유대감을 원한다. 재미가 그런 것처럼 살과 피를 맞대는 우정은 인생의 보너스 같은 게 아니다. 햇빛이나 채소가 필수인 것만큼이나 우리 건강에 중요하다. 전문가들도 자주 인용하는 어느 메타 분석 자료에 따르면, 사회적 관계의 결핍은 알코올에 중독되는 것이나 담배를 하루에 15개비 피우는 것만큼 건강에 해로우며, 비만보다는 두 배 더 해롭다.[3] 다른 연구들도 외로움이 염증이나 빠른 노화와 관련된다고 지적한다. 물론 오늘날 친구가 없다고 생존이 불가능한 것은 아니다. 하지만 고독한 상태로 살아가는 삶은 우리 생각보다 훨씬 더 끔찍하고 야만적이며 짧을 것이다.

외향적이든 내향적이든 사회적 관계가 필요하다. 우리 모두에게는 친구가 필요하다. 특히 함께 재미를 즐길 친구가 필요하다. 오늘날 일상에서의 친구는 대부분 학교나 직장을 통해, 부모라면 아이들의 활동을 통해 만난다. 언제든 의지할 수 있는 아주 친밀한 친구가 있을 수도 있지만, 5,000킬로미터 떨어진 곳에 살고 있다면 같이 영화를 보러 가거나 저녁을 먹자고 연락할 수는 없다. 물론 그런 관계들도 정당하고 대부분 중요하다. 하지만 이 책의 초점이 재미의 기술을 발전시키는 것이므로, 우정 또한 이 문제에 한정해 살펴보자.

'재밌는 우정'은 계획적인 재미를 중심으로 구축된 우정을 가리킨다. 재미의 기술을 익히기로 마음먹었다면 재밌는 친구와 함께 시간을 보내는 건 결코 방해 요인이 아니다. 일정표에 있는 거의 모든 재밌는 활동에 친구를 초대할 수 있다. 이는 활동 묶기의 좋은 사례이기도 하다. 게다가 관심사를 공유하면서 유대를 쌓은 사람 사이에는 훨씬 특별한 종류의 우정이 형성되기도 한다. 그런 친구랑 함께 시간을 보내는 활동은 당신이 진심으로 좋아하는 다른 활동과 충돌하는 경우가 거의 없다. 함께하면 되기 때문이다! 지금 재밌는 활동을 할 수 없는 상황이라면, 친구랑 재밌는 활동을 같이했던 기억을 공유하거나 앞으로 언제 재밌는 활동을 할지 약속해도 좋다.

재미는 전염된다 《《《

재밌는 친구는 마치 재미의 기술이 무럭무럭 자라게 하는 성장호르몬 같다. 한 논문은 "재미는 다른 사람들과 함께할 때 더 재밌어진다"라고 강조한다.[4] 연구진은 실험 참가자들이 15분 동안 젠가를 가지고 놀게 했는데, 혼자 논 사람, 친구랑 논 사람, 낯선 사람과 논 사람으로 구분해 관찰했다. 당연하게도 친구랑 같이 젠가를 한 사람이 가장 큰 재미를 느꼈다. 하지만 정확히 왜 그런지 생각해보면 연구 결과가 굉장히 흥미롭게 다가온다. 삶의 재미를 증진하길 원하는 사람에게 어떤 종류의 친구가 필요한지 알려주기 때문이다.

친구가 재미를 증진하는 데 도움이 되는 이유는 다분히 내재적이다. 다시 말해 사회적 상호작용은 그 자체로 즐겁다. 즉 우리는 친구랑 함께하는 것만으로도 편안함을 느낀다. 하지만 연구진은 다른 누군가가 젠가를 즐기는 모습을 보는 데서 진짜 재미를 느낄 가능성도 고려했다. '1만 시간의 법칙'으로 유명한 말콤 글래드웰^{Malcolm Gladwell}의 《티핑 포인트》(김영사, 2020)나,[5] 건강 문제가 전염된다는 것을 밝힌 사회학자 니컬러스 크리스타키스^{Nicholas Christakis}와 제임스 파울러^{James Fowler}의 획기적인 연구를[6] 통해 '감정적 전염'이나 '사회적 전염' 같은 현상을 이미 들어본 사람도 있을 것이다. 심지어 일부 동기부여 강사는 우리가 가장 많은 시간을 보내는 친구 다섯 명의 총합이 바로 우리 자신이라고 강조한다.

물론 그런 진부한 공식은 환원적이기까지 하지만, 어쨌든 재미를 즐기는 게 목표라면 친구를 현명하게 선택해야 한다는 사실에는 의심할 여지가 없다. 이미 살펴본 것처럼 시간을 억지로 늘릴 수 없다는 사실도 무시할 수 없다. 친구는 우리의 행동과 감정에 지대한 영향을 미친다. 당신도 주변에 당신을 즐겁고 신나게 해주는 사람들이 있음을 눈치챘을 것이다. 그런 사람들을 만나고 나면 우리는 완전히 다른 사람이 된다. 그들을 바라보거나 그들과 몇 마디 나누는 것만으로도 우리의 기분은 들뜬다. 반면 곁에 있는 것만으로도 우리를 우울하게 하는 사람들이 있다. 그들의 기분, 표정, 화제는 당신의 정서와 정신에 부정적인 영향을 미친다. 그들과 상호작용을 하면 갑자기 슬픔,

긴장, 불안이 느껴지기 시작한다. 아마 누구든 주변에서 그런 영향을 미치는 사람을 한두 명 떠올릴 수 있을 것이다.

관계심리학자인 일레인 해트필드 Elaine Hatfield는 우리가 언어적 표현이나 비언어적 표현(표정, 몸짓, 목소리)을 통해 의식적으로든 무의식적으로든 다른 사람들과 감정을 공유한다고 강조한다.[7] 우리 모두는 알게 모르게 다른 사람의 감정에 영향을 미친다. 감정은 한 사람에게서 다른 사람에게로 옮겨 다니기 때문에 마치 감기처럼 나쁜 기운을 전염시킬 수 있다. 하지만 위험신호가 눈에 띄는 감기와 달리 나쁜 기운은 대개 의식하지 못하는 사이에 전염된다.

감정적 전염은 일정 부분 거울뉴런을 가지고 설명할 수 있다. 거울뉴런은 처음에 마카크원숭이의 뇌에서 활성화되는 모습이 관찰되었으나, 나중에는 인간의 뇌에서도 발견되었다. 전두엽에 속하는 거울뉴런은 다른 사람의 행동과 우리 자신의 행동을 구분할 줄 모른다. 다시 말해 다른 사람의 신난 모습을 지켜보면 우리 뇌의 일부분은 그 사람의 감정이 마치 내 감정인 것처럼 느낀다. 거울뉴런의 영향력은 매우 강력하기 때문에 좋은 쪽으로든 나쁜 쪽으로든 우리 모두가 영향받을 수밖에 없다. (물론 거울뉴런은 언어가 진화한 이유 중 하나로 평가받으므로, 대체로는 좋은 쪽으로 영향을 준다고 보는 게 맞을지 모르겠다.[8])

함께 재미를 즐기는 시간 자체에 집중한다면, 우울하거나 부정적인 친구에게서 감정이 옮는 것을 막을 수 있다. 어쩌면 그 친구의 감정을 전환할 수도 있다. 하지만 애초에 긍정적인 태도를 가진 친구와 시간을 함께 보내는 것이 가장 좋다. 그 친구가 재밌어한다면 당신도 재밌을 가능성이 커진다. 재미를 즐기기에 적절한 환경이라면 양쪽 다 재미를 즐길 가능성이 커진다. 흥미롭게도 둘 중 하나가 재밌다고 생각한 적이 없는 활동일지라도 함께한다면 재밌게 느껴질 수 있다. 내적 동기를 연구하는 학자들이 밝혀낸 바에 따르면, '의욕 전염'도 하나의 자극으로 작용할 수 있다.[9] 즉 누군가가 특정한 활동을 즐기는 모습을 보면 당신이 느끼는 즐거움도 증가한다. 예컨대 당신이 사이클링을 좋아하지 않더라도 친구가 사이클링을 즐기는 모습을 반복적으로 지켜보면, 내면의 욕구가 자극받아 사이클링을 좋아하는 것 같은 기분이 들기 시작한다. 따라서 재밌는 친구는 새로운 무언가를 시도할 때 생기는 불안감을 극복하는 데 도움이 되는 최적의 사람일 수 있다. 물론 내 아내가 아직도 캠핑을 싫어하는 걸 보면("왜 돈을 주고 노숙자 행세를 하려는 거야?") 늘 먹히는 건 아닌 듯하다.

공통의 관심사를 찾아라　　　　　《《《

무조건 더 많은 친구를 사귀라고 말하는 게 아니다. 사회적 삶을 영위하는 방식은 성격이나 처한 상황에 따라 개인마다 다를 수밖에 없다. 내 말의 요지는 재밌는 활동 중 일부를 그 활동에 관심이 있는 사람과 함께 즐기라는 것이다. 서로 얼마 되지도 않는 접점을 물고 늘어지느라 지루하기만 한 어른들의 관계는 (잠시라도) 접어두자. 그 대신 어린 아이처럼 우정을 나누자. 아이들이 생각하는 건 딱 하나다. '나랑 같이 놀래?' 물론 우리는 철든 어른이고 뭘 하고 놀지도 까다롭게 정하는 편이다. 그러니 우리의 목표는 이미 관심사를 공유하는 친구를 찾는 것이다.

나는 그물을 마구잡이로 던져서 친구를 낚을 때 어떤 일이 생기는지를 경험으로 잘 알고 있다. 몇 년 전 캘리포니아주 알라메다에 살던 시절에 나는 딸아이 생일파티를 실내 트램펄린 놀이터에서 열고는 했다. 동네 부모들이 생일파티 장소로 애용하는 곳이었다. 장소 자체에 문제가 있는 건 아니었는데, 이상하게 갈 때마다 내 존재 자체에 의문이 들었다. 딸아이가 폴짝 뛰는 모습을 바라보는 것도 여러 번 반복되니 참신함이 사라졌다. 다른 부모랑 나누는 대화도 의무감에 하는 수다 이상을 넘어서지 못했다(내 기준으로는 주저앉기 활동이었다).

대화가 이렇게 딱딱하게 흘러가는 이유가 아이들을 지켜보는 게 의무처럼 느껴져서거나 격식 있는 수다에 약해서라는 생각이 들어서 결국 부모 몇 명을 술자리에서 따로 만났다. 훨씬 편안한 환경이 만들어졌으니, 관계도 삽시간에 진전되겠지? 물론 그런 일은 없었다. 오히려 상황이 굉장히 어색해졌다. 모인 사람 중 두 명이 서로 다른 정당을 지지했기 때문이다. 술이 들어가면 진실이 나오는 법이다. 자녀가 있다는 사실 말고는 다들 딱히 공통점이 없었다.

노스캐롤라이나주 서머필드로 이사한 뒤 나는 업무로 마주치는 사람 중에서 친구를 사귀기 위해 애썼다. 하지만 어느 곳을 가든 주변 사람들이 대부분 나보다 (많이) 어렸다. 그리고 그들과 친해지려는 내 첫 시도는 대부분 실패했다.

결국 아내 애나가 개입했다. 애나는 나랑 가장 친한 친구들 중에 밴드 공연을 좋아하는 소위 '쇼브로 show bro'가 빠지지 않는다는 사실을 귀띔해줬다. 즉 내게는 취향을 공유하는 친구들이 늘 있었던 셈이다. 당시 나는 혼자 공연을 보러 다녔는데, 딱히 즐기지 못했다. 그때 애나가 자기 직장 동료 중 한 명이 밴드 공연을 좋아한다는 사실을 떠올렸다. 그래서 내가 그와 만날 수 있도록 주선해줬다. 우리는 지금까지 공연을 두 차례 같이 봤다. 사람 자체도 훌륭하지만, 솔직히 제일 좋은 점은 내가 그와 함께 공통의 관심사를 즐길 수 있다는 것이다. 우리는 음악을 통해 교감했다. 이처럼 혼자보다는 함께 경험을 나누는 게 훨씬 즐겁기 마련이다.

그렇다고 자녀나 직장을 통해 만난 사람 중에서 재밌는 친구를 찾을 수 없다는 뜻은 아니다. 내 친구 메레디스는 새 동네로 이사한 다음에 수다를 떨 사람이 아이가 속한 축구부 엄마들밖에 없다고 불평했다. 하지만 1년 정도 시간이 흐르며 메레디스는 결국 그 엄마들과 깊이 알고 지내게 되었고, 그중 한 무리와는 진짜 친구가 되었다. 만약 자녀의 스포츠 활동을 지켜보면서 다른 사람들과 함께 응원하는 분위기를 좋아한다면, 비슷한 부류의 학부모들과 재밌는 우정을 쌓을 수 있을 것이다. 어쨌든 우정의 요건 세 가지 중 두 가지, 근접성과 편안한 환경이 충족되기 때문이다. 게다가 만남이 계획적으로 이루어진다고 한들 확실히 반복되기도 한다.

거리와 반복의 중요성을 과소평가해서는 안 된다. 안 그래도 빽빽한 일정 사이에 연락할 시간을 억지로 구겨 넣는 것 말고 다른 방법이 없다면, 우정을 오래 유지하기 힘들기 때문이다. 더 나은 방법은 친구와 재미를 결합함으로써, 함께하는 시간 자체를 부담스럽지 않게 하는 것이다.

전국 술래잡기가 가져온 변화 «««

워싱턴주 스포캔 출신의 친구들이 20년 넘도록 술래잡기를 해왔다는 이야기를 들어본 적 있는가? "잡았다! 이제 네가 술래!"라고 외치는, 어느 운동장에서도 볼 수 있는 술래잡기 말이다. 그들의 전통은 고등학교 때 시작되었다가 거의 10년이 지나 열린 동창회에서 새롭게 부활했다. 그들은 매년 2월에 술래잡기를 전국 단위로 해보자고 결의했다. 당시 신참 변호사였던 친구 하나가 '술래잡기 참가 합의서' 초안을 작성해 놀이의 정신과 규칙을 대략 정했다. 모두가 서명하면서 전국을 넘나드는 술래잡기가 시작되었다. 고등학교를 졸업하고 서서히 멀어지기는커녕 그들은 서로의 집, 차, 직장에 몰래 숨어들어 "술래!"를 외치며 그 어느 때보다 끈끈해졌다. 그들의 술래잡기는 《월

스트리트저널》에 특집 기사로 실렸으며 2018년에는 영화로도 제작되었다.[10]

이 이야기는 별나기는 해도 삶의 혼돈 속에서 우정을 성공적으로 유지할 수 있는 조건 세 가지가 무엇인지 잘 보여준다. 첫째는 일관성이다. 술래잡기는 매년 동일한 시기에 진행되었다. 일관성은 매우 중요하다. 일관성이 있어야 습관으로 굳어질 가능성이 훨씬 커진다. 둘째는 책임감이다. 물론 장난삼아 만든 것이기는 하지만, 술래잡기 참가 합의서는 이 놀이에 진정성을 더했다. 마지막은 함께 술래잡기를, 함께 재미를 즐겼다는 점이다.

창의력이 부족한 것 같다면, 동호회에 들어가는 게 위의 세 요소를 충족시키는 가장 쉬운 방법이 될 수 있다. 동호회에는 누군가가 시간과 수고를 들여 계획한 일관된 일정표가 존재한다. 동호회는 재미를 즐기면서 사회적 교류를 할 기회를 줄 뿐 아니라, 책임감도 기르게 해준다. 그러므로 동호회를 이용해 새로운 친구를 사귀거나, 기존의 친구를 더 자주 볼 수 있도록 함께 동호회에 들어가자고 제안해보자.

과거에 새로운 도시로 이사할 때면 나는 달리기 동호회에 들어가 새로운 사람들을 사귀고는 했다. 그렇게 런던에서도 맨해튼비치에서도 평생 가는 친구들을 만들었다. (그중 한 명이 그레임이다. 마지막 장에서 그를 만나볼 기회가 있을 것이다.) 어떤 스포츠를 좋아하든 그와 관련된 동호회, 모임, 팀을 찾을 수 있을 것이다. 하지만 모두가 땀 흘리는 걸 좋아하는 건 아니니, 스포츠랑 관련이 없는 예도 하나 살펴보자. 미국

대도시에서 성공적인 프리랜서 작가로 일하고 있는 미셸은 삶에서 더 많은 재미를 즐기고 싶었다. 예전에는 뭐를 재밌어했는지 되돌아보니, 어릴 적에 활동했던 교회 성가대가 떠올랐다. 미셸은 노래하는 걸 좋아했다. 정확히는 다른 사람들과 함께 노래하는 걸 좋아했다. 그래서 주변에 물어물어 자신이 들어갈 만한 합창단 목록을 만들었다. 이를 꼼꼼히 살핀 끝에 전국을 돌며 자선 공연을 펼치는 합창단에 들어가기로 결심했다. 세상에 받은 만큼 돌려주자는 게 미셸의 부차적인 목표였기 때문이다. 그로부터 몇 해가 지난 지금까지 미셸은 그 합창단에 속해 있다. 그들은 매주 토요일마다 모인다. 단원 중 몇 명은 미셸의 가장 절친한 친구가 되었다.

본인이 직접 무언가를 시작해볼 수도 있다. 단 스스로를 지나치게 몰아붙이지 말고 간단하게 시작해라. 프레임워크 ①에서 소개한 내 친구 이얄은 매달 '키부츠kibbutz'('모임'을 뜻하는 히브리어)라 이름 붙인 행사를 연다. 이얄은 직장에만 신경 쓰느라 친구들이랑 시간을 보내지 못했다는 사실을 깨닫고는 아내와 함께 이 행사를 기획했다. 2주마다 열리는 이 행사에는 총 네 커플이 참석한다. 그들은 각자 준비한 소풍 도시락을 나누며 TED에 나올 법한 질문을 함께 곱씹는다. 따로 준비할 것도 소란을 피울 것도 없다. 아이들도 함께하지만, 어른들이 대화하는 동안 자기들끼리 잘 논다.

주마다 또는 달마다 약속을 잡는 게 부담스럽다면 연례행사를 기획해보자. 나는 매년 '판타지 풋볼 리그'(풋볼 팬들이 실제 데이터를 활용해 가상으로 구단을 운영해보는 게임—옮긴이)를 즐기는 6,000만 명 중 한 명이다. 해마다 고등학교 친구들, 사회에서 만난 지인들과 라스베이거스나 레이크타호 같은 도시에 모여 우리만의 드래프트를 짠다. 그 이후에도 해를 마칠 때까지 우리는 문자나 이메일로 소통하며 운영 계획을 짠다. 그러는 와중에 남들 보여주기는 민망한 농담이나 밈도 잔뜩 교환한다. 분명 우리에게는 잘 맞는 방법이다. 거리나 상황 때문에 멀어질 수도 있었던 우정이 이 활동 덕분에 끈끈하게 이어져 있기 때문이다.

핵심은 당신을 즐겁게 하는 활동이라면 무엇이든 다른 사람들과 함께 즐길 수 있도록 약속을 잡으라는 것이다.

'인싸'가 아니어도 괜찮다 «««

문제는 친구가 재밌는 활동을 늘 더 재밌게 해주는 건 아니라는 점이다. 이 장을 읽는 내내 손발이 오그라든 사람들이 분명 세 부류 있었을 것이다. 하나하나 살펴보자.

우선 사람들이 친구랑 젠가를 할 때 더 즐거워했다는 연구를 다시 살펴보자. 사실 연구진이 내린 결론에는 한 가지 경고가 포함되어 있다. "이런 경향은 상대적으로 외로움을 타지 않는 사람에게서만 나타났다. 외로움을 타는 사람들의 경우 친구와 함께 노는 것이 낯선 사람과 함께 노는 것만큼이나 사실상 아무런 유익도 가져다주지 못했다." 외로움이 사회적 고립에서 비롯되지 않는 경우도 많기 때문이다. 연구진은 이렇게 마무리했다. "이번 연구 결과는 외로움의 주된 특징이 친구와의 상호작용에서 친밀함과 즐거움을 상대적으로 덜 느끼는 것임을 보여주는 다른 연구 결과들과 잘 맞아떨어진다."

만약 당신이 사람들에게 둘러싸여 있어도 극도로 외로움을 느끼는 상태라면, 친구를 몇 명 더한다고 한들 즐거움이 늘어나지는 않을 것이다. 어쩌면 가장 가까운 친구랑 시간을 보내면서 마음속 짐을 털어놓고 공감받는 것이 더 나을지 모른다. 그렇다. '어른들의 지루한 이야기'가 딱 필요한 상황이다. 다만 내 경험을 돌이켜보면 가장 친밀한 친구와 재밌는 시간을 보내는 것도 굉장히 중요하다. 가볍고 유쾌한 상호작용을 반복해야 감정적인 위기가 찾아왔을 때도 서로를 챙길 기반이 마련된다.

나는 내 동생이 세상을 떠난 해에 치렀던 판타지 풋볼 리그를 절대 잊을 수 없다. 친구들은 내게 기운을 차릴 계기가 절실히 필요하다는 사실을 알았다. 그래서 드래프트를 짜던 중에 친구 하나가 마이크를 잡고는 코미디쇼를 즉흥적으로 개최했다. 그러자 몇몇 친구가 나서서 최선을 다해 사람들을 웃겼다. 물론 모두를 위한 코미디쇼였지만 내가 주요 관객이었다. 친구들은 나는 물론이고, 동생이 생전 코미디쇼를 얼마나 좋아했는지 잘 알고 있었다. 코미디쇼 덕분에 그 자리에 있던 모두가 한바탕 신나게 웃었다. 지금 생각해봐도 목이 메인다. 꼭 이 경우가 아니더라도, 우리는 서로의 가장 힘든 순간에 늘 함께했기 때문이다(안타깝게도 이 모임이 막을 내렸다는 사실도 슬픔에 한몫을 더한다).

영국의 인류학자이자 진화심리학자인 로빈 던바Robin Dunbar의 사회적 관계망 연구에 따르면, 인간이 한 번에 관리할 수 있는 친밀한 인간관계는 다섯 개에 불과하다. 만약 당신이 외로움을 느끼고 있다면, 그 다섯 명이 누구인지 파악하고 최근에 그들과 어떻게 지냈는지 살펴보는 게 도움이 될 수 있다. 최근 들어 그들과 공개적인 환경에서만 교류했다면? 즉 SNS를 통해서만 연락하거나 큰 모임에서만 만났다면? 어서 빨리 일대일로 만날 약속을 잡자.

이 장이 어색하게 느껴졌을 두 번째 부류는 내향적인 사람들이다. 오래전부터 내 블로그의 편집자로 일하고 있는 헤일리는 이렇게 말한다. "스스로에게 만족하는 내향인으로서 말씀드리자면, 내향적인 사람들은 누군가가 '재미를 더 많이 즐겨라!'라는 주제의 책을 쓴다고 하면 또 집 밖으로 나가서 수많은 사람과 무언가를 하라고 시키겠거니 하고 의심할 거예요."

무슨 말인지 이해한다. 하지만 사회적 관계(그리고 친구들과 함께 즐기는 재미)는 누구에게나 중요하다. 내향적인 사람도 마찬가지다. 물론 활동 하나하나를 파티처럼 바꿔야 한다는 뜻은 아니다. 재밌는 활동을 비교적 적은 수의 사람들, 또는 이미 가까운 사람들과 즐겨도 된다. 실제로 헤일리는 수는 적지만 누구보다 끈끈한 친구들을 중심으로 재밌는 활동을 계획한다. 당신도 당신만의 필요에 맞춰 사회적 상호작용을 틀 잡으면 된다. 하지만 세 가지 요소, 즉 일관성, 책임감, 재미는 꼭 기억하자.

마지막으로 만약 당신이 내향적인 사람이라면, 자극이 강한 활동만이 재미를 준다고 생각하는 외향적인 사람에게 휘둘리지 마라. 프레임워크 ①에서 살펴본 것처럼, 스탠퍼드대학교 심리학 교수인 차이는 특히 서양 문화권에서 강한 자극을 재미와 동등하게 바라보는 경향이 강하다고 지적한다.[11] 이와 관련해 버클리대학교 심리학 교수인 모스는 내게 이렇게 말했다. "이런 맹점은 행복감, 만족감, 생산성으로 이르는 길을 보지 못하고 지나치게 할 수 있습니다."[12] 평온함, 침착함, 고요함 같은 긍정적인 감정들도 당신이 즐길 줄만 안다면 강한 자극만큼 재밌을 수 있다. 다시 한번 짚고 넘어가자. 재미의 정말 좋은 점은 무엇이 재밌고 무엇을 즐길지 오직 당신만이 정할 수 있다는 것이다.

또한 재미에 초점을 맞춘 사교 활동은 불평불만이 넘쳐나는 활동보다 훨씬 덜 진이 빠진다. 활동 지향적인 모임일수록, 참여하고 싶으면서도 일정 거리를 유지하고 싶어 하는 사람을 더 흔쾌히 받아들인다. 예컨대 내 동생은 성격이 내향적이었지만, 자기 삶에 사람이 필요하다는 사실은 잘 알고 있었다. 그래서 하이킹 동호회에 들어갔다. 프레임워크 ⑤에서 자비의 샘의 모싱어와 나눈 대화를 소개하며 이미 밝혔듯이, 동생은 하이킹을 정말 좋아했다. 내향적인 사람에게는 몇몇 사람과 함께 하이킹을 즐기는 것이 안락한 도피처가 될 수 있다. 혼자 조용히 시간을 보내고 싶으면 뒤로 서서히 빠지면 된다. 다른 동호회 회원들도 동생이 원한 동지애란 게 곧 귀청이 떨어져 나갈 정도로 떠들썩한 환대가 아님을 이해해줬다. 동생이 죽고 나서 그들이 얼마나 많은 위로의 메시지를 보내줬는지 모른다. 메시지를 하나하나 확인하면서 동생이 얼마나 따뜻하고 친밀한 우정을 쌓았는지 가늠할 수 있었다.

마지막으로 세 번째 부류는 스스로 사교성이 떨어진다고 생각하는 사람들이다. 관계를 발전시키는 것, 특히 생판 남과 처음부터 관계를 발전시키는 것이 쉽다고 생각하는 사람은 별로 없을 것이다. 하지만 사교 수완은 기술이지 특성이 아님을 기억하자. 《사교 기술 가이드북The Social Skills Guidebook》의 저자 크리스 매클라우드 Chris MacLeod 는 20대 중반까지만 하더라도 큰마음을 먹지 않고서는 사람들이랑 제대로 어울리지 못했다고 회고한다. 이때 매클라우드가 유용하게 써먹은 도구가 바로 미트업닷컴 Meetup.com이다.[13] 이런 사이트에서 관심 있는 행사를 찾아 등록하면 이미 판이 깔린 채로 사교 활동에 집중할 수 있다. 부담이 적은 활동들 위주로 행사가 마련되어 있는 데다가, 기꺼이 새로운 친구를 만들고 싶은 사람들로 가득하기 때문에 대화 기술을 연습하는 데 이만한 곳이 없다. 이 사이트에 온라인 프로필을 등록하면 행사가 끝난 뒤에도 연락을 유지해 우정을 계속 쌓아나갈 수 있다.

끝으로 '인싸가 아니다', '잡담에 약하다' 같은 생각에 사로잡히지 말자. 이런 생각은 당신이 고정된 인간임을 전제한다. 하지만 성격은 꽤 유연하다. 심리학자들이 대표적인 성격 요인으로 꼽는 빅5(외향성, 개방성, 신경증, 친화성, 성실성)가 모두 그렇다. 관련 연구에 따르면, 설령 당신이 기본적인 기질 설정점을 가지고 있다고 한들(이조차 논쟁의 여지가 있다), 연습을 통해 행동을 바꿀 수 있다. 예컨대 새로운 친구들이랑 탁자에 둘러앉아 잡담을 나누는 행동에 익숙해질 수 있다. 당신이 내향적인 사람인 건 변하지 않을 수 있지만, 더 나은 기술을 익혀 사회적 불안을 관리할 수는 있다. (내향적 사람은 아무리 사교 활동에 익숙해져도 한 번 참여하고 나면 진이 빠져 재충전이 필요할 수 있다. 그래도 괜찮다.)

어떤 연구에서 실험 참가자들은 불과 16주 만에 더 외향적이거나 성실한 사람이 되는 데 성공했다.[14] 그들은 우선 무엇을 바꾸고 싶은지 목록을 만들었고, 변화를 위해 어떤 단계를 밟아나갈 수 있는지 알아봤다. 이는 좋은 출발점이다. 친구들과 재미를 즐기는 사람이 되고 싶다면, 친구들과 재미를 즐길 계획을 짜면 된다. 재미보관함에서 재밌는 활동을 고르고, 함께할 사람을 초대하자. 그다음 당신의 삶에 더 많은 사회적 재미를 더할 방법들을 찾아보자. 몇몇 모임에도 나가보자. 넉 달만 계속해보고 당신이 어떤 사람이 되었나 살펴보자. 깜짝 놀랄지 모른다.

프레임워크

⭐ 7

자녀와 함께하는 시간에는 아이가 되어라

즐거운 양육 노하우

아침 6시에 가족과 산책하는데,
딸아이가 아침마다 달이
어디 가는 거냐고 물어보더군요.
그래서 달이 지금 천국에 가서
'아빠의 자유'를 만나고 있다고 알려줬죠.

_라이언 레이놀즈 Ryan Reynolds

재미를 다루는 책에서 아이들 이야기를 하는 데 한 장을 통째로 할애해도 될까? 말도 안 된다고 생각한다면 그건 당신이 일부러 자녀를 갖지 않기로 선택했거나, 의도치 않게 (콜록) 자녀를 가졌기 때문일 것이다. 충분히 이해한다. 나도 두 아이의 아빠이고, 아주 주옥같은 순간들이 있었다. 안 그래본 부모가 있을까? 그렇지만 나는 아이들이 훌륭한 재미의 근원일 뿐 아니라, 최고의 재미 선생님이라고 자신 있게 말할 수 있는 경지에 도달했다.

물론 아이들이 흥을 깨는 존재가 될 수 있음을 밝힌 연구들도 많다. 일례로 하버드대학교 심리학 교수인 대니얼 길버트는 《행복에 걸려 비틀거리다》(김영사, 2006)에서 행복과 자녀 양육이 반비례한다는 이론을 제시한 바 있다.[1] 2007년에 열린 심리과학협회 Association for Psychological Science 학회에서 길버트는 한 청중에게 자녀가 부모의 인생에서 최고의 선물인 것은 맞지만, 그건 "순전히 출산 전에 누리

던 모든 즐거움의 근원을 자녀가 없애버리기 때문"이라고 말하기도 했다.[2]

길버트의 말에 100퍼센트 동의할 수는 없지만, 아내 애나의 사촌 조이와 그의 아내 니나가 내 주변에서 가장 행복한 사람이라는 사실은 인정할 수밖에 없다. 조이와 니나는 자녀를 가져야 한다는 가족과 사회의 압력에 굴하지 않았다. 현재 그들은 여가 시간을 자신들이 가장 좋아하는 활동인 낚시에 전부 쏟는다. (낚시는 어린아이들에게도 참 잘 맞는 차분하고 평화로운 취미이다. 물론 딱 5분 동안만 말이다.) 경험자의 이야기를 들어봐도, 관련 연구를 살펴봐도 자녀를 가지지 않는 편이 재밌는 선택지인 듯싶다. 당신 성향도 그쪽이라면 축하한다. 재미에 한해서는 패가 당신에게 매우 유리하다는 뜻이니까.

하지만 아직도 이 장을 건너뛰지 못한 사람들, 즉 부모들과 예비 부모들에게도 좋은 소식이 하나 있다. 최신 연구일수록 길버트의 주장을 좀 더 다듬거나 아예 뒤집는 결과를 내놓고 있다는 것이다. '행복에 따르는 불이익'을 따져본 2016년도 연구에 따르면, 불행을 초래한 범인은 자녀 자체가 아니었다. 그보다는 직장을 다니는 부모들을 위한 사회복지 프로그램의 존재 여부가 중요했다.[3] 또 다른 연구는 자녀 양육이 경제적 어려움을 초래하는 경우에만 자녀가 부모를 불행하게 한다고 꼬집었다.[4] 미국인 부모라면 대부분 공감하겠지만, 업무와 집안일 사이에서 아등바등 살아가느라 놀이의 '놀' 자만 들어도 팽팽하게 당겨진 고무줄이 끊어질 듯한 상황이라면, 자녀 양육에서 재미를 느끼기란 쉽지 않을 것이다. 미국에서 질 좋은 아이 돌봄 서비스를 찾으려면 외롭고도 값비싼 투쟁을 벌여야 한다. 게다가 직장에서 업무 유연성을 누릴 수 있는지 또한 고용주의 손에 달려 있다. 이처럼 답답한 환경에서는 자녀가 행복이나 재미에 이르는 확실한 길이 될 수 없다고 보는 게 합리적일지 모른다.

그런데 혹시 주된 문제는 자녀가 아니라 부모일 수도 있지 않을까? 우리 부모가 신자본주의의 악랄한 요구에 압도당한 나머지 양육을 잘못하고 있는 것은 아닐까? 캐나다의 한 연구진은 사면초가에 놓인 대부분의 경우와 달리, 불합리함을 극복하고 행복을 찾은 부모 집단을 발견했다. 이들은 자녀들과의 관계에 너무나 만족한 나머지, 연구진에게 자녀와 더 많은 시간을 보내지 못해 안달이 날 정도라고 답했다.

차이는 무엇이었을까? 이 부모들은 자신의 욕구를 충족할 여유를 어떻게든 찾아내고야 만 것일까? 다른 부모들이 잃어버린 뜨거운 열정을 되찾거나, 교묘한 균형점을 발견한 것일까? 아니었다. 오히려 그들은 정반대로 행동했다. 즉 자녀의 복지에 의식적으로, 또 확고하게 초점을 맞췄다. 연구진은 이런 부류의 사람들을 '자녀 중심적인 부모'라고 불렀다. 자녀 중심적인 부모란, "자신의 복지를 희생하더라도 자녀의 복지를 극대화하고자 하며, 자신의 감정, 시간, 돈, 주의력을 자기보다 자녀에게 우선적으로 할당하려고 하는 부모"를 가리킨다.[5] 그들은 자신의 필요보다 자녀의 필요를 우선시했다. 이와 같은 이타심의 결과로 그들은 덜 행복해지기는커녕 더 행복해졌다.

비교적 작은 표본을 대상으로 진행된 연구를 과신하고 싶지는 않다. '비이기적인 삶이 더 만족스러운 삶인가?'라는 중대한 화두를 이 책에서 파고들 생각도 없다. 하지만 내가 자녀 중심적인 양육이 아무런 의미가 없다고 생각한다면, 그건 거짓말일 것이다. 우리 가족이랑 재미를 탐구하면서 발견한 사실들과 맞아떨어지는 측면이 있기 때문이다. 자녀, 손주, 조카 등 조그마한 존재들과 재미를 즐기며 행복한 추억을 만들고 싶은 사람이라면, 결국 자녀 중심적인 양육이 멍에를 축복으로 바꾸는 핵심 비법이 될 것이다.

만족할 줄 모르는 아이, 즐길 줄 모르는 어른 «««

양육을 다루는 장이라면 모름지기 공포스러운 이야기가 등장해야 한다. 나도 기대를 저버리지 않겠다. 우리 딸 슬론이 세 살일 때 천재적인 아이디어를 하나 떠올렸다. 단둘이 '라이즈 페스티벌Rise Festival'에 참여하러 여행을 떠나겠다는 아이디어였다. 라이즈 페스티벌은 라스베이거스 근처의 메마른 호수 바닥에 수천 명의 사람이 모여 밤하늘로 등불을 날리는 축제이다. 나야 영적인 분위기를 물씬 풍기는 체험을 워낙에 좋아하고, 우리 딸에게도 가장 좋아하는 디즈니 만화영화인 〈라푼젤〉의 등불 날리기 장면을 두 눈으로 직접 볼 수 있는 기회였다. 양쪽 다 윈윈이므로, 곧장 역사상 최고로 재밌는 아빠가 되려는 계획에 시동을 걸었다.

물론 계획은 완벽하지 않았다. 축제가 열리는 곳까지 가려면 로스앤젤레스에서 출발해 거의 밤새 차를 몰고 달리다가 길가 모텔에서 잠을 청한 뒤 라스베이거스에서 그나마 가장 아동 친화적인 서커스서커스호텔카지노에서 한나절을 때워야 했다. 마침내 라스베이거스를 벗어나 주차장에 차를 댄 다음 꽤 오랜 시간을 걸어 축제가 열리는 곳에 도착했다. 축제는 내가 기대한 그대로였다. 음악? 끝내줬다! 하늘? 광활하고 아름다웠다! 어디를 둘러보든 사람들의 집단적인 열기가 묵직하게 느껴졌다. 우리는 돗자리를 펴고 앉았다. 나는 분위기에 어울릴 준비를 마친 다음 그곳의 기운을 쭉 빨아들여 한껏 고양된 카타르시스를 만끽했다. 물론 슬론도 자신만의 재미를 즐겼다. 아주 활달하게 즐겼다. 슬론은 부지 가장자리를 따라 달리면서 사람들의 담요를 콩콩 밟는 것은 물론이고, 수천 개의 등불을 안전하게 날리기 위한 섬세한 준비 과정도 방해했다.

바로 그 순간 나는 태도를 바꿔야 했다. 우리 둘 중 누군가가 변덕을 부릴 때 이성적으로 상황을 통제할 수 있는 사람은 나밖에 없었다. 어른인 나 말이다. 하지만 난 고집을 부렸다. 분 단위로 짜증이 치솟는 걸 내버려뒀다. 정작 사람들은 슬론의 방정맞은 행동에 즐거워하고 있었지만, 나는 딸아이의 행동을 감독해야 한다는 의무감 때문에 점점 진이 빠졌다. 몇 시간을 기다린 끝에 우리는 마침내 등불을 날렸다. 물론 경이로운 아름다움을 느끼긴 했다. 하지만 그 아름다움은 좌절감의 안개에 가려져 있었다. 최후의 일격이랄까, 우리가 날린 등불이 채 높이 뜨지도 않았는데 슬론이 칭얼댔다. "하나 더 날릴래! 하나 더 날릴래!" 나는 그 순간을 영상으로 담아냈다가, 귀가하자마자 페이스북에 올렸다. 곧바로 친구 하나가 댓글로 놀렸다. "역시 아이들은 만족할 줄을 모르지, 하하!"

축제가 끝나고 둘 다 배가 고파 뭐든 먹어야 했다. 사실 축제에 참석한 모두가 그랬다. 자연스레 푸드트럭 앞으로 끝없는 줄이 이어졌다. (아내가 함께 왔다면 현명하게 간식을 챙겼을 것이다.) 마침내 가까워진 푸드트럭에서 스며 나온 먹음직스러운 향기가 코를 찔렀다. 드디어 계산원의 얼굴이 어떻게 생겼나 보일 즈음 슬론이 작은 소리로 말했다. "아빠, 나 쉬할래." 마음속으로 탄식을 내뱉었다. 슬론을 내려다보니 꽤 급해 보였다. 평소 같으면 그냥 줄을 빠져나갔을 것이다. 하지만 지금까지 쌓인 일들(계획대로 상황이 전개되지 않은 점, 오랜 운전 때문에 누적된 피로, 배고픔, 어쩔 수 없는 상황에 갇혀 있다는 느낌) 때문에 나는 비극적인 말을 내뱉고 말았다. "그냥. 참아. 보렴."

뒤이어 무슨 일이 벌어졌는지 짐작할 것이다. 주문할 차례가 되기도 전에 슬론이 바지에 오줌을 지렸다. 다행히도 슬론은 속상해하지 않았다. 오히려 분개한 쪽에 가까웠다. 속상한 건 나였다. 갑자기 진실이 선명히 드러났기 때문이다. 나는 역사상 최고의 아빠가 아니라, 역사상 최악의 아빠였다.

당시 나는 아이들과 재미를 즐길 때 지켜야 하는 가장 중요한 원칙 두 가지를 어겼다. 첫 번째는 아이들의 리드를 따라야 한다는 것이다. 아이들과 보내는 시간은 아이 중심적이어야 한다. 이 사실을 지지하는 의사나 아동심리학자가 매우 많다. 우리는 아이들의 눈높이에서 아이들을 만나야 한다. 즉 마음을 다해 놀이를 받아들여야 한다. 재미를 위해 재미를 즐기는 법을 모르는 어른이라면 놀이가 어색할 수 있다. 하지만 아이들이 놀이를 즐기지 못하게 억제하는 것은 발달 면에서 부적절할 뿐 아니라, 재앙을 초래하기 십상이다. 보통 놀이를 어린아이의 전유물이라고 생각하기 쉽지만, 이는 10대 청소년과 어울리기에도 좋은 방법이다. 비법은 아이들의 놀이에서 구경꾼 이상이 되는 것이다. 대학 시절에 알고 지냈던 친구들은 아버지랑 같이 비디오게임을 하거나 골프장에 간 일을 자랑스레 이야기했다. 그 친구들은 연휴 때면 캠퍼스에 남는 대신 늘 본가로 떠났다. (물론 어린아이와 마찬가지로 10대 청소년과 놀 때도 그들이 주도권을 잡게 해줘야 한다.)

두 번째 자녀 양육 원칙은 비교적 잘 알려져 있지 않은데, 둘 다 재미를 즐기고 있지 않다면, 그건 제대로 된 놀이가 아니라는 것이다. 나는 이 원칙도 어겼다. 나는 슬론이 추구하는 재미와 내가 추구하는 재미가 조화를 이루지 못하는 상황을 만들어 양쪽의 재미를 모두 망쳐버렸다. 명백히 내 실수였다. 두 원칙이 모순을 일으키는 것 같지만, 실상은 그렇지 않다. 적어도 두 원칙이 충돌해야 할 필요는 없다.

이번 장의 목표는 두 원칙이 양립할 수 있는 환경을 조성하는 법을 배우는 것이다.

음식을 사려고 줄을 서 있는 동안 딸아이의 바지가 흠뻑 젖었고, 나는 크게 심호흡했다. 일단 음식을 받자는 의견에 둘 다 동의해서 그렇게 했다. 그다음 내 불찰에 대해 속죄하기 시작했다. 나는 슬론을 크게 안아준 다음, 불편한 채로 차까지 4킬로미터를 걸어가야 할 필요가 없도록 흠뻑 젖은 조그만 몸뚱이를 어깨에 둘러업었다. 그 상태로 음식을 먹으며 오래도록 걷는 동안 우리는 끈끈하게 연결되는 느낌을 받았다. 그러니까 라이즈 페스티벌에서 만든 기억 중 내가 가장 좋아하는 것은 축제 자체가 아닌 셈이다. 오히려 내 양쪽 어깨를 딸아이의 오줌으로 적시고 함께 수준 미달의 프렌치프라이를 먹으면서 주차장까지 걸어갔던 기억이 가장 마음에 든다. 수많은 난관이 있었지만, 우리는 둘 다 축제를 보러 간 일을 정말 재밌는 활동으로 기억하고 있다.

아이와 부모 둘 다 즐거워야 한다 <<<

부모라면 아이들이 놀이에서 주도권을 잡도록 허락해야 한다는 조언을 이미 많이 들어봤을 것이다. 놀이는 보통 '내재적인 동기에 의해 촉발되고 적극적인 참여를 수반하며 재밌는 발견을 유발하는 활동'

으로 정의된다.[6] 놀이는 자발적이고 재밌으며 대개 즉흥적이다. 이와 관련해 다수의 연구가 한목소리로 강조하는 사실이 있다. 어른들이 아이들에게 주도권을 주는 대신 직접 놀이를 감독하는 경우("이렇게 하는 게 더 좋지 않을까?") 아이들은 재밌는 발견의 기회를 상실하며, 따라서 놀이를 통해 얻는 발달상의 유익이 최소화된다는 것이다. 하버드 대학교 학습과학 교수인 엘리자베스 보나위츠Elizabeth Bonawitz의 연구에 따르면, 외부적인 압력이 가해지는 순간 놀이는 놀이가 아니게 된다. 보나위츠는 실험에 참여한 아이들을 두 집단으로 나눈 다음, 모두에게 장난감을 주면서 한쪽에는 기능을 설명해주고, 다른 한쪽에는 그러지 않았다. 그러자 전자의 아이들은 해당 기능에만 집중하는 반면 후자의 아이들은 다른 기능을 탐구하고 찾아냈다.[7] 요컨대 '아이가 주도권을 쥔 놀이'는 아이들이 자율성을 발휘하고 놀이에 몰입하며 창의성을 최대한으로 표출하도록 돕는다. 모두 다 얼마나 중요한 유익인가!

문제는 많은 부모가 이 메시지를 극단까지 밀어붙인다는 점이다. 아이들이 뛰어보라고 하면, 부모는 얼마나 높이 뛰면 되는지 물어본다. 자신의 기호를 전혀 표현하지 않는 것이다. 결국 부모는 지친 상태가 되어서야 요구 사항이 끝이 없고 절대 져주는 법이 없는 쪼그만 독재자의 명령을 듣고 있음을 깨닫게 된다. 결과적으로 놀이 시간을 두려워하게 되거나, 마음이 붕 뜬 채 끊임없이 스마트폰 화면만 힐긋거리게 된다. 아예 대놓고 회피하는 부모도 있다. 어느 쪽이든 부모나 자식이나 전혀 재미를 느끼지 못한다.

왠지 익숙하게 느껴지는가? 상황을 바로잡을 수단이 절실히 필요한가? 그렇다면 너무나도 중요한 두 번째 자녀 양육 원칙을 다시 살펴보라. 둘 다 재미를 즐기고 있지 않다면, 그건 제대로 된 놀이가 아니다. 심리학자 피터 그레이 Peter Gray는 이 문제로 고민하는 부모들에게 적절한 해결책을 제시한다.[8] 그레이는 놀이가 아이들의 감정적·지적 발달에 미치는 영향의 중요성을 강조하는 수많은 심리학자 중 한 명이다. 따라서 그는 부모의 처지에서 놀이 시간을 더 재밌게 즐기는 법에도 깊은 관심을 품고 있다.

그레이가 보기에 놀이를 통해 부모와 자녀가 둘 다 유익을 거두려면 협상과 타협이 필요하다. 아이에게 방향 설정을 맡기되, 부모 또한 놀이를 즐길 수 있도록 두려워하지 말고 그 과정에 뛰어들어라. 당신의 자녀가 다른 어린 친구와 논다고 상상해보자. 그 친구는 부끄러워하지 않고 자기가 원하는 바를 말해주지 않을까?

라이즈 페스티벌 사태 이후로 1년 동안 회복 기간을 가진 뒤 나는 당시 한 살 반쯤 된 아들 아처를 '하들리 스트릭틀리 블루그래스 Hardly Strictly Bluegrass 축제'에 데려가기로 결심했다. 샌프란시스코의 숲속에서 열리는 음악제였는데, 이번에도 무엇을 할지 고른 사람은 나였지만, 아처의 눈높이에 맞춰 즐겨보기로 단단히 마음먹었다. 이제 막 걸음마를 떼는 중인 아이였기에 나도 같이 아장아장 걸었다. 절대 가만히 서 있지를 않았다. 결과적으로 내가 하고 싶었던 걸 전부하지는 못했다. 그 대신 예상치 못한 경험도 몇 가지 할 수 있었다. 아처가 마음대로 돌아다니도록 내버려뒀더니, 갓난아이라면 사족을 못 쓰는 재밌는 사람들과 대화를 나눌 수 있었다. 집에 돌아왔을 때 나는 굉장히 만족스러운 상태였다. 아름다운 음악도 즐겼지만, 아들에게도 훌륭한 경험을 선사했기 때문이다. 아들 덕분에 축제가 한결 더 멋있어진 것 같았다. 일단 내가 즐길 만한 활동을 선택한 다음 아들을 중심에 놓고 하루를 보낸 결과 기억에 남을 만한 재미는 물론이고, 의미 깊은 유대감까지 얻을 수 있었다.

재미를 즐기려면 자율성이 필수다. 자녀 중심적인 양육에서 배워야 할 교훈도 바로 그 점일지 모른다. 자녀 중심적인 부모들이 유달리 만족감을 느꼈던 건 이타심 덕분이라기보다는 자주적인 방향 설정 덕분이었다. 그들은 의식적으로 자녀를 우선순위에 놓되, 무슨 활동에 참여하든 자녀와의 상호작용을 자신의 욕구를 표현할 기회로 삼았다.

왜 노는 것을 두려워하는가 <<<

놀이를 공동으로 만들어간다는 생각, 당신만의 기호를 아이에게 표현한다는 생각이 긴장감, 죄책감, 이기심을 유발하는가? 당신의 불안감이 부모를 바라보는 지극히 현대적인 관점에서 비롯된 것임을 이해하면 기분이 나아질 것이다. 최근에 어느 직장 동료가 어린 아들이랑 의무적으로 놀아줘야 하는 시간이 끝없는 것 같아서 너무 피곤하다고 털어놨다. 그녀가 재미를 즐기고 있지 못한다는 사실은 분명해 보였다. 코미디언 마즈 조브라니 Maz Jobrani 도 자녀 양육에 관한 오늘날의 기대가 부모를 너무나 옥죄는 나머지, 많은 부모가 밤마다 자녀가 이를 닦고 방을 치우게 하고자 90분짜리 브로드웨이 쇼를 펼친다고 짧은 농담을 던진 적이 있다.[9]

내 직장 동료와 조브라니는 유타대학교의 인류학자 데이비드 랜시 David Lancy 가 말한 '아기지배 neontocracy'(아이들이 어른들의 삶을 결정하는 사회체제)의 족쇄에 사로잡혀 이따금 절망감을 느끼는 듯하다.[10]

인류학적인 관점에서 랜시는 아이랑 놀아준다는 개념 자체가 (실제로는 어때 보이든) 현대 서양 문화권의 고유한 개념이라고 주장한다. 원래 놀이는 자녀 양육의 기초라기보다는 부유하고, 산업화에 성공했으며, 교육 수준이 높은 사회만이 누리는 특권이었다. 그렇지 못한 대부분의 지역에서는 오랫동안 부모의 주된 책임을 자녀를 사랑하고 보호하는 것으로 한정했지, 소꿉친구처럼 언제든 놀아주는 것으로 여기지 않았다. 여러 세기 전에 어른은 어른다운 일을 하고 아이는 다른 아이들과만 놀았다. (심지어 수십 년 전에도 그랬다.) 랜시는 이처럼 자녀에게서 손을 떼는 태도를 '상냥한 방치 benign neglect'라고 부르는데, 여기에 나름의 이점이 있다고 설명한다. 예컨대 이는 '어른이 kidult'가 나타나는 걸 막을 수 있다. 상냥한 방치는 최근 들어 자유

방임형 자녀 양육 운동의 형태로 다시 등장하고 있다. 주류 풍조에 저항적인 부모가 자녀의 회복력, 자신감, 장래성을 키워주고자 비교적 일찍부터 막대한 수준의 독립성을 허락하는 식이다. 사실 미국인 대다수가 방치라고 생각하는 행동(초등학생 자녀가 방과 후에 어디로 갔는지 모르거나, 자녀를 놀이터에 혼자 보내는 행동 등)이 세계 다른 지역에서는 평범한 행동으로 여겨지기도 한다.[11]

이런 관점을 소개하는 이유는 내 생각도 그렇다고 옹호하기 위해서가 아니라 우리의 기대치를 균형 잡힌 수준으로 끌어내리기 위해서이다. 부디 놀이 시간이 의무라는 생각을 떨쳐버리기를 바란다. 그런 생각은 자율성을 먹고 자라는 재미를 억누르기 때문이다. 여섯 살짜리 자녀에게 야구방망이를 하나 던져주고 길거리에 내보내는 것과 자녀의 곁을 한시도 떠나지 않고 붙어 있는 것 사이에는 분명 만족스러운 중간 지점이 존재한다. 자녀랑 유대감을 쌓는 데 모든 순간을 쏟아붓느라 죽을 듯이 힘들다면, 이제 제발 여유를 가져라. 같이 놀아주는 것도 좋지만, 때로는 아이들이 혼자 하고 싶은 활동을 하며 알아서 시간을 보낼 수 있게 내버려둬라. 앞서 언급한 직장 동료도 아들이 혼자 놀도록 격려할 때 비로소 모두가 양질의 시간을 보낼 수 있음을 깨달았다. 아들은 호스를 휘두르며 물놀이에 열중하고 엄마는 옆에서 책을 읽는 식으로 마침내 둘 다 뒤뜰에서 따사로운 여름날을 즐기기 시작했다.

부담감을 떨쳐버리고 나면 아이들과 함께 논다는 것이 무엇을 의미하는지 명확히 인식할 수 있다. 놀이란 의무적인 짐이 아니라 자발적인 선택이다. 심지어 특권이라고도 볼 수 있다. 이와 같은 인식의 전환만으로도 삶에 큰 변화가 생긴다. 의무에서 해방된 채 실제로 재미를 즐길 수 있는 것이다.

아이들과 함께 노는 것이 아이들은 물론이고, 우리에게도 유익하다는 사실을 인정하는 건 정신적 자위행위가 아니다. 이를 뒷받침하는 과학적 근거가 있다. 하버드의과대학교 소아과 교수인 마이클 W. 요그먼Michael W. Yogman은 행동건강학 분야의 권위자이다. 그런 요그먼의 연구에 따르면, 놀이는 부모에게 활기를 되찾아주는 것은 물론이고, 유년시절과 편안히 재회하는 유익을 가져다준다.[12] 또한 자녀와도 더 만족스러운 관계를 맺게 해준다. 자녀를 더 잘 이해하고 자녀의 눈높이에서 세상을 바라보며 자녀의 개성과 유머 감각을 즐길 수 있기 때문이다. 후속 연구에서도 자녀와 가상 놀이를 하거나 함께 책을 읽는 활동이 양육 스트레스를 감소시키며 부모와 자녀 간의 상호작용을 증진한다는 사실이 밝혀졌다.[13]

부모로서 우리는 스스로에게 지나치게 가혹하다. 자녀가 잠에서 깰 때마다 꼭두각시 인형을 사용해 구연동화 수준의 오락거리를 제공해주지 못하면, 부모로서 실패한 것처럼 느끼게 하는 오늘날의 자녀 양육 환경을 고려할 때 충분히 이해할 만한 일이다. 그처럼 과도한 기대를 내려놓아야만 함께 놀자는 자녀의 요청이 재미에 이르는 초대장처럼 반갑게 느껴질 것이다.

놀이를 놀이답게 즐기는 법   ◀◀◀

부모가 놀이를 꺼리게 하는 데는 의무감 말고도 또 다른 이유가 있다. 단지 의무감 때문이라면 "나랑 같이 놀래?"라는 말이 "나 침대에 쉬한 거 같아"라는 말만큼이나 무섭게 들릴 리 없다.

사실 아이들이 좋아하는 무질서한 놀이에 우리가 흥미를 느끼지 못하는 것은 놀이 근육이 퇴화했기 때문이다. 예컨대 테니스를 칠 때도 근육이 발달하고 기술이 늘며 코트가 편안하게 느껴져야 그 경험 자체가 즐거워진다. 놀이도 마찬가지다. 대부분의 부모는 놀이 기술이 녹슬어 있다. 어린이박물관에서 고무 원통을 보고 어떻게 해야 할지 전전긍긍하던 부모들 이야기가 기억나는가? 자유로운 놀이 환경에 당황해 거부감을 느끼는 건 그들만의 문제가 아니다. 그렇다고 자녀가 노는 방식에 개입하려고 하면, 아무리 의도가 좋다고 한들 재미는 사라지고 만다.

텍사스공과대학교의 연구진은 오스틴어린이박물관(현재 명칭은 '싱커리Thinkery')에서 내가 본 것과 유사한 광경을 목격했다. 부모들은 자녀의 리드에 따라 놀이에 뛰어드는 대신 지시나 관찰에 치중하는 경향을 보였다. 그들은 자녀가 무엇을 배울지를 지나치게 염려한 나머지 마음을 편안히 먹지 못했고, 가상의 시나리오에 몰입하지도 못했다. 그 대신 자녀가 실제 인생 경험을 쌓거나 친사회적 행동을 배우길 원했기 때문에 이야기나 설명이나 가르침이나 지침을 통해 무언

가를 끊임없이 제안했다.[14]

우리 어른들은 재미를 위한 재미를 즐기는 법을 잊어버린 것처럼 놀이를 놀이답게 즐기는 법도 잊어버렸다. 우리는 놀이에 의미를 부여하거나, 놀이(또는 자녀)를 우리가 이해하는 현실에 억지로 끼워 맞추려 애쓴다. 놀이를 어른의 우선순위(정리·정돈이나 학습 등)대로 재단한다면 우리 또한 독재자가 될 수 있다.

어린아이처럼 세상과 관계 맺는 법을 잊어버린다면, 놀이를 망칠 뿐 아니라 우리도 고통받는다. 이는 1950년대에 '교류분석 transactional analysis'이라는 행동 교정 방법론을 개발해 패러다임을 뒤바꾼 정신분석가 에릭 번 Eric Berne의 연구에서 확인할 수 있다. 번의 연구에 따르면, 성인의 행동은 예외 없이 세 가지 자아 중 하나에서 비롯된다. 바로 '부모 자아', '어른 자아', '어린이 자아'다. 이와 같은 '자아상태모델 ego-state model'은 사람들이 행동하는 방식과 서로 관계 맺는 방식을 설명하는 데 유용하다. 부모 자아상태는 우리가 과거에 경험한 부모(또는 영향력 있는 인물)의 반응을 모방하게 한다. 예컨대 우리는 원하는 바를 이루기 위해 누군가를 호통칠 수 있다(물론 본인 가정에서 이와 같은 양상이 일어났다면 말이다). 부모 자아상태가 늘 부정적인 것은 아니다. 우리가 도덕적으로 용인되는 방식으로 행동하고 사회규범을 준수하는 것은 모두 부모 자아상태 덕분이다.

어린이 자아상태는 우리의 행동, 감정, 생각을 어린 시절로 되돌린다. 예컨대 직장에서 부정적인 평가를 받은 경우 우리는 울음을 터뜨리거나 악을 쓸 수 있다. 어린이 자아상태에도 긍정적인 면이 있다. 어린이 자아상태는 감정, 창의성, 놀이 선호도, 즉흥성, 친밀감의 원천이다.

마지막으로 어른 자아상태는 우리가 성숙해짐에 따라 발달한다. 이는 우리가 정보를 처리하도록, 또 사회화된 눈으로 현실을 바라보도록 돕는다.

우리가 다른 사람과 소통하는 방식은 현재 자아상태에 달려 있다. 예를 들어 부부들은 대화할 때 한쪽은 아이처럼, 다른 한쪽은 부모처럼 말하는 경우가 많다. 이렇듯 자아상태는 우리가 상호작용하는 방식에 영향을 미친다. 번은 이를 가리켜 사람 간의 '교류'라고 말한다. 동등한 성인일지라도, 서로 꼭 성인으로서 관계 맺는 것은 아니다. 번은 자아상태에 문제가 발생할 때 비생산적인 교류가 나타난다고 지적한다.

어른 자아상태가 셋 중 가장 성숙한 상태이기는 하지만 번은 우리에게 세 종류의 자아상태가 모두 필요하다고 강조한다. 하지만 인간이 제대로 기능하려면 셋을 구분할 줄 알아야 한다. 즉 특정한 자아상태가 도움이 되지 않는 경우가 언제인지, 반대로 특정한 자아상태가 필요한데도 억눌러야 하는 경우가 언제인지 인식할 줄 알아야 한다. 하나의 자아상태만 가지고 생활하는 것은 불완전하다.

예컨대 번의 친구이자 교류분석 개념을 토대로 자기 계발의 고전인 《아임 오케이 유어 오케이》(이너북, 2020)를 쓴 토머스 A. 해리스 ^Thomas A. Harris^는[15] 어린이 자아상태를 억압하는 사람은 삶을 즐기기 어렵다고 설명한다. 우리는 어린이 자아상태에 돌입해야만 진정으로 놀이를 즐길 수 있기 때문이다. 또 어린이 자아상태는 의미를 부여하려는 욕구에 맞서 감정과 창조력을 해방한다. 반대로 우리가 놀이 중에 부모 자아상태(감독, 통제, 지시)로만 존재한다면, 여유를 잃고 상호작용을 제대로 즐길 수 없다. 이는 자녀에게도 똑같은 영향을 미친다. 부모 자아상태는 많은 상황에 유용할 수 있지만 놀이할 때만큼은 찬물을 끼얹기 십상이다. 그게 재밌을 수가 있을까?

'놀이'라는 단어가 마음을 흥겹게 해주지 못한다면, '해방'이라는 단어는 어떤가? 말 그대로 어른 세계의 지루한 족쇄에서 해방되는 것이다. 남들 시선과 생각을 걱정하지 않아도 되는 아름답고 귀중한 기회로서 놀이를 새롭게 바라보자. 아이들은 당신이 정신을 놓고 미치광이처럼 놀아도 함부로 판단하지 않을 몇 안 되는 존재다. 오히려 대부분은 당신이 그렇게 놀기를 바랄 것이다.

재미를 극대화하는 놀이 근육　　　《《《

우리의 모든 활동이 그러하듯, 잘 놀려면 그에 알맞은 근육이 필요하다. 놀이 근육을 발달시키기 위해 다음 전략들을 하나 이상 시도해보자.

첫째, 나름의 '전환 의식transition ritual'을 개발하자. 자기 계발 전문가인 토드 허먼Todd Herman의 《알터 에고 이펙트》(퍼블리온, 2021)에는 어느 군인 아버지의 일화가 등장한다.[16] 이 아버지는 자녀들을 대하기가 너무 어려웠다. 자녀들이 자신을 싫어하는 것만 같았다. 하지만 허먼의 도움을 받으면서 자신이 집에서도 교관처럼 행동한다는 사실을 깨달았다. 자연스레 아이들이 자신을 멀리한 것을 납득했다. 직장을 다니는 많은 부모가 퇴근하고 가족 곁으로 돌아왔을 때 비슷한 문제를 겪는다. 몸은 직장에서 벗어났지만, 마음은 직장에 머무는 것이다. 가족을 위해 떼놓은 시간에도 그날의 문제나 업무를 곱씹고 이메일을 계속 확인한다. 전화를 받으러 잠깐 밖에 나가는 경우도 있다. 만약 우리가 직장에서 맡은 역할과 가정에서 맡은 역할 사이를 깔끔하게 전환한다면, 자녀와 교감하는 방식이 비약적으로 발전할 것이다.

몇몇 심리치료사는 다음 고객을 만나기 전에 일종의 전환 의식을 치른다. 다음 고객에게도 열린 마음으로 집중하기 위해서다. 당신도 똑같은 방법을 사용할 수 있다. 집 현관문을 열고 들어가기 전에(집에서 일한다면 서재를 나서기 전에) 잠깐 시간을 내서 조용히 머릿속을 들여다보며 역할을 교체하자. 머릿속을 깔끔히 비우기 위해 심호흡을 몇 번 해도 좋다. 나는 이따금 야구 모자를 거꾸로 돌려 쓰기도 한다. 내 아내의 친구는 일정표를 칼같이 지키는 편이라 일정 관리 앱이 오후 6시가 되었다고 알려주면 딱 그때부터를 '가족 시간'으로 인식한다고 한다.

둘째, 이야기 고치기 기법을 연마하자. 놀이 시간에 몸과 마음을 다해 참여하는 게 재미를 즐기는 최고의 방법이라거나 유일한 방법이라는 생각에 사로잡히지 말자. 그와 같은 양질의 시간을 만들어야 한다고 압박감을 느끼는 대신 이야기를 고쳐 씀으로써 일상 곳곳에 놀이 같은 재미 요소를 더하자. 아이들과 함께 집안일을 하면서 장난칠 수도 있고 무료한 저녁 시간을 게임의 밤으로 바꿀 수도 있다.

우리 가족은 이 전략의 덕을 톡톡히 봤다. 언젠가 우리 부부는 아이들이 등교하기 전 20분이 하루 중 최악의 시간이라고 생각하게 되었다. 째깍째깍 시계 소리에 쫓기느라 사실상 이 시간에는 재미를 즐길 짬이 없었다. 등교 준비를 시키는 데만 집중했고, 아이들 응석을 받아주지 않았다. 그럴수록 아이들은 더 반항했다. 어른 대 아이의 싸움에서 승자는 없었다.

결국 우리 부부는 이야기를 고치기로 결심했다. 등교 준비를 일종의 게임으로 바꾼 것이다. 우선 등교 준비 과정을 조금 더 일찍 시작해 정신없이 서두르지 않도록 했다. 다음으로는 분위기 전환을 위해 장난스러운 요소를 뒤섞었다. 물론 객관적인 현실 자체는 바뀌지 않았다. 그런다고 아이들의 준비 속도가 더 빨라졌다고 미화할 생각도 없다. 하지만 주관적인 현실은 확실히 바뀌었다.

우리 부부는 이후에도 이전과 똑같은 시간에 아이들을 등교시

켰지만, 적어도 훨씬 행복했다. 물론 전지전능한 전략은 아니다. 요즘도 상황이 어그러질 때가 있다. 하지만 즐거운 아침이 전혀 없었던 때에 비하면 확실한 발전이다. 그저 재미 지향적인 태도를 갖췄을 뿐이다.

셋째, 배움의 압박감을 줄이자. 프레임워크 ⑤에서 소개한 쿡그루터는 여섯 살짜리 손자가 유쾌한 정신으로 어려움에 맞서기를 바라는 마음에서 '틀렸네Missed'라는 게임을 개발했다. 무언가가 맞지 않더라도 쿡그루터는 손자를 나무라거나 바로잡으려 하지 않았다. 오히려 "야호, 틀렸다!" 하고 축하했다. 쿡그루터는 내게 이렇게 말했다. "배움의 기회를 정답을 맞혀야 한다는 압박감 대신 즐거움으로 가득 채우는 겁니다."[17] 그녀는 한 가지 사실을 잘 알고 있었다. 어른은 아이와 달리 판단하는 습관이 잘 발달되어 있다는 사실 말이다. 우리는 언어와 문화라는 렌즈를 통해 경험을 반성적으로 판단한다. 어릴 때부터 정답을 맞히면 부모님과 선생님의 보상이 뒤따른 탓에 많은 사람이 그것보다 중요한 게 없다는 믿음을 키우고 말았다. 이런 규칙을 다시 고쳐 써서 정답과 오답을 둘 다 축하해준다면, 아이들은 판단을 두려워할 일 없이 호기심을 마음껏 펼칠 것이다.

넷째, 몸을 쓰자. 레슬링이나 격투기 같은 신체 활동도 아이들의 발달에 긍정적인 영향을 미칠 수 있다. 앞서 소개한 요그먼은 아이들이 그런 놀이를 통해 민첩성과 과감성을 발전시키고 사람 간의 경계를 학습하며 공감 능력을 기를 수 있다고 강조한다.[18]

부모가 자녀와 신체를 맞부딪치며 놀 때 옥시토신(〈시작하기에 앞서〉에서 처음 소개한 호르몬으로 유대감과 공감을 촉진한다)이 분비된다는 사실을 밝혀낸 연구도 있다. 이스라엘 연구진은 자녀와 몸을 쓰며 상호작용하는 아버지에게서 옥시토신 수치가 증가한다는 사실을 발견했다.[19] 이와 같은 놀이 환경에서는 긍정적인 상호작용이 상당히 많이 이루어지기 때문에 부모와 자녀 모두의 만족감이 증진된다. 물론 떠들썩한 놀이가 모든 부모의 취향에 맞지는 않을 것이다. 요그먼의 연구에 따르면, 이런 종류의 놀이에 참여하는 부모 중 70퍼센트는 아버지였다.[20]

나는 음악을 빵빵하게 틀어놓고 아이들이랑 같이 집 안 곳곳을 누비는 '간지럼 괴물'이란 놀이를 좋아한다. 물론 아내와는 이 소란을 1층에서만 벌이기로 합의했다. 나랑 아이들이 잠깐 합법적인 무법천지를 즐기는 동안 아내는 위층에서 혼자만의 평온한 시간을 즐긴다. 질서에 엄격한 아내가 우리의 소동에 충격받지 않도록 그녀가 아래층으로 내려오기 전에 정리도 다 해놓는다.

다섯째, 자녀의 놀이를 음미하자. 더는 놀 힘이 없다면 자녀가 노는 모습을 지켜보며 휴식을 취하자. 심리학자 브라이언트와 베로프는 《인생을 향유하기》(학지사, 2010)에서 이렇게 설명한다. "향유의 질을 높이는 비법은 유치해지는 것, 유머 감각을 키우는 것, 함께 재미를 즐기는 사람을 인식하는 것이다."[21] 사이클링을 즐기는 친구랑 같이 다니다 보면 사이클링을 즐기고 싶은 의욕이 전염되는 것처럼, 아이가 노는 모습을 가만히 지켜보다 보면 아이의 놀이 방식에 점차 익숙해질 수 있다. 이는 아이에게도 큰 유익이 된다. 스포츠 팀의 조직문화 개선과 리더십 훈련에 힘쓰는 기업인 프로액티브코칭 Proactive Coaching의 브루스 E. 브라운 Bruce E. Brown과 롭 밀러 Rob Miller는 수백 명의 대학 운동선수에게 공통적인 질문을 던졌다. '경기 중이나 경기 후에 부모님이 했던 말 가운데 어떤 것이 가장 재미를 증폭했는가?' 압도적으로 큰 비중을 차지한 말은 "네가 경기 뛰는 걸 보면 참 좋아"였다. 작가 레이첼 메이시 스태포드 Rachel Macy Stafford도 그런 말을 수영 경기나 우쿨렐레 수업이 끝난 뒤 해줬을 때 딸들이 즉시 깊은 감정적 영향을 받았다는 글을 자신의 블로그에 게시했다.[22] 사실 영향은 쌍방향이었다. 아이들의 경기나 공연을 보며 그런 말이 떠오를 때마다 스태포드 본인의 마음이 즐거워졌고, 그런 말을 딸들이 들었을 때 그들의 마음 또한 즐거워졌다.

장난감은 도깨비방망이가 아니다 ≪≪≪

소유물보다 경험이 인간을 더 행복하게 한다는 사실을 입증하는 방대한 양의 과학 연구는 이미 질리도록 접했을 것이다. 가정 내에 재미를 더하고 싶을 때도 똑같은 지혜가 적용된다. 장난감 진열대는 건너뛰고 차라리 함께 추억을 쌓자.

예전에 6~8주마다 출장을 다닌 적이 있다. 처음에는 누군가의 조언대로 집에 돌아올 때 선물을 사 와서 아이들을 달랬다. 꽤 합리적인 방법처럼 보였다. 내가 집을 떠나 있다는 아이들의 불안을 줄여주고, 내가 선물을 들고 돌아올 것이라는 생각에 아이들이 흥분했으니까. 처음 몇 번은 의도대로 흘러갔다. 아이들은 나를 볼 생각에 완전들떠 있었다. 내가 무슨 장난감을 가져다주든 만족하기도 했다. 모두가 즐거웠다. 하지만 시간이 갈수록 아이들은 내가 돌아오는 것보다 내가 가져다주는 장난감에 더 흥분했다. 내가 가져다주는 외적 보상에 대한 기대가 점점 구체화되었다. 스스로 아마존을 뒤져보고는 무엇을 갖고 싶은지 미리 말해줄 정도였다. 내가 아들에게 줄 케이틀린(〈토마스와 친구들〉에 등장하는 유선형 기관차)을 가지고 집에 돌아온 날 결국 상황이 파국으로 치달았다. 아들은 잔뜩 인상을 쓴 채 어깨를 푹 꺼뜨리고는 자기가 사달라고 한 게 이게 아니라고 말했다. (차축이 추가로 달려 있는 더 비싼 모델을 사달라고 했던 거였다. 고작 세 살 된 녀석이!)

이로써 쾌락의 쳇바퀴가 또다시 추악한 고개를 내밀고 말았다. 특히 물질적인 소유물과 관련해서는 어른들만큼이나 아이들도 쾌락의 쳇바퀴에 쉽게 빠진다. 하나를 얻으면 바로 다음 것(더 크고 더 반짝이고 더 참신한 것)을 원한다. 얼마 지나지 않아 집 안 곳곳이 쓰레기 매립

지처럼 된다. 아니, 실제로도 그 장난감들은 다 쓰레기 매립지로 향할 것이다. 장난감 수를 늘린다고 아이들의 놀이가 더 질 좋아지지는 않는다. 톨레도대학교의 연구에 따르면, 유아에게 16개의 장난감을 주었을 때보다 네 개의 장난감을 주었을 때 각각의 장난감을 더 오래, 더 창의적으로 가지고 놀았다.[23]

특정 경험이 지속적이고 의미 있는 재미를 제공하는지를 판단하는 데에는 쾌락 적응 현상 말고도 고려할 점이 또 있다. 우리가 무언가(특정 경험이나 물질)를 즐기는 정도는 우리가 그것을 사후에 음미할 수 있는 정도에 비례한다. 《인생을 향유하기》는 이 현상(향유가 행복에 미치는 영향)을 프랑스 작가 프랑수아 드 라로슈푸코François de La Rochefoucauld의 말을 인용해 간략히 설명한다. "행복은 대상 자체에 존재하는 게 아니라 그 대상을 향유하는 과정에 존재한다."[24] 선물이든 경험이든 마찬가지다. 사후에 그 선물이나 경험을 음미할 수 있다면 만족도는 더 높아진다. 아이들의 경우 선물은 인식 속에서 금방 사라지는 반면 경험은 풍부하고도 지울 수 없는 기억을 남긴다. 따라서 경험이 끝나고 오랜 시간 지난 후에도 기억을 되새기며 재미를 누릴 수 있다. 한발 더 나아가 그런 경험을 공유까지 한다면, 즉 누군가가 "그때 기억나?"라며 이야기를 시작한다면, 같이 추억에 잠긴 채 관계를 돈독히 하는 시간을 보내게 될 것이다.

나는 장난감 선물을 완전히 틀어막진 않았다. 그 대신 경험을 동반하는 선물(퍼즐이나 게임), 또는 함께 조립할 수 있는 장난감을 사주는 쪽으로 방향을 틀었다. 이제 내 출장은 참신하고 재밌는 가족 활동의 예고로 받아들여지며, 가족 모두가 이를 즐기고 있다. 그리고 장난감보다는 게임이 훨씬 더 자주, 또 오래 사용되는 법이다.

아이를 위한 재미보관함

자녀가 있다면 당신의 재미보관함에 아이들을 위한 재밌는 활동도 포함하는 것이 마땅하다. 몇 가지 아이디어를 나눌 테니 바로 시작해보자.

- 아이들이 선택한 수업 같이 듣기.
- 당신이 피자에 올리고 싶은 채소를 골라 함께 밭 가꾸기.
- 미트업닷컴을 방문해 당신과 아이들이 모두 좋아할 활동이나 모임 찾기.
- 동네 무료 콘서트에 참석하기.
- 동네 해변이나 공원을 청소하는 등 함께 자원봉사 하기.
- 스마트폰으로 단편영화를 촬영하거나 좋아하는 영화의 명장면 재현하기.
- 액체괴물 전시장 같은 체험형 박물관 방문하기.
- 퍼즐, 보드게임, 몸으로 말해요 등을 하면서 게임의 밤 즐기기.
- 같이 하이킹하거나 자연에서 시간 보내기.
- 함께 무언가를 만들거나 창작 박람회 참석하기.

'당신의 시간'도 소중하다

당신이 내면의 어린아이를 불러내는 데 얼마나 능숙하든, 자녀와의 상호작용이 얼마나 만족스럽든 한 가지 사실은 인정하자. 당신에게 도 쉬는 시간, 적극적으로 자녀 양육에 참여하지 않는 시간이 필요하다. 바로 당신이 원하는 활동을 할 시간 말이다. 대부분의 경우 자녀를 갖기 20년, 30년, 40년 전에 이미 재미에 대한 기호가 결정된다. 가족 중심으로 삶을 살아야 한다고 해서 그 모든 기호를 전부 창밖으로 던질 필요는, 길버트의 말을 빌리자면 "출산 전에 누리던 모든 즐거움의 근원을" 없앨 필요는 없다. 애초에 불가능한 일이다. 여태까지 쌓아온 모든 것을 비워버리면, 그 외의 것들도 기반을 잃은 채 우르르 무너질 것이고, 좋은 부모나 배우자가 될 힘도 남지 않을 것이다.

핵심은 과거의 열정을 새로운 생활양식에 조화할 방법을 찾는 것이다. 자신이 좋아하는 활동을 자녀와 함께하는 것도 좋은 방법이지만, 늘 최선이라고 할 순 없다. 때로는 자녀가 아니라 '이전의' 자신과 교감하는 것이 더 활기차고 재밌을 수 있다. 부디 당신 자신에게도 마음껏 즐길 여유를, 당신만의 재미를 되찾을 기회를 허락하길 바란다.

내 친구 하나는 이걸 문자 그대로 실행했다. 구글에 '대런 푸절 릿 Darren Pujalet'을 검색하면 보수적인 캘리포니아주 맨해튼비치에서 부동산 중개인으로 일하는 멀끔한 남자 사진이 나올 것이다. 하지만 구글에 '대런 푸절릿 드러머'라고 검색하면 전혀 다른 결과가 나온다. 죄다 '파티클Particle'이라는 밴드의 드러머 관련 자료일 것이다. 파티클은 테네시주의 '보나루 페스티벌Bonnaroo Festival'이나 캘리포니아주의 '코첼라 페스티벌Coachella Festival' 등 세계의 내로라하는 음악제에서 연주한 이력이 있는 밴드다. 중개인 푸절릿이든 드러머 푸절릿이든 같은 푸절릿이다. 하나는 아빠가 되기 전의 푸절릿이고 다른 하나는 아빠가 된 후의 푸절릿일 뿐이다.

푸절릿은 드러머로 10년간 10개국에서 1,300회의 공연을 펼쳤다. 하지만 여러 이유 때문에 투어를 다니는 것과 가정을 일구는 것은 양립할 수 없었다. 그래서 결국 밴드를 떠났다. 안타깝게도 밴드를 떠난다는 건 삶의 다른 어떤 일(물론 남편과 아빠가 되는 것을 제외한 일)보다 자신을 불타오르게 만드는 일(에너지가 넘치는 팬들 앞에서 연주하는 일)을 포기한다는 뜻이었다.

푸절릿의 이야기가 극단적인 사례이기는 하지만, 대부분의 부모는 새로운 책임을 맞이하면서 일종의 상실감, 정체성의 분열을 겪는다. 푸절릿은 자신이 좋아하는 새로운 분야에서 성공을 거뒀고 가족도 많이 사랑한다. 그런데도 시간이 지날수록 자신이 지불한 대가가 무겁게 느껴졌다. 자녀 양육도 고역처럼 느껴지기 시작했다. 오랜 삶을 완벽히 포기했다고 생각했는데, 실상은 그 삶이 사방에 어두운 그림자를 드리우고 있었다. 이대로는 완전히 무너지겠다 싶어서 푸절릿은 결국 아내 곁에 앉아 이렇게 말했다. "나 다시 드럼 쳐야 할 거

같아." 두 사람이 함께 노력하자 푸절릿의 두 자아(드러머이자 아빠)가 생각만큼 양립할 수 없는 존재가 아님이 분명해졌다. 물론 예전처럼 전업 음악가로는 활동할 수 없었다. 하지만 여전히 드럼을 칠 수 있었고 심지어 공연도 할 수 있었다. 아내의 지원 덕분에 푸절릿은 옛 밴드 멤버들과 재회해 공연에 참여하고 싶다는 의견을 피력했다. 얼마 지나지 않아 푸절릿은 다시 무대에 설 수 있었다. 그리고 공연에서 얻은 에너지를 다른 모든 상호작용에 쏟아부었다. 본연의 모습을 찾은 기분이 들었기 때문에 집에서 가족들과 즐기는 시간도 진을 빼는 대신 활력을 채워줬다. 그리고 아이들을 돌보는 일이 애쓰기 활동처럼 느껴질 때도(누군들 안 그러겠나) 사랑하는 마음으로 꾸준히 해나갈 힘과 참을성이 생겼다.

오늘날의 아빠들이 이전 세대보다 부모로서의 의무를 더 많이 분담하고 있기는 하지만, 여가 시간을 즐기는 면에서는 여전히 유리하다는 점을 기억해야 한다(특히 이성애자 아빠). 가정의 형태가 어떠하든 재미를 즐길 기회는 반드시 공평하게 돌아가야 한다. 예컨대 푸절릿도 요가를 향한 아내의 열정을 지지한다. 그래서 아내가 집을 떠나 요가 수련원에서 쉬고 싶을 때면 자녀 양육을 도맡는다.

배우자가 있다면 당신의 지지를 분명히 밝혀라. 그런 다음 당신도 똑같은 지지를 요구하자. 혼자 아이를 키우는 부모라면 자신을 위한 시간을 내는 게 불가능한 것처럼 느껴질 수 있다. 하지만 분명 친구 중에 당신이 멀리 가 있는 동안 이모나 삼촌 역할을 해줄 사람이 존재할 것이다. 어쩌면 몇몇 친구는 당신이 재밌는 일에 조금이나마 몰두할 수 있도록 급할 때만이 아니라 정기적으로 아이를 봐주겠다고 제안할지 모른다.

'당신만의 시간'은 매우 중요하다. 그리고 배우자나 연인이 있는 사람이라면 '우리만의 시간'도 중요하다. 가정생활에서 벗어나 함께 휴식하면서 교감을 나눌 시간 말이다. 이 장을 읽고 딱히 할 일이 없다면 파트너와 함께 앉아 저녁 데이트를 할 날짜를 정해보자. 그다음 서로 품앗이로 자녀를 돌봐줄 다른 부부를 찾아보자. 부끄러워하지 마라. 외출하고 싶은 날짜를 알려준 다음 당신 부부도 보답하겠다고 제안해라. 물론 베이비시터도 좋지만, 돈이 많이 나간다. 그리고 돈이 많이 나가면 저녁 데이트를 나가서도 중압감에 시달릴 것이다. 그 대신 다른 부부와 돌아가며 자녀를 돌봐주기로 약속하면 어른으로서 재미를 누릴 자유 시간을 얻을 수 있을 뿐 아니라, 그 가족과도 더 친밀한 관계를 맺을 수 있다.

나이 들어가는 삶을 위한 준비　　《《《

대부분의 경우에 가족은 평생 가는 관계다. 하지만 그런 가족도 시간이 지나면 크게 변할 수 있다. 10년은 고사하고 당장 1년만 지나도 재밌던 것이 재미없게 느껴질 수 있다. 어린아이가 있는 집이라면 더더욱 그렇다. 나이가 들수록 보조를 맞추기가 점점 더 어려워진다. 독립을 간절히 바라는 10대 시절부터 위 세대와 아래 세대 걱정을 동시에 하며 불안해하는 샌드위치 세대를 지나 자녀를 독립시키고 외로움과 슬픔을 느끼는 빈 둥지 세대에 이르기까지, '하루는 길지만 1년은 짧다'는 격언이 이렇게나 정확하다니! 배우자나 자녀와 맺고 있는 관계가 자신이 원하는 모습이 아니라면 바로 지금이 상황을 반전시키기에 가장 이른 시기이다. 재창조의 기회를 잡는 건 우리 자신의 몫이다. 낡은 재미보관함을 갖다 버리고 완전히 처음부터 새롭게 시작하자.

57세의 신디 마이어스Cindy Myers와 69세의 마이크 마이어스Mike Myers 부부는 용기를 내 큰 변화를 맞이함으로써, 예상치 못한 심대한 기쁨을 누렸다. 고등학교 시절부터 35년간 신디는 캘리포니아주의 리지크레스트라는 동네에 살았다. 리지크레스트는 대부분의 주민이 공무원인 외딴곳의 보수적인 동네다. 신디와 마이크도 벌이가 좋은 공무원으로 일했기 때문에 멋진 집도 사고 여행 갈 돈도 모을 수 있었다. 그런데도 리지크레스트는 늘 손에 맞지 않는 장갑처럼 느껴졌다. 하지만 둘은 삶이 기대만큼 만족스럽지 않다는 불편한 감정을 애써 무시하고 안전한 현상 유지를 택했다. 신디는 "의무감과 두려움" 때문에 계속 동네에 머물렀다. 신디의 딸과 손주들, 신디의 어머니와 98세의 할머니까지 전부 리지크레스트에 살았다. 그래서 더 떠나기가 힘들었다. 여러 해 동안 마이크가 출장을 다닐 때 외로움을 견딜 수 있었던 것도 가족이 가까이 있었기 때문이었다.

하지만 마이크가 64세에 은퇴하고 나서 상황이 달라졌다. 마이크는 평생 스릴을 좇으며 몸을 혹사했는데, 그 대가가 나타나기 시작했다. 결국 암벽등반 등 좋아하던 일들을 하나둘 그만둬야 했다. 그나마 마이크의 건강이 허락하는 취미가 있다면 배를 타는 것이었다. 하지만 리지크레스트는 사면이 육지였다. 신디와 마이크는 오랜 세월 뿌리내린 고향을 떠나 태평양 연안으로 가는 것만이 해답이라는 결론에 이르렀다. 신디는 당시를 이렇게 회고한다. "저는 변화에 열려 있는 사람이 아니었어요. 한 번도 그랬던 적이 없죠. 제가 누구인지, 제 인생을 어떻게 살고 싶은지 확신도 딱히 없었어요. 하지만 결국 시간이란 녀석이 재촉하더군요. '정신 차려, 아니면 전부 놓치고 말 거야.' 지금이 아니면 기회가 없다는 걸 알았어요. 그래서 우리는 힘을 내서 나아갔죠."

둘은 두려움을 하나하나 상대해나갔다. 까고 보니 몇몇은 아무 근거 없는 두려움이었다. 예컨대 둘은 손주들과 헤어져야 한다는 사실이 두려웠다. 하지만 막상 계획을 이야기하고 나니 딸과 사위도 근처로 이사할 생각이 있었다. 또 다른 걱정은 수십 년에 걸쳐 큰 집을 가득 채운 물건들을 들어내는 것이었다. 하지만 이 또한 가치 있는 일이었다. 신디는 이렇게 말한다. "드디어 이사를 마치고 온갖 잡동사니에 둘러싸여 있지 않다는 사실을 깨달았을 때 어찌나 해방감이 느껴졌나 몰라요."

마침내 둘은 거사를 치렀다. 리제크레스트에서 워싱턴주 해안가의 푸젯사운드로 이사한 것이었다. 이제 둘의 인생에서 재미는 전혀 다른 옷을 입고 나타났다. 신디는 이제 매일 아침 캐스케이드^{Cas-}산맥 풍경을 감상하고, 돌고래와 해달이 노는 모습을 구경한다. 외향적인 마이크는 부둣가에서 새로 사귄 동료 모험가들과 시간을 보낸다. 신디는 리제크레스트에 살던 시절 집에 작업실도 갖고 있을 만큼 그림 그리는 걸 좋아했다. 그래서 이사한 후에도 수많은 예술가가 작업실과 화랑을 운영하고 있는 옆 동네 포트타운센드로 놀러 가서 종일 시간을 보낼 줄 알았다. 하지만 웬걸, 당장 새로운 지역을 탐험하는 것만으로도 너무나 신났다. "어느 길로 가든 새로운 모험이 되죠. 이곳에 대해서 하나도 모르니까 오히려 너무 재밌어요." 소원대로 유람용 보트("사실상 수상용 캠핑카")에 올라 수평선과 항구 풍경을 즐기는 것도 부부에게 큰 기쁨이 되었다.

요즘 신디는 다시 시작하는 느낌은 물론이고, 아예 다른 사람, 더 나은 사람이 된 것 같은 기분을 만끽하는 중이다. 더 차분하고 평온해졌을 뿐 아니라 생각과 감정에도 확신이 생겼다. 무엇보다도 가족과의 관계가 더 돈독해졌다. 딸네 식구는 25분 거리(신디의 말을 빌리자면 "기분 좋게 놀러 가기 좋은" 거리)에 새 터전을 잡았다. 이제 두 가족은 매주 한 번씩 모인다. 함께 의식적으로 시간을 보낼 수 있으면서도 신디가 은퇴 후의 삶을 준비할 여유를 충분히 누릴 정도의 알맞은 빈도다. 마이크와의 관계도 놀라운 방식으로 변화했다. 오랜 세월 맞벌이

부부로 살았다 보니 "(은퇴 후) 첫해에는 서로를 처음부터 다시 알아가느라 꽤 고생"했다. 하지만 이제 신디와 마이크는 신선하고도 친밀한 관계를 유지 중이다. 새로운 곳에서 처음부터 다시 시작할 기회가 주어진 덕분이다. 둘은 일상을 새롭게 구축하고 손주들과 즐거움을 나누며 더 넓은 시야로 삶을 대하고 있다.

프레임워크

8

일의 비밀을 이해하면
직장 생활이 즐거워진다

업무를 즐기는 기술

상사 때문에 짜증이 난다고요?
포크를 들어 갈라진 틈 사이로
상사의 얼굴을 보면서
그가 철창에 갇혀 있다고 상상해봅시다.

_리키 저비스 Ricky Gervais

여태까지 직장에서 사장이나 상사가 '재밌는 회사'를 주창하며 권유한 온갖 틀에 박힌 관행은 저 멀리 던져버리자. 어색한 해피아워(보통 금요일 이른 저녁에 직원들끼리 술이나 간식을 먹으며 친목을 도모하는 문화—옮긴이)도, 공짜 피자도, 인위적인 사내 행사도 최소한 지금만큼은 잊어버리자. 생일 축하 케이크도, 탁구대도, 거대한 초콜릿 단지도 머릿속에서 지워버리자. 웃긴 양말 신기 대회(가볍고 친근한 분위기를 조성하기 위해 특이한 양말을 신고 오도록 장려하는 문화—옮긴이)는 말할 것도 없다. 즐거운 조직 문화도, 금요일의 평상복 출근도, 본연의 모습으로 출근할 자유도 접어두자. 사무실 책상 앞에서 벌이는 소규모 콘서트도 잠시 안녕이다(음, 이건 괜찮을지도?).

직장에서 즐기는 재미의 모습이 열정을 좇는 것이거나 야망을 이루는 것이어야 한다는 생각도 던져버리자. 노력 자체가 즐거울 수 있다는, 또는 즐거워야 한다는 통념을 (제발 잠깐이라도) 내려놓자.

이런 활동 자체가 잘못되었다는 뜻은 아니다. 나도 사무실에서 탁구 치는 걸 좋아한다. 하지만 직장 내에 마련된 재미에는 보통 세 가지 문제가 있다. 첫째는 억지로 강요되는 경우가 많다는 점이다. 그게 재밌을 리 없다. 둘째는 개성이랑 상관없이 직원 모두가 똑같은 활동을 즐겨야 한다는 점이다. 마지막 셋째는 아무리 포장한다고 한들 여전히 업무에 속한다는 점이다(예컨대 사무실의 탁구대는 직원들을 회사에 붙들어두려는 수단에 불과할지 모른다). 이런 생산성을 위한 재미가 아니라 진짜 재미를 일터에 제대로 녹여내기만 한다면 상당한 유익이 뒤따른다.

오랜 통념과 달리 재미는 주의를 빼앗지 않는다. 오히려 업무를 무사히 마치게 해준다. 과학적 근거에 따르면 일상의 즐거움은 장기적인 목표를 성취하는 데 도움이 된다. 재밌는 일이 어려운 일을 쉽게 해낼 수 있도록 돕기 때문이다. 이를 반복적으로 증명해낸 대표적인 연구자로 각각 코넬대학교와 시카고대학교 마케팅 교수인 케이틀린 울리 Kaitlin Woolley 와 아옐릿 피시배크 Ayelet Fishbach 를 꼽을 수 있다. 공부 시간과 학업 성취도에 관한 연구에서 두 사람은 공부에 재밌는 요소를 결합하는 것이 고등학생의 공부 지구력을 증진하는 효과가 있음을 밝혀냈다.[1] 그들의 또 다른 연구에 따르면, 사람들은 단기적인 보상의 효과를 과소평가하는 경향이 있지만, 실제로는 그것에 크게 영향받았다. 즉 시간이 어느 정도 지난 뒤에 보상받을 때보다 즉각적으로 보상받았을 때 동기부여 효과가 더 컸다.[2]

하지만 근무시간이 존재하는 이유를 혼동하지는 말자. 직장인이라면 보수를 받기 위해 생산적으로 열심히 일해야 한다. 닷컴 시대(1996년부터 2000년까지 인터넷 산업에 대한 과도한 기대로 버블이 형성된 시대—옮긴이)를 겪어봐서 확신한다. 짧지만 혼란스러웠던 그때 사람들은 직장에서 하는 일이 누가 더 성대한 파티를 열고 누가 더 고급스러운 의자를 사는지 경쟁하는 것이라 착각했다. 결과가 어땠는지는 모두가 안다. 그래, 결국 일은 일이다! 한편 대다수의 사람은 먹고살기 위해 일한다. 경제 상황에 따라 무슨 일을 할지 선택할 여지가 없는 경우도 있다. 이런 현실을 고려할 때 직장이라는 맥락에서는 재미를 살짝 다른 시각으로 바라볼 필요가 있다. 급조된 오락 활동을 근무시간에 억지로 구겨 넣거나 휴양지 경관을 줌의 배경 화면으로 사용하는 것 이상의 무언가가 필요하다.

그렇다면 재미의 기술을 일터에 성공적으로 적용하려면 어떻게 해야 할까? 새로운 기준을 알려줄 테니 스스로에게 질문해보자. 나는 일을 제시간에 마치고도 에너지를 충분히 갖고 있는가? "예"라고 답할 수 있다면 직장에서 끝내주게 일을 잘하고 있을 뿐 아니라, 매일 재미를 즐길 잠재력도 최대로 갖고 있다는 뜻이다. (일을 마치는 법이 없는 사람이라면 이를 문제로 인식하고 해결해야 한다. 온종일 업무에 에너지를 '110퍼센트' 쏟아부을 것을 요구하는 업무 환경 때문에 실제로 수많은 사람이 번아웃을 겪고 있다.) 퇴근 후에 진이 너무 빠져서 여가 시간을 즐기기는커녕 소파에 얼굴을 파묻은 채 누워 있기만 하는 삶은 무슨 일이 있어도 피해야 한다.

직업적인 성공이 자신의 가치를 결정한다고 느끼는 사람들에게 과감한 제안을 하나 하겠다. 일을 조금만 덜 심각하게 받아들일 수는 없을까? 물론 쉽지 않을 것이다. 충분한 보수를 주는 직업을 구하는 것 자체가 이미 굉장한 도전이니까. 경제적인 안정은 차치하더라도 오랜 청교도 윤리가 말썽을 일으킬 수 있다. 일이 물질적인 면에서나 정신적인 면에서나 우리의 정체성을 결정한다는 뿌리 깊은 믿음은 기업을 운영하는 사람은 물론이고, 수많은 상사와 인사 담당자 밑에서 일하는 대기업 직원들에게도 큰 영향을 미친다.

일에 재미를 더하는 것이 당신의 활력뿐 아니라 업무 성과에도 긍정적인 영향을 미친다는 사실을 알려주면 좀 도움이 될까? 직장에서 당신이 보여주는 모습을 이야기하는 게 아니다. 유쾌한 가면을 쓰는 것은 어느 정도 이점이 있을 수 있지만, 대개는 역효과를 일으킨다. 신용을 쌓고 능력을 인정받기 위해 억지로 쾌활한 모습을 지어내는 신입 사원의 모습을 떠올리면 쉽게 이해될 것이다. 내가 하고 싶은 말은 일에 대한 접근 방식을 바꿔야 한다는 것이다. 1970년대에 심리학자 도널드 맥키넌Donald MacKinnon은 직업적 성공을 거둔 사람들에 관한 혁신적인 연구를 진행했다. 맥키넌은 특히 창의성에 초점을 맞췄는데, 혹시 IQ 같은 타고난 특성이 그 비결인지 알고 싶었다. 하지만 타고난 특성은 중요하지 않았다. 성공한 사람들은 일을 놀이처럼 다루는 업무 방식을 터득했을 뿐이었다. 맥키넌이 이를 콕 집어 '재미의 기술'이라 부른 건 아니지만, 사실상 그런 셈이나 다름없었다. 맥키넌이 조사한 사람들은 재미의 기술을 활용했기 때문에 훨씬 흥미롭게 일할 수 있었고, 그만큼 일에 더 몰두할 수 있었다.

당신도 (전망 좋은 사무실에서 일하든 침실 귀퉁이에서 일하든) 재미의 기술을 만개시킬 새로운 업무 방식을 터득할 수 있다. 시대적 상황도 딱 좋다. 기술이 발달한 덕분에 (문제도 생겼지만) 일의 세계에도 전례 없는 유연성이 허락되었기 때문이다. 사무실로 출근하는 근로자는 점점 줄어들고 있다. 업무를 원격으로 전환하거나, 근무시간 및 장소를 탄력적으로 관리하는 기업 또한 증가 추세다. 많은 근로자가 프리랜서로 일하거나 용병처럼 여러 팀을 옮겨 다니거나 긱경제에 종사한다. 이제 요란한 양말만 신는 게 아니라 아예 잠옷 바지를 입고 일할 수 있는 세상이다. 설령 특정한 물리적 공간으로 출근해야만 하는 근로자일지라도 이전에 비해 더 많은 자율성과 선택권을 누리고 있다는 사실은 분명하다. 그러므로 우리의 일하는 방식과 태도를 과감히 뜯어고치기에 지금만 한 적기가 없다.

재미있는 직장의 비밀 ⋘

2020년에 각각 인디애나대학교와 노던일리노이대학교 경영학 교수인 에릭 곤살레즈뮬 Erik Gonzalez-Mulé과 베서니 S. 콕번 Bethany S. Cockburn은 〈이 일이 (문자 그대로) 날 죽이고 있어 This Job Is Literally Killing Me〉라는 흥미로운 제목의 논문을 발표했다.[3] 둘은 일과 사망률의 관계를 조사했다. 어떤 종류의 업무 환경이 사망률을 높일 만큼 신체와 정신에 부담을 주는지 알아내고 싶었던 것이다. 대부분의 사람은 업무 강도가 높아서 스트레스를 많이 받는 일이 사망 가능성을 키운다고 추측할 것이다. 하지만 실상은 달랐다. 업무 강도가 높은 일은 상황에 따라 건강을 더 좋게 해주기도 했다. 3,000명이 넘는 근로자에게서 20년간의 건강 관련 자료를 제공받아 분석한 결과, 스트레스를 주는 동시에 자율성이 결여된 일일 경우에 사망 가능성이 커졌다.

인간은 자율성을 갈구한다. 우리에게는 자율성이 필요하다. 사람들은 직업적 야망이 권력욕에 바탕을 두고 있다고 생각한다. 하지만 야심가가 힘을 행사하기를 원한다고 생각하는 건 착각이다. 독일 쾰른대학교, 네덜란드 흐로닝언대학교, 컬럼비아대학교의 연구진은 아홉 개의 기존 연구를 검토해 이런 결론을 내렸다. "인간은 다른 사람을 지배하기 위해서가 아니라 스스로를 지배하기 위해서, 스스로의 운명을 통제하기 위해서 힘을 갈구한다."[4] 게다가 자율성은 동기부여에도 큰 영향을 미친다. 심리학자 리처드 M. 라이언 Richard M. Ryan 과 에드워드 L. 데시 Edward L. Deci가 광범위한 연구를 통해 정립한 '자기결정성이론 self-determination theory'에 따르면, 인간은 자율성, 경쟁력, 관계성이라는 세 가지 기본 욕구가 충족될 때 동기를 강화하고 학구열을 불태운다.[5]

우리는 우리 스스로 일을 통제할 수 있을 때 더 건강해지고 의욕이 넘쳐난다. 그런데 자율성에는 중요한 유익이 한 가지 더 있다.

어쩌면 재미의 기술을 적용하는 데 필요한 핵심 조건일지 모른다. 바로 활력과 영감이 고갈된 채 집에 올 가능성을 낮춰준다는 것이다. 자기결정성이론에 따르면, 자율성은 단지 동기부여와 학구열에만 영향을 미치는 게 아니라 우리의 생명력, 즉 삶을 향한 열망 자체를 좌우한다. 자율성이 충족되지 않으면 우리는 활력이 전부 소진된 듯한 공허함을 느낀다.

여태까지 우리가 일과 재미를 분리해서 생각할 수밖에 없었던 이유도 바로 이 때문이다. 매주 40시간 이상 어디서 일해야 할지, 무슨 일을 해야 할지, 심지어 어떻게 일해야 할지 결정한 것은 당신이 아닌 다른 사람이었다. 일이 전혀 재밌지 않다고 느끼는 사람이라면 이렇게 자문해보자.

- 나는 근무시간 동안 자율적으로 일한다고 느끼는가?
- 나는 일하면서 얼마나 자주 내가 유능하다고 느끼는가?
- 직장에서 누구랑 어울리는가?
- 내 생각과 의견을 자유롭게 표출할 수 있는가?
- 내가 가진 뛰어난 기술과 재능을 적절히 활용하고 있는가?
- 나는 직장에서 얼마나 자주, 어느 정도까지 동료의식을 느끼는가?
- 자랑할 만큼 만족스러운 업무 분야가 있는가?
- 재밌고 흥미로운 배움의 기회가 열려 있는가?

부정적으로 답한 질문이 있다면 거기서부터 출발해보자. 지금으로서는 자율성을 되찾는 데 초점을 맞추자. 기술이 발전한 덕분에 이전 세대는 상상조차 못 했던 방식으로 자율성을 회복할 수 있다. 재택근무를 할 수도 있고 심지어 발리섬의 따사로운 해변에서 일할 수도 있다. 다양한 전자 기기 덕분에 얼굴을 맞대고 소통할 필요도 없다. 상담, 훈련, 코칭 서비스를 원격으로 받을 수도 있다. 팬데믹 때문에 이런 추세가 더욱 가속화되었다. 현재 많은 회사가 이전에는 불가능하다고 생각했던 업무 방식을 허락하고 있다. 오직 원격 근무만으로 사업을 꾸리기도 한다. 칸막이가 놓인 사무실 책상을 절대 벗어날 수 없으리라고 생각했던 직원들도 어느새 자기 집의 서재를 사무실처럼 꾸미는 중이다. 물론 집과 회사의 경계가 흐려지면서 이전보다 많은 일을 해야 하는 부담도 커졌지만, 그 대가로 업무 유연성만큼은 획득한 셈이다.

한편 회사의 관리자들도 이 책에서 소개한 것과 비슷한 여러 연구를 접함으로써, 직원들에게 자율성을 최대한 허락하는 것에 많은 이점이 있음을 깨닫고 있다. 사무직에만 해당하는 이야기가 아니다. 병원이나 공장 같은 일터에서도 탑다운 방침을 포기하고 일선에서 일하는 사람들에게 권한을 줄 때 문제를 훨씬 빠르게 파악하고 해결할 수 있음을 이해하는 중이다.

어떤 종류의 직종에서 일하든 당신에게도 자율성을 높일 기회가 있을 것이다. 그저 능동적으로 그 기회를 찾기만 하면 된다.

휴식시간은 그저 업무를 멈추는 시간이 아니다. 업무 중에 최대한의 자율성을 발휘할 수 있는 시간이다. 단 자판기 앞에 모여 무의미한 수다를 떨어야 한다는 사회적 압력에 굴하지 않아야 한다. 관계성(다른 사람과 교류하려는 욕구)과 자율성은 둘 다 생명력과 관계가 있다. 하지만 사교 활동보다 자율성을 누리는 데 휴식시간을 활용하는 것이 당신의 복지에 더 긍정적인 영향을 미친다. 일례로 캐나다 토론토대학교 경영학 교수인 존 트루가코스John Trougakos는 점심시간에 휴식을 취하며 자율성이 높은 활동을 하는 것이 업무 스트레스를 줄이는 최선의 방법이라고 설명한다.[6] 원래 트루가코스는 일터에서 사교 활동을 하려면 자기통제(행동을 조심해야 함)가 필요하기 때문에 활력을 잃을 것으로 추측했다. 이는 경우에 따라 맞기도 하고 틀리기도 했다. 즉 직장 동료들과 어울린다고 꼭 관계성이 충족되는 것은 아니었다. 업무 스트레스와 활력, 관계성은 모두 자율성에 따라 좌우되었다.

　　트루가코스의 연구에 따르면, 점심시간에 무슨 일을 하는지 자체는 그리 중요하지 않다. 정말 중요한 것은 그 일을 누가 선택하는지다. 다시 말해 자판기 앞에 모여 수다를 떠는 것도 당신에게 재밌고 편안한 활동이라면 얼마든지 괜찮은 선택이다. 심지어는 점심시간에 일을 계속하는 것도 자의로 선택한 것이라면 휴식에 도움이 된다. 한편 절친한 친구 둘이랑 점심을 먹는 것과 아무 직장 동료랑 점심을 먹는 것은 다르다. 후자의 경우에는 자기통제에 주의를 더 기울여야 할 것이고, 그만큼 피로가 쌓일 가능성이 크다.

결국 핵심은 점심시간과 휴식시간을 당신 좋을 대로 활용해야 한다는 점이다. 그때 무엇을 해야 할지 의식적으로 선택해라. 그래야 진이 빠지는 대신 활력을 되찾아 일을 계속할 수 있을 것이다.

창의적인 공간을 만들자 «««

설령 프로젝트의 통제권을 쥐고 있다고 해도 일하는 동안 늘 자율성을 느낄 수 있는 건 아니다. 누군가가 프로젝트를 평가할 것임을 알기 때문이다. 일을 하는 동안 상사, 매니저, 고객 생각을 떨치기가 쉽지 않다. 젊은 시절 '주가라Zugara'라는 마케팅 회사의 공동 창립자로 일하던 때가 기억난다. 한번은 디즈니나 소니 정도의 거물급 회사가 주가라의 창의적인 온라인 마케팅을 이용하겠다고 해 완전히 흥분했다. 주가라가 창조한 디지털아트를 모두가 볼 수 있다니! 그러면서도 법무팀과 브랜드 표준이 있는 한 원하는 대로 다 할 수는 없다는 생각 때문에 사기가 눌렸다. 이렇듯 어떤 종류의 제약이든 재미를 앗아갈 수 있다. 게다가 물리적 공간이든 가상의 공간이든 일터 자체가 스트레스와 불안은 물론이고, 때때로 두려움까지 불러일으키기도 한다. 남의 손으로 조성된 공간에서 일하는 탓에 통제력을 느끼지 못하기 때문이다. 이는 업무의 질은 물론이고, 건강에도 악영향을 끼친다. 통제력을 잃었다는 느낌을 받으면 교감신경이 활성화되어 단 한 번의 실수만으로도 무너질지 모른다는 착각에 빠지기 때문이다. 두려움에 사로잡힌 채 얼마나 재미를 즐길 수 있을까? 전혀 못 즐기겠다고? 내 생각도 그렇다.

이 난관을 극복할 해결책을 의외의 사람에게서 구할 수 있다. 바로 전설적인 코미디 그룹 몬티 파이선Monty Python의 클리즈다. 이미 많은 사람이 접한 어느 강연에서 클리즈는 자신의 대본이 유독 독창적인 이유를 밝혔다.[7] 맥키넌의 연구와 일치하게도 그는 재능이 아니라 최대한 오래 물고 늘어지는 것을 비결로 꼽았다. 이어서 편안하고 개방적인 마음으로 더 즐겁게 일할 수 있는 자신만의 비법도 귀띔했다.

클리즈의 설명에 따르면 여기에는 세 가지 조건이 필요하다. 공간, 시간, 자신감이다. 그가 대놓고 말하진 않았지만, 나는 이 세 요소가 서로 시너지를 일으켜 평범한 공간이 아니라 특별한 요새를 만든다고 생각한다. 일터에 어떤 난관이 닥치든 우리는 그 요새 안에서 자율성을 풍성히 발휘할 수 있다.

우선 공간부터 살펴보자. 당신은 직접 통제 가능한 편안한 공간에서 일해야 한다. 그래야 상사나 동료 등 당신의 업무를 통제하는 사람들과 심리적 거리를 둘 수 있고, 마감 기한, 평가, 두려움 때문에 업무가 방해받는다는 생각을 떨칠 수 있다.

다음은 시간이다. 당신은 놀이 시간에 명확한 시작과 끝을 정해 놓아야 한다. 클리즈는 이 원칙이 중요한 이유를 네덜란드 역사가 요한 하위징아Johan Huizinga의 말을 빌려 이렇게 설명했다. "놀이는 장소와 시간 면에서 일상과는 구별된다. 고립성과 경계성이 놀이의 핵심 특징이다. 놀이에는 시작이 있고 끝이 있다. 그렇지 않으면 그것은 놀이가 아니다." 즉 일을 놀이로서 즐기고 싶다면, 시작 지점과 종료 지점을 명확히 설정함으로써 일을 다른 통상적인 활동과 구별해야 한다. 마감 기한을 향해 달려가는 기존의 선형적인 시간에서 독립된 당신만의 시간을 확보하자.

마지막으로 자신감이다. 당신이 자기 자신을 믿기 어렵다면, 최소한 절차만큼은 믿어라. 클리즈는 놀이에 실수 따위가 존재하지 않는다는 사실을 기억하는 것만으로도 자신감을 빠르게 키울 수 있다고 강조했다. 누구도 당신을 평가할 수 없다. 당신이 만든 결과물이 마음에 들지 않는가? 갈기갈기 찢어버린 다음 누구에게도 알려주지 않으면 될 일이다.

당신만의 공간이고 당신만의 놀이 시간이다. 오직 당신만이 통제할 수 있다. 이 순간만큼은 스스로 창조한 규칙에 따라 업무를 가지고 재밌게 노는 게 당신이 해야 할 일이다.

사람의 신뢰를 얻자 ≪≪≪

냉혹한 진실이 하나 있다. 상사가 당신을 지나치게 통제한다면 그건 신뢰가 없다는 뜻이다. 이때 방어기제를 내세울 수도 있고, 아니면 능동적인 조치를 취해 신뢰를 쌓을 수도 있다. 상사(또는 고객)에게 다가가 당신이 공통의 기대와 우선순위를 가지고 있음을 명확히 밝히자. 내 은사 중 한 명인 배리 그로스먼Barry Grossman은 책임자가 늘 자신감과 주도권을 느끼도록 해줘야 한다고 조언했다. 그러므로 일정 시간마다 업무의 진척 상황을 알려주도록 하자. 가장 중요한 점은 업데이트가 일관적이어야 한다는 것이다.

나는 스타트업 코치 케이트 마쓰다이라Kate Matsudaira가 운영하는 '잉크+볼트Ink+Volt'라는 사이트에서 조직문화 전문가 케이트 프라숑Kate Frachon의 글을 읽은 뒤로 [8] 줄곧 이 방법을 사용해왔다. 물론 직원들에게도 추천을 아끼지 않는다. 직원의 일거수일투족을 관리하길 좋아하는 상사가 결코(또는 거의) 없음을 기억하자. 그건 정말로 시간과 활력을 잡아먹는 일이다. 결국 상사나 매니저의 관심 사항은 양질의 결과물이 제시간에 조달되는지 여부다. 당신이 그 기대에 부응할 것이라는 확신을 준다면 그들은 기꺼이 당신에게 자율성을 허락할 것이다.

아무리 커피를 참고 돈을 아낀다 한들 대부분의 사람은 직장에서 "잘라 보시든가"라고 당당히 말할 정도의 여유 자금을 모으기 어렵다. 우리에게는 일자리가 필요하다. 다만 경제적으로 안정될수록 자신이 하는 일이 노예 계약보다는 자발적인 선택으로 느껴질 것이다. 프리랜서든 기업가든 돈이 있어야 자율성을 느낄 수 있다. 프리랜서의 경우 예산을 제대로 계획하지 않다가는 텅 빈 통장을 마주하게 될 것이다. 이는 그 어느 상사보다 악랄한 독재자처럼 굴 수 있다. 기업가의 경우에도 자금을 스스로 충당할 수 있어야 진정한 의미에서 사장이 될 수 있음을 명심하자. 투자자에게 손을 벌리는 순간 어느 정도는 그의 요구에 휘둘릴 수밖에 없다. 사업체를 끊임없이 확장하는 게 곧 성공이라고 생각하는 자영업자나 1인 기업가라면 브랜딩 전문가 폴 자비스Paul Jarvis의《1인 기업 Company of One》을 꼭 읽어보자.[9] 생각이 바뀔지 모른다.

　일자리는 두려움을 자아내는 실재적인 문제다. 따라서 많은 사람이 거기에 휘둘리는 것도 충분히 이해가 간다. 하지만 그럴수록 일의 통제권을 갖기 어려워질 뿐이다. 물론 "일자리가 땅 파서 나오는 것도 아니잖아요"라고 말할지 모른다. 각 지역의 경제 상황에 따라 맞는 이야기일지도 모른다. 하지만 그런 통념에 갇혀 있다가는 눈앞의 기회를 놓치거나 새로운 기회를 만들 생각을 아예 못 할 수 있다.

이러한 상황을 피하려면 어떻게 해야 할까? 우선 당신에게 돈이 아닌 자산이 무엇이 있는지 목록을 만들어보자. 여기에는 고용주에게 제시할 수 있는 당신만의 기술이나 자격증, 구직 기간에 당신을 지원해줄 수 있는 친구나 가족이 포함된다. 당신에게 다른 선택지가 존재한다는 사실을 알고 나면, 지금 하는 일이 전부라는 두려움도 상쇄될 것이고, 더 재밌거나 보수가 좋은(어쩌면 둘 다인) 일자리를 찾을 용기도 생길 것이다.

업무 수행력을 높이는 자극 관리법 〈〈〈

이번 장에서 소개한 자율성 전략에는 부가적인 이점이 있다. 바로 자극을 관리하는 데 도움이 된다는 점이다. 물론 성적인 자극을 이야기하는 게 아니다. 심리적 감정체로서 '자극arousal'이란, 특정한 활동이 불러일으키는 흥분(또는 탈진)의 정도를 가리킨다. 대부분의 일터에서는 (의도적이든 아니든) 높은 자극이 끊임없이 이어진다. 트렌디한 옷 가게에 가본 적이 있다면 이게 무슨 말인지 알 것이다. 그런 가게에서는 손님과 직원에게 생기를 불어넣기 위해 시끄러운 음악을 틀고 조명을 쨍하게 밝힌다. 어떻게든 당신의 지갑을 열기 위해 인위적으로 조작된 재미다. 사무실에서는 음악이나 조명이 자극을 만들어내지는 않는다. 그보다는 끊임없이 쏟아져 들어오는 이메일과 협업용 앱에서 쉴 새 없이 보내는 알림이 주된 자극이다. 디지털 메시지가 끊임없이 가하는 자극이 스트레스와 불안을 유발하는 현상을 다루기 위해 신경과학자 애덤 개절리 Adam Gazzaley 와 심리학자 래리 로젠 Larry Rosen 은《산만해진 마음 The Distracted Mind》을 썼다. [10]

이런 자극이 꼭 나쁘기만 한 것은 아니다. 단지 당신에게 나쁠 수 있을 뿐이다. 어떤 사람은 강한 자극을 받는 상태에서도 업무를 잘할 수 있는가 하면 그렇지 않은 사람도 있다. 자극이 감당할 수 있는 선을 넘어버리면, 당신은 형편없는 결과물을 내놓고 경쟁력을 잃어버리며 공허한 상태로 업무를 마칠지 모른다.

자신의 자극을 주의 깊이 관찰하고 관리하면 일은 더 재밌어진다. 이때 우리는 크게 두 가지 이익을 얻을 수 있다. 첫째, 더 영리하게 일해 생산성을 높일 수 있다. 더 많은 성과를 내면 그만큼 자신감도 커진다. 둘째, 더 많은 활력을 지닌 채로 퇴근할 수 있다. 자신의 역량에 확신이 생겼기 때문이기도 하지만, 귀중한 에너지를 일부 아껴두었기 때문이기도 하다.

자극을 관리한다는 게 낯설 수 있다. 하지만 자극과 수행력을 섬세하게 조절할 줄 아는 사람들이 있다. 바로 운동선수들이다. 사람마다 자극에 영향받는 방식과 수준이 다르기 때문에 자극이 강한 상태는 유용할 수도 있고 해로울 수도 있다. 어떤 운동선수들은 아드레날린과 긴장을 발판 삼아 실력을 극대화한다. 반면 긴장이 풀리고 압박감을 느끼지 않을 때 최상의 결과를 내는 운동선수들도 있다. 코치들은 그 균형점을 찾기 위해 지난 수십 년간 러시아의 스포츠심리학자 유리 하닌Yuri Hanin이 개발한 모델을 활용해왔다. 운동선수가 자신의 수행력을 극대화하는 자극 수준인 'IZOF', 즉 '개별 최적 수행 영역'Individual Zone of Optimal Functioning을 안다면, 필요할 때마다 해당 영역에 돌입할 수 있는 조건과 환경을 설정할 수 있을 것이다.[11]

이를 적용하기 위해 당신의 업무 수행력이 언제 최고조에 달하는지 생각해보자. 그 순간 당신이 느끼는 감정을 묘사할 단어를 아래 표에서 두세 개 골라보자. 다음으로는 언제 업무 수행력이 바닥을 찍는지 생각해보고, 역시 그와 관련된 감정을 두세 개 골라보자.

유리 하닌의 IZOF 프로파일링 예시

유용한 감정	불리한 감정
흥분됨	의욕이 없음
활력이 넘침	피곤함
의욕이 넘침	확신이 없음
자신감이 넘침	지루함
편안함	긴장됨
만족스러움	불안함
기쁨	불만족스러움
즐거움	화남

어떤 감정에 공감하는지 추려보면, 당신이 낮은 자극에 적합한 사람인지, 높은 자극에 적합한 사람인지 파악할 수 있다. 바로 그 자극에 당신의 업무 환경을 맞추면 된다. 가령 당신이 유용한 감정으로 '흥분됨'과 '활력이 넘침'을 고르고, 불리한 감정으로 '화남'을 골랐다고 하자. 이는 당신이 자극이 강한 상태에서 업무를 잘 수행한다는 사실을 시사한다. 따라서 현재 당신이 집에서 혼자 조용히 일하고 있다면 카페나 공유오피스에서 일하는 것을 고려해볼 만하다. 반대로 당신이 '즐거움'과 '편안함'이라는 감정을 느낄 때 최적의 업무 능력을 발휘한다면, 조용한 회의실을 빌려서 일하거나, 잠시 산책하면서 정신을 비우거나, 재택근무를 요청하는 것이 좋은 선택지가 될 수 있다.

여기서 핵심은 스스로를 특정한 유형의 사람으로 규정하는 게 아니라, 무엇에 자극받는지, 그때의 감정이 어떠한지, 그것이 업무에 어떤 영향을 미치는지 인식하는 것이다. 그렇게 한다면 업무 환경에 변화를 줌으로써 최적의 상태로 일할 수 있을 것이다.

자극을 높일 수 있는 요인

- 재밌고 쾌활한 운동이나 스트레칭(점심시간에 운동하기, 산책하며 회의하기 등).
- 커피나 차 한잔.
- 자극이 강한 오락 활동(에너지가 넘치는 음악 듣기, 고무적인 강연 듣

기 등).

- 창의력과 호기심 발휘하기(브레인스토밍, 새로운 기술 숙달하기 등).
- 선의의 경쟁.
- 충분한 수분 섭취.

자극을 낮출 수 있는 요인

- 독서.
- 반려동물과 시간 보내기.
- 향초 피우기.
- 적절한 조명.
- 식물 가꾸기.
- 명상과 마음챙김.
- 일기 쓰기.
- 산책하기.
- 낮잠 자기.

이제 당신은 어느 정도의 자극이 가해졌을 때 최상의 업무 능력을 발휘할 수 있는지 파악했다. 그런데 바로 그때 무슨 일을 하는지도 중요하다. 어떤 활동은 자극이 강할 때 더 잘되고, 어떤 활동은 자극이 약할 때 더 잘된다. 1990년대에 심리학자 로버트 여키스Robert Yerkes와 존 도슨John Dodson이 진행한 연구는 이런 연관성을 최초로 입증했다.[12] 그들은 잘못된 상자를 골랐을 때 전기 충격을 가하는 방식으로 쥐가 특정한 상자에 들어가도록 훈련했다. 과제의 난도가 낮을 때는 자극이 강할수록 쥐의 학습 능력이 좋아졌다. 반면 과제의 난도가 높을 때는 강한 자극이 오히려 학습 능력을 떨어뜨렸다. 이처럼 자극은 유용할 수 있지만, 수행력이 고점을 찍고 난 뒤에는 더는 도움이 되지 않는다. (물론 우리는 쥐가 아니지만 다들 몸소 느껴봤을 것이다.)

이후 과학자들은 여키스와 도슨의 연구를 한층 더 보강했다. 현재는 낮은 수준이나 중간 수준의 자극이 가해질 때 복잡한 업무나 새로운 학습의 성취도가 가장 높아진다는 결론에 합의한 상태다. 쉽지는 않지만 반복을 통해 익숙해진 업무에는 중간 수준의 자극이 가장 적절하다. 마지막으로 쉬운 업무는 자극이 강한 상태일 때 가장 잘 수행된다.

그렇다면 어떻게 하면 될까? 가능하다면 당신의 업무 환경이나 업무 자체를 그에 어울리는 자극 수준에 맞춰 재구성하자. 도움이 되는 팁이 두 가지 있다.

1. 가장 어려운 업무를 가장 먼저 처리하자. 인지적 소음이 본격적으로 시작되기 전인 데다가 시간의 압박도 가장 덜 느끼기 때문이다. 올빼미형 인간이라면 정반대로 하면 된다.
2. 지루한 행정 업무를 처리해야 한다면 몇 시까지 끝내겠다고 시간제한을 걸어서 자극을 높일 수 있다. 아니면 일부러 근

> 무시간 끝에 배치해 그 업무를 마쳐야만 퇴근할 수 있다는
> 마음을 먹어보자. 실수할 가능성이 없는 업무라면 활동 묶기
> 전략을 사용해 일을 더 재밌게 할 수 있다(예컨대 반복적인 업무
> 를 자극적인 음악과 결합할 수 있다).

사교 활동은 일의 연장이 아니다 ⟪⟪⟪

관계성(다른 사람들과 연결되어 있다고 느끼는 정도)은 업무를 마친 뒤에도 활력이 남아 있을지를 결정하는 또 다른 중요한 요인이다. 직장에서는 관계성이 간단한 문제가 아니다. 일단 직장 동료들과 사교하는 데 쓰는 시간이 활력을 증진한다고 장담할 수 없다. 앞서 언급한 트루가 코스의 휴식시간 연구에 따르면, 직원들은 의무적인 식사에 참석하는 대신 점심시간에도 계속 일할 때 오히려 만족도가 높았다. 그만큼 사람들은 강제로 사교 활동에 참여하기를 싫어하는 것이다.

심지어 자발적인 사교 활동도 진이 빠질 수 있다. 직장 밖에서 친구들을 만나 시간을 보낼 때를 생각해보자. 이때는 평가나 비난, 숨은 의도를 신경 쓸 필요 없이 긴장을 풀고 본연의 모습으로 존재할 수 있기 때문에 재미와 활력을 쉬이 얻는다. 하지만 직장에서는 다르다. 어쩌면 운 좋게도 편안하게 대할 수 있는 직장 동료가 있을지 모른다. 잘된 일이다! 그러나 신용을 유지할 필요가 있는 직장에서는 본연의

모습이 얼마나 특이한지에 따라(난 진짜 특이하다) 위험과 긴장이 초래될 수 있다.

직장에서 사교 활동을 하는 데는 또 다른 문제가 있다. 친구 사이에서는 모두가 편안함과 소속감을 느낄 수 있는 환경이 자연스레 조성된다. 하지만 직장에서는 그런 경우가 흔치 않다. 특히 성별, 성지향성, 인종, 국적 때문에 주류에 속하지 않는 사람이라면 더욱 공감할 것이다. 직장에서 재미를 누리려면 모두가 안전하다고 느끼는 환경이 만들어져야 하는데, 대부분의 일터는 그런 목표를 달성하지 못한다. 어떻게 그런 환경을 조성할 것인지는 이 책에서 다룰 내용이 아니다. 게다가 빠르고 쉬운 해결책도 존재하지 않는다. 이미 소외받는 중이라고 느끼는 직원은 그런 환경을 찾으려고 노력해야 한다는 것 자체를 과도한 부담으로 받아들일 수 있다.

태평양제도 원주민의 혈통을 이어받은 내 아내가 이런 일을 직접 경험한 바 있다. 2021년에 '아시아인을 향한 혐오를 멈추라Stop Asian Hate'는 시위가 벌어졌을 때 아내는 전 직원이 참석하는 화상 세미나에서 회사의 DEI(다양성, 형평성, 포용성) 정책에 대한 식견을 나눠달라는 요청을 받았다. 아내가 개인적인 경험을 공유한 덕분에 AAPI(미국계 아시아인과 태평양제도 원주민 혈통의 사람) 직원이 적은 회사에 반드시 필요한 대화의 물꼬가 트였다. 아내도 직원들이 서로를 이해하도록 도우려는 회사의 노력을 지지했다. 동시에 아내는 인종차별을 당했던 고통스러운 기억을 다시 들춰내야 한다는 게 애쓰기 활동처럼 느껴진다고, 자발적으로 하고 싶은 일은 아니라고 솔직히 밝혔다.

이런 이야기를 듣고 나니 직장 내 사회적 상호작용을 최저 수준으로 낮추고 싶은가? 어떤 사람에게는 그게 정답일 수 있다. 물론 근무 중이나 퇴근 후에 관계 맺을 기회를 여전히 갈구하는 사람도 있을 것이다. 후자에 속하는 사람들을 위해 몇 가지 조언을 해주겠다.

첫째, 강제적인 사교 활동은 재밌거나 편안하기 힘들다. 모두가 기억해야 할 테지만, 특히 리더가 조심해야 할 부분이다. 때로는 의무적으로 참여하지 않아도 되는 사교 활동일지라도 강제적이라고 느낄 수 있다. 예컨대 많은 회사에서 도입한 해피아워의 해로움에 관한 증거가 하나둘 드러나고 있다. 의도가 아무리 좋다고 한들 해피아워는 근무시간의 연장에 불과하다. 술을 마시지 않는 직원은 모임에서 즉시 소외되고, 술을 마시는 직원은 때때로 너무 많이 마셔서 신용이나 안전의 위기를 겪고 만다. 직원들이 술을 마시면서 재밌게 어울리기를 바란다면, 그 재미는 업무 환경에 적합하지 않다는 게 핵심이다. 해피아워를 즐기지 못하겠다면 그냥 빠진 뒤에 대안을 제안해라. 불만을 제기하는 게 처음에는 스트레스로 다가올 수 있지만, 같은 문제의식을 공유하는 사람들이 당신을 등대처럼 여긴다는 사실을 깨닫고 나면 소외감과는 정반대의 감정을 느낄 것이다.

둘째, 동족을 찾자. 많은 대기업이 사회적으로 소외된 집단에 속하는 개인들을 격려하고, 또 그들이 안전하게 머물 사회적 공간을 마련하기 위해 동호회를 활용한다. 위계나 직군에 상관없이 사람들이 어울릴 수 있게 돕는 것이다. 이와 비슷한 전략을 업무 환경에서 친구나 아군을 찾을 때 폭넓게 적용할 수 있다. 위계나 직군은 잠시 내려놓고, 관심사를 공유하며 친밀감이 느껴지는 사람을 찾자. 퇴근 후에 같이 자전거를 타는 등 특정한 활동을 같이할 짝을 찾자. 편안한 사교 활동이 목표일 때도 업무 연관성이 가장 적은 사람과 관계를 맺는 게 낫다. (위계 관계를 악용하지 않는 이상) 업무상의 문제가 생길 가능성이 작기 때문이다. 예컨대 팀원보다는 로비 접수 담당자랑 어울릴 때 더 많은 활력을 얻을 수 있다.

셋째, 친구를 직장에 데려가자. 직장에서 관계성을 갈구하지만 도저히 얻지 못하겠다면 휴식시간을 이용해 일상 친구를 만나자. 오랜 친구와 점심을 먹으러 가거나, 밖에 나가 햇볕을 쬐며 친구랑 통화하자. 해피아워를 거르고 친구를 만나러 가거나, 아예 친구를 해피아워에 초대하자.

프리랜서나 자영업자처럼 본인의 일정, 동료, 일터를 결정할 수 있는 사람이라면 더 유리하다. 관계성이 충분히 충족되지 않는 것 같다면 다음과 같은 외부 활동을 고려해보자.

- 직업적으로 알게 된 사람 중 6개월 이상 연락하지 않은 사람

- 을 매주 한 명씩 골라 연락하자.
- 매주 진심으로 마음에 드는 사람이나 더 알고 싶은 사람에게 연락해 얼굴을 보며 점심을 먹자.
- 매달 친밀한 동료와 운동 수업이나 박물관 견학 등 특별한 활동을 함께 즐기자.

혹시 집에서 혼자 일하느라 외롭다면 음식 배달원과 대화해보자. 안 될 게 뭐 있나? 사람들은 뜻밖의 교류나 만남이 재미의 원천이 될 수 있다는 사실을 과소평가한다. 행동과학자 니컬러스 에플리 Nicholas Epley와 줄리애나 쉬뢰더 Juliana Schroeder의 연구가 이를 뒷받침한다.[13] 둘은 버스나 기차로 통근하는 시카고 사람들에게 낯선 사람과 대화하는 경험이 어떨 것 같냐고 물어봤다. 대부분은 전혀 유쾌하지 않은 경험이 될 것 같다고 답했다. 그래서 두 연구자는 통근자 중 몇몇을 무작위로 골라 실제로 낯선 사람과 대화하도록 요청했다. 원래 예측과 달리 사람들은 기꺼이 대화를 시도했고, 그럴수록 통근 시간이 더 즐거워졌다며 놀라워했다.

그러므로 교제할 사람을 택할 때 (물론 신체적으로나 정신적으로 안전하다고 느껴지는 상황에 한해) 색안경을 벗도록 하자. 뜻밖의 만남이 가져다주는 재미를 만끽하자. 이는 우리의 일상에 놀라움을 더하는 훌륭한 방법 중 하나다. 앞 장에서 살펴본 것처럼 놀라움은 익숙한 반복에서는 결코 얻을 수 없는 활력을 불어넣는다.

지금까지 과학 연구와 경험을 토대로 당신의 일에 활력을 불어넣을 방법들을 소개했다. 이제 당신이 움직일 차례다. 재미(그리고 일)는 개인마다 다 다르므로 당신은 자신만의 실험을 통해서만 최상의 결과를 얻을 수 있다. 이렇게 자문해보자. '직장에서 자율성, 경쟁력, 관계성을 높이려면 무엇을 해야 할까? 근무시간을 더 재밌게 보내려면 무엇을 해야 할까?' 마지막 단계로 SAVOR 시스템을 적용해보자.

첫째, 이야기를 고치자. 일에 관한 이야기 중 당신에게 해로운 영향을 미치는 것은 무엇일까? 당신의 우선순위와 가치관을 분명히 파악하고 어떤 행동이 그에 맞는지 점검하자. 본능에 맞서는 것만큼 진 빠지는 일이 없다.

이야기 고치기 기법은 실용적으로도 도움이 된다. 즐거움과 동기부여의 관계를 연구한 코넬대학교 마케팅 교수인 울리는 직장에서 당신이 싫어하는 부분 대신 당신이 좋아하는 부분에 초점을 맞출 때 큰 변화가 생긴다고 강조한다. 특정 업무를 더욱 즐겁게 받아들이고 싶다면 이렇게 자문해보자. '이 업무를 할 때 내가 초점을 맞출 수 있는 재밌는 부분이 무엇일까?'

둘째, 활동과 활동을 묶자. 직장에서 활동 묶기 전략이 발휘하는 힘은 어마어마하지만, 부작용을 일으킬 수도 있다. 예를 들어 서류 작업을 하면서 TV를 보는 것은 좋은 아이디어처럼 보이지만, 결과적으로 보고서는 엉망진창이 되고, 방금 본 드라마 내용은 전혀 기억나지 않는다. 함께 묶인 활동들이 시너지를 내야지, 서로의 질을 떨어뜨려서는 안 된다. 복잡하지 않은 업무를 즐거운 활동(음악 감상 등)과 결합해보자. 또는 보상과 같은 활동을 업무 뒤에 이을 수도 있다. 어렵고 집중력이 필요한 활동을 한 시간 했다면, 그다음에는 편안하고 재밌는 활동을 이어서 하는 식이다.

셋째, 쾌락을 변주하자. 단조로운 업무가 반복되어서 지치는가? 이때 쾌락 변주를 활용할 수 있는 쉬운 방법이 하나 있다. 바로 일정을 뒤섞는 것이다. 근무시간이나 평소 일을 처리하던 순서를 바꾸고, 동전을 던져서 다음에 할 일을 정해보자. 이 접근법을 화끈하게 뒤집을 수도 있다. 근무시간에 이런저런 일을 포함해서 신선함을 불어넣는 대신, 똑같은 일을 다양한 방식으로 즐기는 것이다. 고되거나 지루한 업무가 있다면 연구자의 시선으로 바라보며 그 업무를 흥미롭게 할 방법이 무엇일지 깊이 탐구하자. 그러면 방법을 찾는 과정 자체가 일종의 게임이 된다. 또한 새로운 시선은 수없이 반복한 업무를 일종의 예술 작품처럼 보이게 한다. 이 부분에서 위대한 흑인 인권 운동가 마틴 루서 킹 Martin Luther King 의 정신을 본받도록 하자. "거리를 청소하는 일을 맡았다면 미켈란젤로가 그림을 그리듯, 베토벤이 작곡하

듯, 셰익스피어가 시를 쓰듯 해봅시다." 성과를 인정받으려는 욕구만
이 아니라 활동 자체에 초점을 맞추는 것이야말로 어느 일에든 몰두
할 수 있는 비결이다.

넷째, 선택지를 늘리자. 직장에 소속되어 있든 혼자 일하든 업무
에는 명확한 틀이 있기 마련이다. 하지만 그 틀은 다분히 상상에 의존
한다. 동료의 프로젝트에 손을 빌려주는 것이든 직업적 이점을 활용
하는 것이든 당신의 직장은 생각보다 훨씬 많은 선택지를 제공한다.

간단한 예를 하나 들어보자. 당신은 지난 3년 동안 현재 소속된
업계나 직업과 관련된 행사에 몇 번이나 참석했는가? 콘퍼런스나 행
사는 당신이 직장을 다니며 익숙해진 정신적·신체적·사회적 리듬을
벗어나기에 딱 좋은 기회다. 누군가가 초대해주기를 기다리지 말자.
스스로 검색한 뒤 참석하는 데 필요한 시간과 예산을 요청하자. 특히
호기심을 채워주고 직업적으로 성장하게 해줄 뿐 아니라 직장 밖에
서 재미를 즐길 기회를 가져다주는 행사를 찾아보자.

부끄럼이 많은 내 친구 브레이디 투아존이 로스앤젤레스에서
열린 E3 엑스포에 참여했다가 술기운이 올라서는 푸 파이터스 Foo
Fighters 공연 중에 보컬이자 기타리스트인 데이브 그롤 Dave Grohl 의 관
심을 끌었던 일이 기억난다. 그롤이 관중에게 어떤 곡을 듣고 싶은지
물어보자, 투아존은 "레드 제플린 Led Zeppelin 의 곡을 연주해줘요!"라
고 외쳤다. 그롤은 요청을 들어줄 생각은 없었지만, 그 대신 투아존을

무대 위로 불러냈다. 몇 마디 재밌는 농담을 주고받다가 투아존은 이것이 푸 파이터스와 함께할 수 있는 일생일대의 기회임을 깨달았다. 그래서 어떻게 했을까? 그저 부탁을 해봤다. 그롤은 이렇게 답했다. "이 정신 나간 친구가 레드 제플린의 곡을 연주하고 싶다네요! 좋아요. 얼마나 잘하나 봅시다." 바로 그렇게 투아존은 푸 파이터스와 함께 무대에 올라 그롤의 기타를 양손에 쥔 채 수많은 관중 앞에서 레드 제플린의 명곡 〈홀 로타 러브Whole Lotta Love〉를 연주했다. 기타 솔로를 마친 뒤에는 그롤이랑 무대 위에서 칵테일도 마셨다.[14] 그로부터 4주 동안 투아존은 흥분을 떨치지 못했다. 이게 전설이지.

핵심은 재미를 위해서라면 당신의 역할, 환경, 안전지대를 벗어날 기회를 찾으라는 것이다. 일터를 놀이터처럼 생각하자. 어떤 놀이기구를 아직 타보지 못했나? 어느 땅을 아직 밟아보지 못했나? 어떤 친구랑 아직 놀아보지 못했나? 자신의 업무 목록에 얽매이지 말고 창의적으로 선택지를 늘리자.

다섯째, 추억에 잠겨보자. 직장에서 추억 잠기기 기술을 활용하는 법에 대해 생각할 때면 나는 늘 행동 변화 전문가인 BJ 포그BJ Fogg를 떠올린다. 포그는 사람들에게 어느 순간에든 스스로를 기분 좋게 할 수 있는 '초능력'을 기르라고 권고한다. 포그는 특히 칭찬의 중요성을 강조한다. "주의 깊게 살펴보니 어른들은 스스로에게 정말 다양한 방식으로 '내가 일을 망쳤어'라고 말하지만, 정작 '나 일 잘했네'

라고 말하는 법은 모르더군요."[15] 매니저나 고객의 인정은 필요 없다. 크든 작든 삶의 소중한 순간을 함께 기념할 동료, 친구, 연인을 찾으면 된다. 진심으로 칭찬해줄 사람이라면 누구든 상관없다.

내가 상으로 받은 물건 중에는 이 책 계약을 따냈다고 자랑했을 때 동료 작가 라이언 맥패든Ryan McFadden이 선물해준 트로피가 있다. 뿔 모양 트로피의 명판에는 "끝내주네!"라는 글귀가 새겨져 있다. 우습게 들릴지 모른다. 하지만 내가 존경하는 동료 작가가 눈에 보이지 않는 노력을 축하해주기 위해 눈에 보이는 사물을 선물했다는 사실이 날 들뜨게 했다. 책을 내고 나면 삶에 수많은 이정표가 생기기 때문에 "와, 내가 해냈구나"라고 말할 기회가 끝없이 나타난다. 맥패든의 사려 깊은 선물 덕분에 난 언제든 그럴 수 있게 되었다. 지금도 트로피를 바라볼 때면 계약을 따냈을 때의 짜릿함이 새삼 느껴진다.

축하받고 싶다면 먼저 다른 사람들을 축하하자. 당신이 전달한 긍정적인 에너지가 금세 당신에게 돌아올 것이다.

엉뚱한 이벤트로 열정 되찾기　　　　　《《《

아직도 '직장에서 재미를 즐긴다는 건 일부 사람이나 직업에만 해당하는 이야기지 나한테는 적용되지 않아'라고 생각하는 사람이 있다면, 주디 코넬리슨Judy Cornelison을 만나보자. 코넬리슨은 통념상 재미

랑은 굉장히 거리가 먼 직장에서 일한다. 바로 치과다. 그녀는 치위생
사로 일하고 있다. 사실 내가 다니는 치과의 치위생사이기도 하다. 그
녀가 어릴 때부터 치위생사를 꿈꿨던 것은 아니다. 자녀들이 태어나
고 이혼을 겪으면서 다분히 현실적인 이유에서 적절한 직업이 필요
했을 뿐이다. 직업상담사는 그녀에게 치위생사를 추천했다. 일주일
에 나흘 일하면서 괜찮은 월급에 치아 관리도 무료로 받을 수 있다니,
평생을 엄마이자, 아이들 학교 도우미로 살아온 사람에게는 나쁘지
않은 조건이었다. 게다가 치과에 가는 걸 딱히 부정적으로 느낀 적도
없었다. 그래서 최선을 다해 필수 훈련을 받았고 그렇게 새로운 경력
이 시작되었다.

하지만 얼마 지나지 않아 코넬리슨은 자신의 일에서 살짝 실망
스러운 부분을 발견했다. 대부분의 사람이 치과에 오는 걸 싫어한다
는 점이었다. 그녀 앞에 놓인 의자에 앉고 싶어 하는 사람은 없었다.
자신이 하는 일이 사람들의 머릿속에서 그날 최악의 기억으로 남을
줄은 생각도 못 했다. 그녀는 외향적인 사람이었고 사람들과 교류하
는 걸 즐겼다. 그래서 이와 같은 불만족스러운 상호작용은 점점 진이
빠지는 요인이 되었다. 일 자체는 견딜 만했지만 재밌지가 않았다.

결국 코넬리슨은 해결책을 찾아냈다. 순전히 우연한 사건 덕분
이었다. 어느 환자가 연말쯤에 그녀에게 웃기게 생긴 새해 기념용 안
경을 선물했던 것이다. 환자가 떠난 뒤 그녀는 안경을 계속 쓰고 싶
다는 욕구를 느꼈다. 안 될 게 뭐 있나? 다음 환자가 들어오자, 그녀는

또다시 '윽, 결국 치과에 왔네'가 쓰인 표정을 마주하리라 예상했다. 그런데 그는 코넬리슨의 안경을 보고 잠깐 당황한 듯 놀라더니, 금세 함박웃음을 터뜨렸다. 안경이 어색함을 깨주었던 것이다. 그래서 코넬리슨은 실제 치아 관리 업무를 볼 때를 제외하고는 그날 내내 안경을 썼다. 그리고 그날 내내 수많은 미소와 웃음을 선물로 받을 수 있었다.

그날 저녁 코넬리슨은 매일 특별한 무언가를 쓰기로 마음먹었다. 재밌는 장신구를 끼는 날도 있었고, 아예 코스튬을 통째로 입는 날도 있었다. 플라밍고 모자와 안경, 상어 모자, 깜빡이는 크리스마스 조명, 외계인 코스튬까지, 상상할 수 있는 모든 걸 다 걸쳐봤다. 무려 28년 동안 단 하루도 빠지지 않고 말이다. 코넬리슨의 결심은 그녀의 일뿐 아니라 그녀를 마주하는 모두의 경험을 뒤바꿨다. 그녀 덕분에 나는 치과 가는 일을 그날의 하이라이트이자 그 주의 하이라이트로 꼽는다. 글로만 보면 진부하게 느껴질지도 모르겠다. 하지만 이건 단지 코스튬을 입고 말고의 차원을 넘어선다. 여기에는 환자들이 답답한 병원에서 편안히 웃을 수 있기를 바라는 마음으로 괴짜 같은 일을 기꺼이 끌어안은 사람과 만나는 즐거움이 담겨 있다.

코넬리슨의 행위 예술은 실제로 긍정적인 힘을 발휘하고 있다. 그녀의 말에 따르면 코스튬을 입기 전에는 환자들이 치아 관리를 받기 전에 마취약을 부탁하는 경우가 많았다. 그들은 이제 더는 마취약을 필요로 하지 않는다. 코넬리슨이 "그들을 편안하게 해주는 일"을 기꺼이 해주기 때문이다. 환자 중에는 쇼핑이나 여행 중에 산 재밌는 물건을 선물하는 사람도 있다. 특히 환자들이 코넬리슨의 사진을 찍어서 페이스북에 올릴 때면 그녀의 자녀들은 창피해하기도 하지만 그녀는 그러지 않는다. "전혀 신경 쓰지 않아요. 저도 즐거운걸요. 오히려 이건 제 삶의 상징이 되었죠."

치위생사를 '열정 프로젝트' 목록에 올려둘 사람은 흔치 않을 것이다. 하지만 코넬리슨이 그걸 해냈다. 그녀처럼 오래도록 즐거움을 만들어내고 싶다면 반드시 열정이 있어야 한다. 여전히 당신의 근무시간에 재미가 존재할 수 없다고 생각한다면, 바로 여기에 교훈이 있다. 직장에서 열정을 실현하려면 무엇을 할 것인지에 얽매이지 말고, 그것을 어떻게 할 것인지에 초점을 맞춰야 한다는 점이다. 일에 열정을 불어넣는 건 오늘 당장 당신이 내릴 수 있는 선택이다. 바로 그 선택이 고역을 재미로 바꿔줄 것이다.

심리학자 마이클 저비스^{Michael Gervais}는 막 연구자로 발돋움하던 시절의 내게 지대한 영향을 미친 멘토다. 그는 종종 '열정의 덫'이 지닌 위험성을 경고했다. 우리는 행복해지기 위해 자신만의 유일한 열정을 찾아 성취해야 한다고 믿는다. 이것이 바로 열정의 덫이다.[16] 사실상 행복의 덫이라 할 만한 쾌락의 쳇바퀴와 다를 바 없다. 이 경우에도 우리는 더 나은 미래를 성취하는 데 즐거움이 있다고 착각한다. 그럼 지금 이 순간은 어쩌란 말일까? 쓸모없는 걸까? 피할 수 없는 실망감은 또 어떻고? 앞으로의 계획을 세우는 과정이 곧 삶이라고 생각한다면? 땅땅! 당신의 운명이 방금 막 정해졌다.

지금을 경험하는 방식을 조정한다면, 즉시 훨씬 더 좋은 결과를 얻을 수 있다. 어딘가 익숙한 이야기처럼 들리는가? 우리가 지금까지 배운 재미의 기술이 바로 그 내용이기 때문이다. 이제 우리는 똑같은 전략을 일에 적용하기만 하면 된다. 어떤 경력을 쌓는다면, 또는 어떤 이정표에 도달한다면 직업적인 만족이 뒤따를 것이라고 착각하지 말자. 그런 개소리는 옆집 아무개의 몫으로 남겨두자. 그 대신 스스로에게 지금 당장 직면한 문제가 무엇인지 물어보자. 오늘 내가 하는 일에서 어떻게 재미를 찾을 수 있을까?

요컨대 당신의 노력에도 쉴 틈을 주자. 그게 쉽냐고? 물론 어렵다! 허슬 문화와 인지적 편견 때문에 우리는 끊임없이 미래의 자기 모습에 초점을 맞춘다. 최악의 경우에는 우리가 결코 성취할 수 없는 결과에 초점을 맞춘다. 이제 거품을 터뜨릴 시간이다. 나이키 광고에서 뭐라고 외치든 간에 당신은 타이거 우즈가 되지 못할 것이다. 일론 머스크가 되지 못할 것이다. 고층 빌딩 꼭대기에 앉지 못할 것이다. 아무리 노력하고 허슬에 매진해도 그렇다. 하지만 우리의 뇌는 현실을 왜곡한다. 극소수의 특이한 경우에 꽂혀서 평균적인 현실을 놓친다. 여기에서 저기까지 가는 데 요구되는 업무량을 극도로 과소평가한다. 상당한 양의 시간과 활력을 경력에 쏟아붓는 것은 월급을 로또에 쏟아붓는 것이나 마찬가지다. 당신이 당첨될 확률은 크게 변하지 않는다. 그처럼 희박한 확률에 그토록 큰돈을 들이부을 사람은 없겠지만, 아무 생각 없이 그보다 훨씬 더 가치 있는 자원을 들이붓는 사람은 많다. 바로 시간 말이다.

장기적인 성과를 위해 단기적인 행복을 포기할 만한 일이 존재하지 않는다거나, 직업적인 열정을 좇는 게 아무 의미가 없다고 말하려는 게 아니다. 의사가 되는 게 꿈이라면 열심히 꿈을 좇아라. 세상에는 능력 있는 의사가 많이 필요하며, 그 훈련 과정이 어마어마하게 바뀌지 않는 이상 희생은 불가피하다. 하지만 오늘날 수많은 사람이 삶에서 진정으로 필요한 게 무엇인지, 원하는 게 무엇인지 깊이 생각하지 않은 채 무작정 일에 매진한다. 남이 써준 각본에 따라 살다가 뒤늦게 알아챈다. 결국 자신만을 위한 의미 있는 이야기를 쓰는 데 실패한다.

대충 일하라는 말이 아니다. 굳이 일이 인생 전체를 정의하고 결정하도록 내버려두지 않더라도, 우리는 얼마든지 뛰어난 결과를 내놓을 수 있다. 글래드웰 덕분에 유명해진, 엘리트 바이올리니스트들에 관한 연구를 기억하는가? 언젠가부터 사람들은 순전히 많은 시간만 투자하면 무엇이든 잘할 수 있다는 생각에 사로잡혀 있다('1만 시간의 법칙'을 들어봤을 것이다). 문제는 그 연구가 훌륭한 바이올리니스트나 뛰어난 바이올리니스트가 아니라 세계 최고의 바이올리니스트가 되는 데 무엇이 필요한지를 탐구했다는 점이다. 우리 중 과연 몇 명이나 자기 분야에서 그토록 높은 위치에 오를 수 있을까? 또 다른 문제는 많은 사람이 시간의 양에만 집중할 뿐 정작 핵심은 놓쳤다는 것이다.

바로 '그 시간이 어떻게 사용되었는가?'이다. 엘리트 바이올리니스트들은 극도의 참을성, 꾸준함, 계획성을 보였지만, 연습하지 않을 때는 굳이 뒤를 돌아보지 않았다. 그냥 쉬었다. 그들이 성공을 거둔 이유는 정해놓은 시간에 노력을 집중했기 때문이지(즉 계획적으로 연습했기 때문이지), 깨어 있는 매 순간 연습에만 매진했기 때문이 아니다.

우리는 종종 우리가 지금 살아가는 현재가 아니라 앞으로 우리가 살고 싶은 미래에 집중하고는 한다. 아예 그런 생각에서 빠져나오기 힘들다고 느껴진다면, 지금 당장 재미의 기술을 일깨우는 방법을 세 가지 알려줄 테니 적용해보자.

1. 스스로에게 '오늘 더 재밌게 일하려면 어떻게 해야 할까?'라는 질문을 자주 던지자. 그냥 수사적인 질문이 아니다. 당장 종이 한 장을 꺼낸 다음 오늘이나 이번 주 업무 일정에 재미와 열정을 더할 방법 세 가지를 적어보자. 아이디어가 떠오르지 않는다면 프레임워크 ①에서 설명했던 것처럼 일정표를 펼쳐놓고 활동을 하나하나 평가해보자. 예컨대 재밌는 직장 동료를 만나는 시간이 있는가? 그 만남을 좀 더 흥미로운 활동과 묶어보자.
2. 근무시간이 아닐 때는 일하지 말자. 쉬울 것 같지만 사실 앞서 살펴본 여러 이유 때문에 진짜 어렵다. 하지만 의식적으로 일을 분리하면 그에 따른 유익이 발생한다. 수많은 연구

가 의식적으로 여가(즐기기와 살아가기 활동)를 즐길 줄 아는 사람들은 그렇지 않은 사람들보다 다음 날을 훨씬 활기차게 보낸다고 강조한다.[17]

3. 필요할 때마다 되새기자. 열정(그리고 재미)은 무엇을 하는지가 아니라 그것을 어떻게 하는지에 달려 있다.

9

자신의 한계와 싸울 때
재미를 무기로 써라

고난을 기쁨으로 바꾸기

여름에 대비해 몸을 만드는
30가지 방법을 소개해주마.
첫째, 덜 먹어라.
둘째, 운동해라.
셋째, 내가 무슨 이야기 중이었더라?
어우, 배고파.

_마리아 뱀포드 Maria Bamford

앞 장에서 우리는 허슬 문화에 의문을 제기하고 직장에서 더 많은 재미를 누리는 혁신적인 방법을 알아봤다. 그 방법을 꼭 실천해야 하는 이유는 직장에서 뼈를 깎는 노력을 기울이는 것이 재미없을 뿐 아니라 해롭기 때문이다. 과도한 노력은 주로 외부의 요인(상사의 충고, 문화적 압력, 온 동네 사람이 선망하는 '엄친아' 등) 때문에 발생한다.

하지만 좋은 종류의 허슬도 있다. 이런 노력은 내면 깊숙한 곳의 욕구에 뿌리를 내리고 있으며, 때때로 '빡센 재미 hard fun'라고 불린다. 인간은 다음 단계로 나아가고 새로운 지식을 배우려는 근원적인 욕구를 품고 있기 때문에 빡센 재미를 추구한다. 삶이 균형 잡힌 상태라면 의식적으로 노력을 기울이는 건 건강한 태도다. 무언가를 더 잘하기 위해, 새로운 무언가를 숙달하기 위해 고된 노력을 기울이는 과정은 살아 있다는 느낌을 준다.

쉽고 유쾌한 재미에만 집중하면 크게 두 가지 결과가 나타난다.

첫째, 지루함을 느낀다. 당신이 운 좋게도 바닷가의 리조트에 갔다고 해보자. 돗자리를 깔고 누워서 빈둥거리는 시간이 처음에는 마냥 좋을 테다. 하지만 며칠, 또는 몇 주만 지나면 몸이 근질거려 미칠 것이다. 돌연 화산을 등반하거나 해저 동굴을 탐험하는 게 좋은 아이디어처럼 느껴질지도 모른다. 결국 짐을 싸서 리조트를 탈출한다. 프레임워크 ②에서 소개한 게임 디자이너 맨드리카는 이 현상을 이렇게 설명한다. "지루함은 DNA가 당신에게 '어서 움직여. 아무것도 배우지 않고 있잖아. 촉이 닳고 있어'라고 말하는 것이나 다름없다."

둘째, 몸이 너무나 근질근질한 나머지 가려움을 해결할 방법은 더 많은 쾌락밖에 없다고 착각한다. 그래서 당신은 술을 마시고 음식을 먹고 또 술을 마신다. 마치 버튼을 누를 때마다 쾌락 중추에 연결된 전선을 통해 전기 자극이 가해져 쾌락을 느끼는 쥐를 보는 것 같다. 그 쥐들은 버튼을 누르는 데 순식간에 중독되어 먹는 것조차 그만둔다. 쾌감만 느낄 수 있다면 굶어도 좋다는 것이다. 이런 쾌락(좋은 기분)은 지속 불가능하며 건강을 파괴한다.[1]

따라서 대부분의 사람은 쉬운 재미와 빡센 재미가 균형을 이루는 삶을 즐긴다. 쉬운 재미가 충족되면 새로운 도전을 추구하거나 성장과 학습을 통해 더 나아지려고 애쓴다. 우리가 세운 목표와 그 목표에 쏟는 노력은 삶에 풍미를 더한다.

하지만 빡센 재미는 어쨌든 빡세다. 고되고 불확실하며 무섭다. 때로는 창피를 당하기도 한다. 자기 계발에 노력을 기울여도 대개 실패하는 이유가 바로 이것이다. 도전이 버거워지거나 본인이 기대한 결과가 나타나지 않으면, 대부분의 사람은 중도에 포기한다.

그렇다면 재미가 출동해야지! 이번 장에서는 거대하고 짜릿하고 대담한 목표를 끈기 있게 성취하는 데 어떻게 재미의 기술을 적용할 수 있는지 살펴볼 것이다. 아울러 우리의 동기가 자존심이나 의무감이 아니라 재미에서 비롯될 때 목표를 추구하는 과정이 행복하게 느껴진다는 사실을 알아볼 것이다.

철인 3종 경기를 들어본 적 있는가? 참가자들은 17시간 안에 3.8킬로미터의 수영 코스, 180킬로미터의 자전거 코스, 42.195킬로미터의 달리기 코스를 완주하기 위해 엄청난 노력을 기울인다. 더 빨리 결승선에 도달하기 위해 스스로를 극단까지 몰아붙인다. 열심히 훈련하고 치열하게 경주한다. 단 몇 초라도 줄이기 위해 운동복과 장비도 최적화한다. 어떤 참가자들은 빠르게 완주하는 데 너무 집착한 나머지 소변을 보며 경주한다. 엘리트 운동선수라도 막바지에 이르면 기어다니기 일쑤다. 물론 죽는 사람도 있다.

나는 어땠냐고? 서른한 살에 서퍼용 반바지를 입고 하와이식 화환을 목에 건 채 제20회 뉴질랜드 철인 3종 경기에 참여해 완주했다. 내 자전거에는 외장용 스피커가 달려 있어서 친구들에게 추천받은 곡 중 신나는 것들을 엄선해 크게 틀었다. 경기 준비라고는 머리를 모히칸 스타일로 민 게 다였다.

내가 끝에서 열두 번째로 완주한 사람이냐고? 물론이지. 내 최고 기록을 경신했냐고? 물론이지. 어쨌든 이제 난 평생 철인이라고 떠들어댈 수 있다고! 사실 모든 순간이 인간 승리 그 자체였다. 17주 짜리 훈련을 처음 시작할 때만 해도 비만이었는데, 뉴질랜드에 입국 할 때는 18킬로그램을 뺀 상태였다. 독창적인 방법으로 경기 참가에 필요한 비용을 충당했다. 요점만 말하면 친구들에게 내가 완주할 수 있을지를 놓고 내기하자고 제안했다. 대부분은 배 나온 맥주 애호가 가 성공할 리 없다는 쪽에 걸었다. 결국 나는 완주해냈고 친구들의 지 갑을 싹 털었다. 그 돈으로 부리토 가게를 열겠다는 꿈을 이뤘다. (내 친구 패트릭 펠로우즈의 도움을 받아 딱 하룻밤만 열었다. 자선 행사 취지였다. 이 이 야기를 하려면 책 한 권을 또 써야 할 것이다.) 정말 멋진 추억도 많이 만들었 다. 특히 결승선에서 부모님과 동생과 여자 친구(지금의 아내)가 아름다 운 타우포Taupo 호수를 배경으로 나를 응원하던 광경은 절대 잊을 수 없다.

내가 이 모든 일을 해낼 수 있었던 이유는 목표와 과정 하나하 나를 내가 직접 계획했기 때문이다. 내 열망, 내 의지, 내 원칙대로였 다. 이번 장의 모든 조언을 관통하는 주제도 단 하나다. 정당한 동기 를 바탕으로, 자기 자신만의 방식으로 목표를 이루라는 것이다. 우리 가 성장하는 과정을 즐기는 이유 중 하나는 그 과정에서 자율성을 발 휘할 수 있기 때문이다. 우리의 운명은 우리 자신이 결정한다. 땀이 줄줄 흐르고 근육이 퉁퉁 붓고 시야가 점점 흐려지고 구토가 왈칵 솟 구칠 것 같아도, 내가 선택한 운명이라면 세상을 다 가진 기분이 들

것이다.

당신만의 목표 도달 게임을 만들자 «««

목표 설정 훈련을 해본 적이 있다면 목표가 'SMART' 해야 한다는 이야기를 들어봤을 것이다. 목표란 구체적이어야 하고Specific, 측정 가능해야 하며Measurable, 달성 가능해야 하고Achievable, 관련성이 있어야 하며Relevant, 시간제한이 있어야Time-Bound 한다는 뜻이다. 하지만 목표를 SMART 하게 설정해야 하는 주된 이유가 재미를 위해서라는 말은 처음 들어볼 것이다.

　나는 이 사실을 맨드리카 덕분에 깨달았다. 맨드리카의 설명에 따르면, 인간은 학습과 도전을 갈구하는 존재이기 때문에 많은 비디오게임이 그런 욕구를 충족할 수 있도록 설계된다. 아울러 비디오게임은 실제 삶과 달리 우리 모두가 간절히 바라는 것, 즉 확실하고 깔끔한 피드백을 반복적으로 제공한다. 게임에서는 보스를 무찌르거나 과제를 해결해야만 다음 단계로 넘어갈 수 있다. 이에 실패하면 죽는다. (혹시 방금 머릿속에 팩맨이 죽는 소리가 들리지 않았는가?)

　반면 어른의 삶은 어떠한가? 유명한 인터넷 밈처럼 '현실은 역대 최악의 게임'이다. 실제 삶에서 우리가 제대로 된 방향으로 나아가고 있는지는 짜증이 날 만큼 모호하다. 예컨대 당신이 두 직업 중 하나를 선택한다고 해보자. 이 직업이 당신에게 맞는 직업일까? 누가 알겠나? 더 끔찍한 점은 영원히 모르리라는 것이다. 20년이 지나고 되돌아봐도 근본적으로 알 수 없는 문제일지 모른다. 물론 삶에도 피드백이 존재한다. 하지만 해고당하거나 차이는 것처럼 부정적인 경우가 대부분이다. 어쩌면 승진이 다음 단계로 올라섰다는 증거일 수 있다. 하지만 승진에 영향을 미치는 요소 중에는 당신의 통제 범위를 벗어나는 것이 매우 많기 때문에 그러한 신호를 피드백으로 삼다가는 좌절하고 말 것이다.

바로 이때 'SMART 목표 SMART goal'의 간결성에 기대보자. 이는 삶을 명확한 위험과 스릴이 존재하는 비디오게임으로 바라볼 생산적인 기회를 제공한다.✚ 예컨대 구체적이고 측정 가능한 목표를 세우면 성장 여부를 명료하게 판단할 수 있다. 목표를 이루거나 이루지 못하거나 둘 중 하나이기 때문이다.

이때 달성 가능성은 재미의 또 다른 친구인 자율성과 관련된다. 당신이 세운 목표는 당신의 통제 범위 안에 있는가? 목표를 이룰 때 따라오는 결과는 다른 누군가가 아니라 바로 당신에게 중요한가? (자율성은 이번 장 후반부에서 더 자세히 다룰 것이다.) 마지막으로 시간제한이 있다. 책 초반부에서 당신이 언제 재미를 즐기고 언제 재미를 즐기지 않는지 정확한 시간을 알 필요가 있다고 언급한 바 있다. 목표도 마찬가

✚   SMART 목표라는 용어를 들어본 적이 없다면, 다음 주소를 방문하라. https://share.
michaelrucker.com/smart-goal

지다. 끝없는 노력보다는 끝이 명확한 노력이 훨씬 재밌다.

목표 설정과 측정법을 더 자세히 파고들기 전에 주의할 점 두 가지를 짚고 넘어가겠다.

첫째, 맨드리카의 말을 빌리자면, "재미란 연료와 같다"라는 점이다. 목표 설정을 통해 삶을 게임화할 때 재미가 없으면 게임이 아니라는 사실을 절대 잊지 말자. 당신이 세운 목표가 SMART 목표에 부합한다고 한들, 정말 중요한 건 목표를 성취하는 과정에서 재미를 즐길 방법을 찾아야 한다는 점이다. 만족을 다음(목표를 이루는 순간)으로 미루는 태도는 당신을 곤경에 빠뜨릴 것이다. 고역만 치르며 살기에 인생은 너무나 짧다. 게다가 만족을 미루다가는 의욕을 잃고 노력을 관둘지 모른다.

둘째, 재미를 활용해 행복을 늘리는 과정에서 현실을 회피하거나 자존감을 지키기 위해서가 아니라 특정한 목적지에 도달하기 위해 목표를 설정해야 한다는 점이다(프레임워크 ④에서 탈출을 계획할 때랑 똑같은 논리다). 이와 관련해 옥스퍼드브룩스대학교에서 효과적인 목표 설정 방법을 연구하는 크리스티안 에를리히 Christian Ehrlich의 방대한 연구를 살펴볼 만하다. 에를리히는 우리가 목표를 추구하는 이유와 방식에 초점을 맞춘다. 그는 다음과 같은 이유로 목표를 추구할 때 가장 큰 행복을 느낄 수 있다고 조언한다. 첫째, 재미를 즐기기 위해 목표를 추구한다. 둘째, (필요나 자존심을 위해서가 아니라) 다른 사람을 돕기 위해 목표를 추구한다. 셋째, 앞의 두 조건을 모두 추구한다(이는 다음

장에서 자세히 다룰 것이다).[2]

　나는 이 교훈을 몸소 배우기까지 오랜 시간이 걸렸다. 알다시피 내 경우에는 빡센 재미의 근원이 주로 운동이었다. 처음 철인 3종 경기에 도전한 건 다소 충동적이었지만, 그 이후로 몇 년 동안 나는 '고통 없이는 얻는 게 없다'는 마음가짐으로 훈련에 임했다. 건강한 몸매를 유지하는 게 자존심의 근원이었기 때문에 투지 넘치는 트레이너들 밑에서 나를 몰아붙였다. 뼈를 깎는 노력으로 고된 운동 프로그램을 소화해냈고, 건강과 관련된 수치를 관리하는 데 끊임없이 노력을 기울였다. 운동 중에 조금도 즐거움을 찾지 못했다고 하면 거짓말이겠지만, 운동하는 게 점점 기대되지 않았다. 내가 어떤 패턴에 빠졌는지 짐작될 것이다. 나는 몇 주나 몇 달은 빡세게 운동하다가 완전히 탈진해버렸다.

　박사과정 중에 크로스핏에 광적으로 몰두하는 사람들을 연구하면서 이와 비슷한 현상을 발견한 적 있다. 최근 큰 인기를 끌고 있는 크로스핏은 일종의 고강도 인터벌 트레이닝(심박수가 최대치에 도달할 만큼의 고강도 운동과 저강도 운동, 휴식을 번갈아 반복하는 훈련—옮긴이)인데, 혹독한 운동 방식으로 악명 높다. 내가 만난 크로스피터들은 'AMRAP As Many Reps as Possible'(가능한 한 많이 반복하는 것)이나 'ATG Ass to Grass(스쾃 같은 운동을 할 때 엉덩이를 바닥에 붙일 정도로 낮추는 것)' 같은 축약어를 사용해가며, 이 운동이 마음 약한 사람들에게는 어울리지 않는다는 분위기를 물씬 풍겼다. 처음에 그들은 몸이 고되어도 사람들간의 친목과 경쟁적 분위기를 즐겼다. 하지만 결국 대다수는 이런 운동 방식이 지속 불가능하다고 보았고, 일부는 아예 그만둬야 할 정도로 큰 부상을 입었다(물론 표본이 작았음에 유의하자). 심지어 횡문근융해증(지나친 운동으로 근육이 파열되어 더는 회복되지 않는 증상)을 겪었다고 말한 사람도 있었다.[3] 물론 크로스핏을 진심으로 즐기는 사람도 많지만, 이처럼 모두가 지속할 수 있는 운동은 아니다.

　나는 마흔에 접어들면서 자존감을 채우려고 외모를 가꾸겠다는 마음을 내려놓았다. 또한 운동이 몸에 미치는 영향과 무리한 운동이 불러일으키는 장기적인 문제를 훨씬 더 깊이 이해했다. 결과적으로 운동 방식을 바꾸겠다는 결심이 섰다. 여태까지 고집한 방식을 포기하는 대신 제시라는 트레이너를 새로 고용했다. 근육질 몸매를 만들어주겠다고 약속해서가 아니라 그녀의 활달한 성격이 운동을 재밌게 바꿔줬기 때문이다. 운동이 재밌어지자 난생처음 1년 내내 운동하는 데 성공했다. 그해 말에는 이토록 건강한 적이 있었나 싶을 정도로 몸이 좋아졌다. 목표를 세우면 생각도 못 한 사이에 그것을 뛰어넘었다. 운동하는 내내 목표를 너무 낮게 잡은 건 아닐까 걱정했는데, 결과는 어땠을까? 훨씬 나아졌다. 내가 여태까지 놓친 건 꾸준함이었다. 그리고 꾸준함을 달성하려면 재미가 필요했다.

　당신의 목표가 무엇이든 그 목표에 이르는 과정을 재밌게 유지하지 못하면 문제가 생긴다. 이 사실을 기억한 채 측정법이라는 주제로 넘어가보자. 성장 과정을 파악하려면 물론 수치화가 필요하다. 하지만 수치에만 집중한 나머지 재미를 억눌러서는 안 된다.

자신의 성장을 수치화할 수 있을까 ‹‹‹

자가측정 운동을 처음 주창한 개리 울프 Gary Wolf 와 그 열렬한 팬인 나조차 자기 계발을 양적으로 접근하는 태도를 비판할 때가 있다. 양적 접근법이란 걸음 수, 명상 시간, 열량 등 수치화한 데이터로 자아를 살펴보는 방법이다. 이론적으로 이런 데이터는 행동을 바꾸는 촉매 역할을 할 수 있다. 자가측정 운동의 열기에 힘입어 수많은 기업이 각종 생체 정보를 측정하는 기기들을 내놓고 있다. 그중 애플워치나 핏

빗 Fitbit 같은 제품이 가장 널리 알려져 있다.

오해하지 말자. 나는 자가측정 운동을 반대하지 않는다. 제대로 활용만 한다면 데이터는 놀랍고도 유용한 결과를 이끌어낼 수 있다. 하지만 사람들은 양적 접근법의 단점을 간과한다. 〈시작하기에 앞서〉에서 들려준, 뉴로피드백 장비를 사용하자 오히려 명상의 즐거움이 깨졌다는 이야기를 기억하는가? 하지만 내가 양적 접근법의 어둠을 진정으로 깨달았던 사건은 따로 있다. 생각하면 아직도 소름이 돋는데, 잠시 뒤에 들려주겠다. 몇 해 전의 그 사건 이후로 수소문해보니, 양적 접근법을 의심하거나 양적 접근법의 위험성을 몸소 겪은 사람이 나 외에도 여럿 있었다.

양적 접근법의 단점을 연구한 학자로는 에트킨을 꼽을 수 있다 (프레임워크 ③에서 살펴봤듯 에트킨은 행복에 대한 피드백이 정말로 효과가 있는지 의문을 제기하기도 했다). 에트킨은 〈양적 접근법의 숨겨진 대가 The Hidden Cost of Personal Quantification〉라는 논문에서 양적 접근법의 단점을 여실히 드러내는 여섯 가지 실험을 소개한다.[4] 그중 대학생들을 대상으로 실시한 실험이 꽤 흥미로운데, 에트킨은 그들을 두 집단으로 나눠 한쪽에만 만보기를 차고 걷도록 요청했다. 예상대로 만보기를 찬 집단에서 거의 곧바로 행동 변화가 나타났다. 자진해서 더 많이 걸었던 것이다. 그러면서 양적 접근법의 단점이 드러났다. 만보기를 찬 집단은 그러지 않은 집단보다 걷기를 덜 즐겼다. 그들은 걷기를 즐거운 활동이 아니라 노동으로 생각했다. 이러한 부정적 경험이 쌓이면 장기적으로 의욕이 저하된다. 마치 내가 운 좋게 제시를 만나기 전까지 운동을 즐기지 못했던 것처럼 말이다. 양적 접근법의 단점은 인스타그램에 운동 진척 상황을 기록하는 사람들을 대상으로 진행한 연구에서도 재차 입증되었다.[5]

그런데도 사람들은 양접 접근법을 지나치게 긍정한다. 에트킨은 이러한 현실을 우려한다. "다들 단점은 보지 못해요. 어떻게든 도움이 되지 않겠냐고 생각하죠. 이런 태도는 심각한 불행을 초래할 수 있어요." 에트킨의 연구는 외적 동기(행동의 동기가 즐거움, 편안함, 정체성 등 내적 열망이 아니라, 물리적 보상이나 압력 등 외적 자극인 경우)가 내적 동기를 약화할 수 있다는 사회심리학 이론에 바탕을 둔다.[6] 이론의 핵심은 내적 동기가 외적 동기보다 오래 지속된다는 것이다. 이와 관련해 4,000회 이상 인용된 유명한 연구가 있다. 연구진은 보상을 얻으려고 활동한 아이들과 순전히 재미를 즐기려고 활동한 아이들을 비교했는데, 둘 사이에는 뚜렷한 차이가 있었다. 즉 전자의 아이들은 보상이 사라지자 활동에 흥미를 잃은 반면 후자의 아이들은 계속 활동을 즐겼다.[7] 어른들도 마찬가지다. 헬스장에서 가만히 지켜보고 있노라면, 활동 측정기(심박수나 걸음 수를 측정하는 장치)를 깜빡하고 챙겨오지 않았다는 이유만으로 헬스장을 떠나는 사람들을 볼 수 있다. 어차피 측정되지도 않을 테니, 굳이 운동할 필요가 없다고 생각하는 것이다.

물론 에트킨도 SMART 목표처럼 "상황 변화를 눈으로 확인하고 싶은 일"에 양적 접근법을 적용한다면 유용할 수 있다고 인정한다. 에트킨은 이렇게 덧붙인다. "달리기를 더 잘하고 싶다면, 빨리 뛰고 싶다기보다는 달리기에 영향을 미치는 요인을 이해하고 싶다면, 수치를 측정해 얻은 정보를 이용할 수 있습니다. 그 정보로 어디에 힘써야 하는지, 무엇을 바꿔야 하는지 알 수 있죠."

양적 접근법을 제대로 활용하려면 본인이 측정하기로 한 요소에만 집중해야 한다는 뜻이다. 목표 달성에 도움이 되는 요소만 콕 집어 측정하면 양적 접근법도 유익한 도구가 될 수 있다. 하지만 그러지 못하면 양적 접근법은 건강과 행복에 해를 입힌다. 이 사실은 내가 건강 기록 장치를 가지고 진행한 연구에서도 여실히 드러났다.[8] 나는 실험 참가자들에게 활동 측정기, 무선 체중계, 혈압 측정기 중 하나를 준 다음 해당 수치를 꾸준히 기록해달라고 요청했다. 그들이 더 건강한 습관을 기르리라고 기대했다. 설마 수치를 기록하는 행위가 건강하지 않은 습관으로 이어지리라고는 상상하지 못했다. 하지만 바로 그런 결과가 한 실험 참가자에게서 나타났다. 그는 자전거를 열심히 타는 사람이었다. 어디를 가든 자전거를 타고 다녔으며, 그렇게 관리한 군살 없는 몸매에 만족스러워했다. 절대 살을 뺄 필요가 없었다. 하지만 운이 나쁘게도 그는 무선 체중계를 받았다. 곧 살을 빼겠다는 생각에 사로잡혔다. 나는 당황한 나머지 실험을 곧장 중단했다. 그때부터 양적 접근법에 지나치게 의존하는 태도를 크게 우려하기 시작했다.

요컨대 양적 접근법을 활용하려면 철저한 계획을 세워야 하며 적절한 'KPI', 즉 '핵심 성과 지표 Key Performance Indicator'를 갖춰야 한다. 많은 기업이 프로젝트의 성취도를 측정하고 기록하기 위해 KPI를 활용한다. 그들은 KPI를 설정할 때 '성과가 훌륭한지 판단하려면 어떤 지표를 사용해야 할까?'라는 질문을 던진다. 우리도 비슷한 질문을 던져야 한다. '나에게 딱 맞는 KPI를 어떻게 찾아낼 수 있을까?'

동기와 수단을 파악하면 딱 맞은 KPI가 보인다 ≪≪≪

철인 3종 경기에 대해 잘 알려지지 않은 사실이 하나 있다. 옛날에는 참가자들이 기록에 그리 목매지 않았다는 점이다. 오늘날과 달리 17시간이라는 시간제한 자체가 없었다. 일부 참가자는 종목을 마칠 때마다 사람들과 어울리느라 완주하기까지 일주일이 걸리기도 했다. 이는 1979년 하와이 오하우 O'ahu 섬에서 열린 최초의 철인 3종 경기만 봐도 알 수 있는 사실이다. 당시 경기 내내 선두를 유지하던 참가자는 물 대신 나온 맥주를 마시는 바람에 비틀거리다가 차에 부딪혀 2등으로 경기를 마쳤다.[9] 당시 우승자의 기록은 11시간 46분 58초였다. (1980년대에 17시간이라는 시간제한이 생긴 뒤부터 분위기가 달라졌다. 양적 접근법의 영향력이 얼마나 강력한지 보여주는 또 다른 사례 아닐까?)

내가 철인 3종 경기를 즐기던 시절에는 순위 다툼이 치열했다.

대부분의 참가자가 개인 신기록이나 우승을 목표로 삼았다. 체력도 저질이고 몸무게도 116킬로그램이나 나가던 나는 다른 목표를 세워야 했다. 그래서 크게 두 가지에 집중했다. 과정을 즐기는 것과 망할 놈의 경기를 마치는 것이었다. 자존심 따위에 연연하는 대신 그 두 가지만이 성취 가능한 목표임을 인정했다. 만약 기록을 단축하는 데 초점을 맞췄다면 도전 자체를 포기했을 것이다.

내게 중요한 KPI를 찾고, 그것에 집중하자 예상치도 못한 일이 벌어졌다. 나도 모르는 사이 내게 딱 알맞은 판이 깔렸던 것이다. 이렇듯 자신만의 KPI를 발견할 때 성공은 필연적으로 따라온다. SAVOR 시스템의 이야기 고치기 기법과 다르지 않다. 목표를 이루는 방식을 자신의 개성에 맞춰 조정하면 된다.

자신에게 맞는 KPI를 고르는 데 유용한 개념이 있다. 이 개념은 (운동선수나 코치가 아니라) 임상심리학자들이 쉽게 고치기 어려운 습관, 가령 알코올의존증이나 마약중독의 치료법을 연구하는 과정에서 구체화되었다. 박사과정 중이던 2011년 나는 한 병원의 중독 치료 전문가들과 친분을 쌓았다. 그들은 '동기 강화 면담motivational interviewing'이라는 기법으로 큰 성과를 거뒀고 지금도 거두고 있다. 동기 강화 면담의 핵심은 환자 본인에게 치료의 주도권을 맡기는 것이다. 환자에게 더 많은 책임을 맡길수록, 그는 가족, 전문가, 사회가 가하는 압력이 아니라 내적인 욕구를 토대로 의지를 불태운다. 내적 동기가 강해지는 만큼 끈기도 강해진다.

이는 중독 환자뿐 아니라 우리 모두에게 적용되는 사실이다. 어떤 목표든 100퍼센트 자신의 것이어야 한다. 그러지 않으면 목표를 이루는 과정이 재미없게 느껴진다. 아무리 의지를 다져도 재미가 없으면 결국 포기하게 된다. 물론 동기 강화 면담은 심리치료사의 전문적인 지도가 필요한 협동 치료 과정이지만, 그 뼈대만큼은 개인의 목표 달성에도 적용할 수 있다. 다음 두 가지 팁을 활용해보자.

첫째, 동기를 확실히 파악하자. 의욕을 불어넣으려고 스스로에게 강요한 논리는 전부 잊어버리자. 그 대신 자신의 진짜 욕구를 찾아내자. 그러려면 스스로를 지나치게 비판적으로 평가해서는 안 된다. 자기비판이 과하면 목표를 이루는 데 도움이 되는 감정마저 억누르거나 외면할 수 있기 때문이다.

다이어트를 목표로 삼은 사람들을 생각해보자. 그들이 진심으로 BMI(체질량지수)를 신경 쓸까? 헬스 업계에 종사하면서 관찰한 바로는 대부분이 신경 쓰지 않는다. 오히려 곧 다가오는 고등학교 동창회 같은 사건이 의욕을 불어넣는다. 10대 시절의 흔적이 조금이라도 엿보이는 몸매로 동창회를 누비고 싶다는 마음 말이다. 너무 덧없는 생각 아니냐고? 그럴지도 모른다. 하지만 무의미하게 나열된 수치를 바라보는 것보다는 그런 욕구가 동기부여에 훨씬 도움이 된다. 그러므로 욕구를 중심으로 목표를 세우자. 운동선수라면 몸무게나 BMI를 KPI로 설정해야 하겠지만, 평범한 우리는 원하는 바지나 치마 사이즈 따위를 KPI로 설정하면 된다. 더 좋은 방법은 목표를 달성할 때마다 동창회를 얼마나 만족스럽게 즐길 수 있을지 1점에서 10점까지 점수로 매겨보는 것이다. 사람마다 나름의 개성과 욕구가 있으므로 이를 적극적으로 활용해보자. 동기가 특별할수록 효과는 더 좋아진다. 동기를 굳이 다른 사람에게 알릴 필요는 없다. 자신만의 비밀스러운 초능력처럼 활용하면 된다.

물론 동창회에서 잘 보이려는 욕구를 동기로 삼는 데에는 단점도 있다. 동기가 지나치게 자기중심적이라는 점이다. 이를 극복하기 위해 내면 깊숙한 곳을 들여다보자. 혹시 다이어트를 하는 데 이타적인 이유는 없을까? 예컨대 놀이터에서 자녀랑 가뿐하게 뛰어놀고 싶지는 않은가? 이처럼 다양한 각도에서 동기를 이해하면 진정으로 건전한 KPI를 설정할 수 있을 것이다. 이는 우리에게 목표를 향해 꾸준히 나아갈 힘이 된다.

자신의 동기가 무엇인지 생각하는 데서 그치지 말자. 글로 적어서 읽어보자. 스스로 납득하고 공감할 만한 동기인지 따져보자. 아니라는 판단이 선다면 다시 생각하자.

둘째, 목표를 이룰 방법을 마련하자. 동기를 정확히 파악했다면 방법을 고민할 차례다. 목표를 달성하기 위해 밟아야 할 단계와 발전 과정을 측정할 방법이 필요하다는 뜻이다. 이때 자신이 원하는 대로 결정하는 태도가 중요하다. 당신이 세운 목표에 대해 전문가나 주변 사람들이 왈가왈부할지 모른다. 그래도 지레 겁먹지 말고 자신의 기호를 확인하자. 자신의 습관과 생활방식이 어떤지 현실적으로 판단하자. 결국 재미의 기술을 발휘하는 건 당신 자신이기 때문이다. 당신의 욕구와 즐거움이 제일 중요하다! 글쓰기를 좋아하지만 아침에 일찍 일어나기는 싫은가? 글쓰기 대가들이 뭐라고 하든 굳이 아침에 글쓸 필요가 없다. 러닝머신 위를 달리는 게 답답한가? 밖에 나가 뛰면 그만이다. 반대로 밖에 나가 자전거를 타기가 귀찮은가? 실내 자전거나 VR 운동기구를 활용하면 된다.

　요컨대 목표에 재미를 더하자. 목표 달성 과정을 수치로 측정할 때 결코 동기가 무엇인지 망각하지 말자. 언젠가 한 친구가 몸매를 관리하고 싶다며 저울을 새로 산 적이 있었다. 나는 친구에게 몸매를 가꾸고 싶은 이유가 무엇인지 물었다. 친구는 활력과 건강이라고 답했다. 하지만 친구는 몸매 관리란 곧 체중 감량이라고 생각했기에 매일 저울 위로 올라가 달성도를 평가하려 했다. 나는 친구에게 원래의 동기가 무엇이었는지 떠올려보라고 권했다. 그러자 친구는 식단보다는 운동이 본인의 목표를 달성하는 데 더 효과적인 방법임을 깨달았다. 외모를 가꾸기보다는 체력을 개선하고 싶었기 때문이다. 다행스럽게도 친구는 규칙적인 운동이 체력을 증진하는 데 얼마나 효과적인지를 이미 잘 알고 있었다. 그래서 친구는 체중 감량에 초점을 맞추는 대신 달리기 훈련을 함으로써 의지를 불태웠다. 친구의 계획은 다음과 같았다.

- SMART 목표 → 3개월 내 10킬로미터 달리기 성공하기.
- 동기 → 활력 증진하기.
- KPI → 달리기 훈련 성취도와 이후의 활력 변화 점검하기.

KPI를 결정할 때 추가로 고려해야 할 점

재미에 바탕을 둔 KPI를 설정하자.

이를 위해 자신이 온전히 통제할 수 있는 KPI만 선택해라. 앞서 지적했듯 체중 같은 수치를 KPI로 설정하는 것은 바람직하지 않다. 체중은 유전, 나이, 호르몬 등 다양한 요인에 영향받기 때문이다. 해야 할 일을 전부 해내더라도 결국 수치를 보고 좌절할지 모른다.

또한 KPI를 눈앞에서 최대한 멀리 떨어뜨리자. 에트킨은 KPI를 확인하는 빈도를 줄이라고 제안한다. 방향성을 수정하고 의욕을 북돋는 데 유용한 만큼만, 즉 건설적인 피드백이 가능한 만큼만 확인하라는 뜻이다. 필요 이상으로 자주 데이터를 확인하지 말자. 실제로 건강과 관련된 각종 제품이 이 원칙을 따르고 있다. 예컨대 어떤 체중계는 단순한 숫자 대신 방향성을 보여준다. 신경과학자 샘 해리스Sam Harris가 개발한 명상 앱인 웨이킹업 Waking Up은 명상 횟수를 보여주지 않는다. 사람들이 데이터에 속지 않기를 바라기 때문이다.

고난을 즐기는 4가지 방법 ≪≪≪

목표에 도저히 손이 닿지 않는가? 목표를 생각하기만 해도 눈앞이 캄캄해지는가? 그런 어려움과 부담을 덜어줄 몇 가지 방법을 소개하겠다.

첫째, <u>현실적으로 기대하자.</u> 목표를 좇는 과정이 매 순간 스릴 넘치는 게임 같을 순 없다. 우울하고 고통스러운 순간, 만사가 귀찮은 순간이 존재한다. 바로 이때 재미가 구세주가 된다. 이제부터 내가 철인 3종 경기에 처음 도전했을 때 깨달은 교훈을 최신 행동과학 연구를 곁들여 소개하겠다. 빡센 목표를 최대한 재밌게 이루는 데 이 내용이 도움이 되기를 바란다.

둘째, <u>미끼 활동을 함께 묶자.</u> 나는 행동과학자 리처드 탈러 Richard Thaler와 법학자 캐스 선스타인 Cass Sunstein이 2008년 출간한 책에서 소개한 '넛지 Nudge'(더 나은 선택을 유도하는 작은 변화) 개념을 좋아한다.[10] 2009년 폭스바겐은 넛지에 재미를 더하려고 시도했다. 어쩌면 당신도 넛지와 재미를 결합한 폭스바겐의 광고 영상들을 본 적 있을지 모른다. 그중 가장 널리 알려진 광고는 이런 물음을 던지며 시작된다. "더 많은 사람이 계단을 오르게 할 수는 없을까?" 곧 화면이 전환되며, 스톡홀름 지하철역의 계단을 비춘다. 자세히 보면 계단이 아니라, 보행자가 밟아서 연주할 수 있는 피아노 건반이다! 이렇게 계단에

재미가 더해지자, 놀랍게도 어마어마한 수의 사람이 에스컬레이터 대신 계단을 택한다.✚

폭스바겐의 이 광고는 공중 보건 차원의 행동 변화에 초점을 맞추고 있다. 하지만 브라이언 제프리 포그Brian Jeffrey Fogg의 《습관의 디테일》(흐름출판, 2020)이나 자기 계발 전문가인 제임스 클리어James Clear의 《아주 작은 습관의 힘》(비즈니스북스, 2019)은 개인 차원에서도 그런 변화가 가능함을 밝힌다. 자기 계발을 할 때 긍정적인 행동을 부담 없이 수행하게 하는 작은 변화에 집중하라고 제안하는 것이다. 일례로 당신이 매일 달리겠다는 목표를 세웠다고 가정해보자. 이때 목표 자체는 중요하지 않다. 정작 초점을 맞춰야 할 것은 그보다 더 작은 목표다. 이를테면 매일 러닝화를 신겠다는 작은 목표를 세워보면 어떨까? 이처럼 작은 행동에 집중하면, 어느덧 더 자주 달리는 자신을 발견하게 될 것이다.

재미의 힘을 안다면 여기에 변주를 섞을 수도 있다. 넛지 대신 '루어lure'를 활용하는 것이다. 루어, 즉 미끼 활동이란 목표를 향해 나아가도록 당신을 끌어당겨줄 재밌는 요소를 가리킨다. 아주 사소한 것이라도 좋다. 운동이 목표라면 좋아하는 옷을 입는 게 루어가 될 수 있다. 예컨대 나는 철인 3종 경기에 나설 때 사치스럽고 민망한 타이츠 대신 통 넓은 반바지를 입어야 비로소 의욕이 샘솟는다. 일찍 일

✚ 영상을 보고 싶다면 다음 주소를 방문하라. https://share.michaelrucker.com/fun-theory

어나는 것이 목표라면 좋아하는 노래를 알람 소리로 설정해보자. 아이들에게 당근을 먹이는 것이 목표라면 당근을 별 모양으로 잘라보자. (음식을 예쁘게 잘라 보기 좋게 놓는 것은 단순한 쇼가 아니다. 아이들이 보기 좋은 음식을 더 잘 먹는다는 것을 증명한 연구가 있다.[11])

활동 묶기와 루어를 접목할 수도 있다. 철인 3종 경기의 종목 가운데 개인적으로 사이클링이 가장 힘들었다. 그래서 도로에서 실제 자전거를 타는 대신 분석 기능이 있는 실내 자전거로 훈련을 게임처럼 즐겼다. 더 재밌는 활동을 미끼 삼아 훈련하니 훨씬 즐거웠다. 너무 싫었던 사이클링이 점차 기대되었다. 실제 경기에서는 자전거에 스피커를 달아 친구들이 골라준 음악을 들으며 페달을 밟았다. 음악이란 루어를 사이클링이란 활동과 묶었던 것이다. 음악 덕분에 가장 힘든 구간을 즐겁게 달렸을 뿐 아니라, 그 음악을 골라준 친구가 바로 옆에서 응원하는 기분마저 들었다(경기는 뉴질랜드에서 진행되었기 때문에 친구들이 실제로 함께할 수는 없었다).

셋째, 목표에 이름을 붙이자. 셰익스피어는 시인이나 작가로서는 훌륭했지만, 행동과학자로서는 꽝이었다. 최근 연구에서 "어떤 이름으로 불리든 장미의 향은 달콤하다"라는 그의 말이 반박되었기 때문이다. 예컨대 인기가 없는 건강식품에 '배배 꼬인 당근'이나 '다이너마이트 비트' 같은 엉뚱한 이름을 붙이자, 구매가 확 늘었다.[12] 이렇듯 언어적 표현은 중요하다. 그러므로 우리의 목표나 계획에 사랑스러운 이름을 붙여주자. 철인 3종 경기 훈련을 '철인 훈련'이라 부르라고? 우웩! 나는 그 대신 '부리토 프로젝트'라는 이름을 붙였다. 내 완주 실패에 베팅한 친구들의 돈을 쓸어다가 해변에 부리토 가게를 여는 것이 목표였기 때문이다. 이런 일을 벌인 유쾌한 정신에 잘 어울릴뿐더러 생각할 때마다 미소를 짓게 하는 이름이었다. 이 이름은 훈련 내내 동기를 잊지 않게 해주었다. 결과적으로 다음 프로젝트를 시작하는 데도 도움이 되었다. 당신도 목표에 기운을 북돋는 이름을 붙여보자. 웃긴 이름도, 엉뚱한 이름도, 진지한 이름도 다 괜찮다. 당신 마음대로 결정하자.

넷째, <u>스스로에게 보상을 주자.</u> 각각 코넬대학교와 시카고대학교에서 마케팅을 가르치는 케이틀린 울리^{Kaitlin Woolley}와 아일렛 피시배크^{Ayelet Fishbach}의 주장대로, 즉각적인 보상은 동기부여에 큰 도움이 된다. 중대한 일을 끝마치거나 이정표에 도달할 때마다 스스로에게 보상을 주자. 좋아하는 것들의 목록을 짠 다음 때가 되면 그중 하나를 골라보자. 단 보상이 장기적인 목표에 부합해야 한다는 점을 잊지 말자(살 빼기가 궁극적인 목표인데, 300칼로리를 태운 보상으로 600칼로리짜리 스무디를 마실 순 없다).

철인 3종 경기 당일, 새벽 네 시에 알람 소리를 듣고 깼다. 머릿속에 떠오르는 생각은 단 하나였다. 실패하면 어쩌지? 여태까지 잘 억제한 의구심이 한순간에 몰려와 공황을 일으켰다. 바로 그때 고향 캘리포니아주 데이비스의 전설적인 인물이자, 철인 3종 경기 명예의 전당에 최초로 오른 데이브 스콧^{Dave Scott}이 응원차 보내준 이메일 내용이 떠올랐다. "한낱 철인 3종 경기일 뿐인걸요." 맞는 말이다! 완주를 못 한다고 무슨 일이 있겠나? 조금 창피하긴 하겠지만 결국 극복할 것이다. 어차피 이 경기에 걸린 것은 생각의 산물일 뿐이니, 실패하더라도 생각을 고치면 그만이다.

물론 목표에 온전히 몰입하려면 진지한 태도가 필요하다. 하지만 지나치게 진지해지면 재미를 잃어버리고 만다. 두려움과 압박감에 압도당하기 쉬워진다. 어색하거나 부담스러운 일을 처음 시도할 때 특히 이 사실을 유념해야 한다.

목표를 끊임없이 재미라는 틀에 집어넣어야 불안감을 떨칠 수 있다. 철인 3종 경기에 도전하는 핵심 이유가 재미임을 되새기자, 완주 여부가 더는 중요하게 느껴지지 않았다. 그 덕분에 나는 침대에서 빠져나와 차에 시동을 걸 힘을 얻었다. 그리고 친구 마이카를 태우러 갔다. 갑자기 웬 친구냐고? 재미의 기술을 활용해 원대한 목표를 이루는 마지막 비법이 바로 사람이기 때문이다.

철인 3종 경기에서 배운 교훈 <<<

철인 3종 경기에서 배운 교훈이 하나 있다. 불가능해 보이는 목표를 이루려면 옆에 구경꾼이 필요하다는 것이다. 중요한 경기에 나가본 적 있으면 알겠지만, 가만히 지켜만 보는 구경꾼은 별 도움이 되지 않는다. 제대로 된 구경꾼은 큰 소리로 응원하고 간식과 물을 건네준다. 참신하고 재밌는 응원 도구를 흔들어 고단함을 싹 잊고 미소를 짓게 해준다. 결승선에 도달한 사람을 끌어안고 뽀뽀한 다음 부리토랑 맥주를 가져다준다(적어도 내 아내는 그랬다).

응원하는 사람들이 없었다면, 나 또한 철인 3종 경기를 완주할 수 없었을 것이다. 시원하게 모히칸 스타일로 머리를 밀고 반바지 차림으로 뛰는 것도 즐거운 경험이었지만, 가족이랑 친구들이 함께해준 덕분에 더욱 재밌고 잊지 못할 추억이 되었다. 자전거 코스가 거의 끝나갈 무렵 나는 난관에 부딪혔다. 네갈래근에 경련이 나서 페달을 더 밟을 수 없었던 것이다. 여기서 끝이라고, 경련이 멈추지 않을 것이라고 생각했다. 그런데 경련이 기적처럼 멈췄고, 제한 시간 5분을 남긴 채 자전거 코스를 마칠 수 있었다. 3.8킬로미터의 수영 코스와 180킬로미터의 자전거 코스를 지나느라 무릎이 아프고 기진맥진했지만, 바로 그때부터 매 순간이 달콤했다.

달리기는 자신 있는 종목이었고, 시간도 여섯 시간이나 남아 있어서 마음이 편했다. 하지만 정말 좋았던 건 사람이었다. 자전거 코스를 아슬아슬하게 마치고 달리기 코스에 진입하자 나를 응원하는 부모님이 보였다. 8킬로미터쯤 달리자 열세 시간 내에 완주할 기세로 달리고 있던 마이카를 만나 손뼉을 마주칠 수 있었다.

마이카가 결승선을 향해 순조롭게 나아가는 모습을 보니 내 마음도 벅차올라 무릎이 가벼워졌다. 내 헤어스타일이 눈에 띄었는지 관중이 보내는 환호가 점점 커졌다. 마지막 두 시간 동안은 웬 오스트레일리아 사람들이 나를 따라다녔다. 그들은 내 요란한 서핑용 반바지가 멋있다며 화환을 건넸다. 결승선까지 400미터 남았을 때는 난데없이 아버지가 튀어나와 축하해줬다. 그때부터 결승선에 닿을 때까지 미소가 떠나지 않았다. 그렇게 16시간 38분 49초라는 기록으로 완주에 성공했다! 드디어 철인이 되었다!

목표를 주변 사람들과 공유해야 하는 이유가 무엇인지 물으면 대부분은 책임감 때문이라고 답한다. 예컨대 동기부여 전문가인 토니 로빈스Tony Robbins는 목표를 공개하면 실패하는 게 창피해서라도 그것을 이루려 노력할 것이라고 주장한다. 그런데 체면이 진실한 동기가 될 수 있을까? 다른 사람들과 함께하는 것의 진짜 이점은 목표를 이루는 과정이 더 재밌어진다는 점이다. 재미가 더해지면 책임 문제도 가볍게 해결된다. 좋아하는 사람들이랑 재밌게 일하는데 굳이 책임감을 느낄 필요가 있을까? 아마 없을 것이다.

마지막으로 친구는 열렬한 응원 단장 이상의 존재임을 기억하자. 새로운 것을 배우고 익힐 때 친구는 유용한 정보의 원천이 된다.

그 사례를 친구의 친구인 캐리의 페이스북에서 목격했다. 캐리는 배우고 싶은 기술 목록을 공유하며 이렇게 밝혔다. "이걸 계기로 지난 25년간 충분히 함께하지 못한 분들에게 다가가고 싶어요." 그러고는 목록에서 자신 있는 기술을 발견했다면, 자신에게 가르쳐달라고 부탁했다. 자신과 함께 배우고 싶은 기술을 발견한 사람에게는 이름을 남겨달라고, 자신에게 배우고 싶은 기술이 있는 사람에게는 그것이 무엇인지 남겨달라고 독려했다. 목록에는 캐리가 배우고 싶은 기술이 131개나 있었다. 3주가 지나자, 누군가가 가르쳐준다거나 함께 배우고 싶다고 한 기술이 30개로 추려졌다. 오랜만에 만난 친구에게 저글링을 배우는 것을 시작으로 수업이 시작되었다.

친구가 우리에게 얼마나 긍정적인 영향을 미칠 수 있는지 당신도 이미 잘 알고 있을 것이다. 친구와 함께하는 데 더 큰 노력을 기울인다면, 그만큼 더 긍정적인 영향을 받을 수 있다. 빡센 재미를 같이 즐길 만한 친구를 주변에서 새로 찾아보는 것은 어떨까?

10

혼자보다는 여럿이
즐거울 때 의미가 있다

재미 공동체 만들기

어떤 사람들은 눈앞에서 일어나는 일을
보며 묻는다. "왜 그런 거지?"
어떤 사람들은 한 번도 일어난 적이 없는
일을 꿈꾸며 묻는다. "안 될 게 뭐지?"
어떤 사람들은 일하러 가야 해서
그런 질문을 할 시간이 없다.

_조지 칼린 George Carlin

1986년에 남녀노소 500만 명이 손에 손을 맞잡고 미국을 가로지르는 6,639킬로미터 길이의 인간 사슬을 만들었다. 나이가 있는 편이라면 분명 그날을 기억할 것이다. 15분 동안 온 국민이 하나가 되었다. 참가자들은 이날 행사를 위해 특별히 만들어진 노래인 〈위 아 더 월드 We Are the World〉와 〈아메리카 더 뷰티풀 America the Beautiful〉을 합창했다. 이 행사로 아프리카에 보낼 원조금 5,300만 달러가 모였다. 집단행동이 얼마나 강력한 목소리를 낼 수 있는지, 그때 기분이 얼마나 끝내주는지 보여준 사건이었다. 가장 친한 친구든 생판 처음 보는 남이든 서로 손을 꽉 잡고 서 있던 경험은 초월적인 재미에 이르는 마법 통로와도 같았다.

자원봉사자가 되어 도움이 필요한 사람에게 음식을 나눠 주거나, 사회 변화를 염원하며 시민 행렬에 참가하거나, 세상을 바꿀 힘이 있다고 믿는 정치인을 지지하기 위해 선거운동에 참여하는 등 집단적인 활동에 나서본 적이 있다면, 그때 당신도 비슷한 감정을 느꼈을 것이다. 특정한 대의를 위해 힘을 모으는 행위는 자기 자신에게서 벗어나 더욱 거대한 무언가, 더욱 희망적인 무언가에 속할 아름다운 기회를 제공한다.

다른 사람을 돕겠다는 목표를 추구할 때 더 큰 행복을 느끼는 이유도 이 때문일지 모른다. 프레임워크 ⑨에서 에를리히의 연구를 소개하며, 목표를 추구하는 이유와 행복의 관계를 살펴봤다. 과거에는 대부분의 연구가 '나'를 중심으로 목표의 질을 탐구했다. 자연스레 자율성을 강화하는 목표가 어떤 유익을 주는지에 초점이 맞춰졌다. 하지만 목표를 추구하는 이유에 집중한 에를리히의 연구 덕분에 우리는 이타적인 동기가 어떤 유익을 가져다주는지 이해할 수 있게 되었다. 에를리히의 연구에 따르면, '우리'를 염두에 둔 채 목표를 추구할 때도 개인에게 유익이 있다. 에를리히는 세상에 바라는 것이 있을 때 본인이 직접 변화의 바람이 되는 것(다른 사람을 돕거나 세상이 더 나은 곳이 되도록 만드는 것 등)도 우리의 주관적인 행복에 긍정적인 영향을 미친다고 강조한다.[1] 다시 말해 스스로를 행복하게 하는 좋은 방법 중 하나는 직접 선善을 이루는 것이다. 우리는 이번에도 재미의 도움을 받을 수 있다. 재미는 '나'를 초월해서 '우리'에 도달하게 해준다. 우리는 재미를 통해 자신보다 거대한 존재와 교감할 수 있으며, 어쩌면 신비와도 잠깐 마주할 수 있을지 모른다.

돌고 돌아 다시 처음으로 돌아왔다. 집단적인 행동은〈시작하기에 앞서〉에서 살펴본 재미의 정의와 딱 맞아떨어진다. 집단적인 행동과 재미는 둘 다 다음과 같은 특성을 지닌다.

첫째, 행동 지향적이다. 집단행동은 재미처럼 우리를 세상 밖으로 나가게 해준다. 세상을 더 나은 곳으로 바꾸려면 소파에 엉덩이를 붙이고 가만히 앉아서 산적한 문제를 걱정하는 대신 밖에 나가 무언가를 해야만 한다. 집단행동은 뉴스나 SNS를 통해 들려오는 우울한 소식을 끊임없이 곱씹을 때 느껴지는 무력감에서 벗어나게 해준다.

둘째, 친사회적이다. 집단행동은 재미처럼 우리를 머릿속에서 꺼내준다. 혼자 외로움을 느끼는 대신 다른 존재와 교감하게 해준다. 나 중심의 사고방식을 벗어나 우리 중심의 사고방식을 갖게 해주기 때문에 자기 자신이나 자기 문제를 너무 심각하게 받아들이지 않게 해준다.

셋째, 자율적이다. 의무나 양심의 가책 때문에 집단행동에 참여할 때보다는 다른 사람을 도울 방법을 스스로 정할 때 최상의 유익이 뒤따른다. 남의 판단이나 압박을 의식한다면 이타적인 자아는 나올수 없다. 애니메이션 〈사우스파크〉의 어느 에피소드에서 등장인물 랜디 마시는 계산대 앞의 모금함에 자선기금 넣기를 거절한다. 그러자점원은 잔소리를 잔뜩 늘어놓은 뒤 계산을 마치고 싶으면 확성기에 대고 "저는 굶주린 아이들에게 아무것도 줄 생각이 없습니다"라고 말하라며 성화를 부린다. 점원은 이 광경을 지켜보는 모두를 향해 크게 외친다. "아이스크림도 있고 보드카도 있고 빵도 있는데, 굶주린 애들 줄 건 없다네요. 다 해서 37.83달러입니다." 풍자적이기는 하지만 우리가 선의를 강요받을 때 느끼는 불편함을 제대로 포착한 장면이 아닐 수 없다.✤ 2

당신의 재미보관함에는 이타적인 활동, 자원봉사 활동, 사회적·정치적 활동이 포함되어 있는가? 없을 수도 있다. 나도 그럴 때가 있었다. 이유는 다양하다. 일하는 데만도 시간이 부족하기 때문에 남는 시간을 취미 활동이나 그때그때 생각나는 활동에 쓰고 싶을 수 있다. 게다가 서양 문화권에는 친사회적 활동이 개인적 성공 같은 '정말로' 중요한 일을 방해한다는 풍조까지 만연하다.

또한 대의를 위해 희생해본 사람이라면 매 순간이 즐거울 순 없다는 사실을 잘 알고 있을 것이다. 중대한 문제나 사회적 갈등을 해결하기 위해 고군분투하는 과정은 고통스럽고 피곤하다. 두 발 나아갈 때도 있지만 한 발 물러설 때도 많다. 고난과 역경이 편재한다는 생각에 익숙해져야만 한다. 친사회적 활동에 매진하는 사람은 오랜 시간을 들여 크나큰 희생을 치러야 하며 때로는 위험마저 각오해야 한다.

✤　영상을 보고 싶다면 다음 주소를 방문하라. https://share.michaelrucker.com/donation-shaming

재미와 공감이 손을 맞잡을 때 <<<

성공적으로 변화를 일으키는 사람들은 집단행동에 즐거움을 결합하는 것이 도움이 된다는 사실을 잘 알고 있다. 가장 강력한 형태의 활동 묶기인 셈이다. 예컨대 음악가가 자신의 음악으로 사회 변화에 불을 지피는 경우를 생각해보자. 이미 〈위 아 더 월드〉는 언급했고, 1980년대에 아파르트헤이트 apartheid(남아프리카공화국의 극단적인 인종차별 정책과 제도—옮긴이)에 맞서 싸울 때도 음악이 중요한 역할을 했다. 음악뿐이 아니다. 다른 형태의 오락 활동(유머, 연극, 자선 공연 등)도 사회운동을 지탱할 힘을 제공하며 사람들에게 영향을 미친다. 이렇듯 재미는 평소 같으면 시간을 내주지 않았을 사람들도 끌어들인다. 더 깊은 헌신으로 이어지는 징검다리 역할을 하는 셈이다.

지혜로운 사람이라면 자선 활동을 도덕적 의무로 바라보든 말든 그것을 재미보관함에 포함할 것이다. 왜냐하면 세상에 산적한 문제들의 무게를 느끼면서도 돕지 않는 것만큼 재미없는 일이 없기 때문이다. 물론 대부분의 사람은 어떤 식으로든 더 큰 선에 이바지하고 싶다는 생각을 하면서도, 결국 넘쳐나는 사회악 속에서 허우적대다가 선택 피로에 빠지고 만다.[3] 프레임워크 ①에서 재미보관함이 지나치게 많은 활동으로 가득 차면 선택 피로에 빠지기 쉽다고 했는데, 그와 비슷한 상황이다. 선택지가 너무 많으면 우리는 당혹감과 불만족은 물론이고, 때로는 불안함까지 느낀다. 오늘날 온갖 종류의 집단

트라우마가 사방에서 촉수를 뻗고 있기 때문에 우리는 마치 세상의 문제를 전부 어깨 위에 짊어진 것 같은 중압감에 시달린다. 특히 우리의 노력이 허무하다는 느낌을 받을수록 중압감이 심해진다. 자, '허무'라는 단어가 또 등장했다. 세상의 문제를 강박적으로 염려하거나 해결해야 한다는 실체 없는 온라인 밈을 SNS에 아무리 올려봐야 허무에 먹이만 던져줄 뿐이다.

연민이 나쁘다는 게 아니다. 무관심보다는 훨씬 낫다. 하지만 연민에는 공감이 빠져 있으며 행동은 더더욱 빠져 있다. 따라서 재미와 공감이 손을 맞잡도록 허락함으로써 집단적인 행동에 나설 힘을 얻자. 재미는 당신이 도움을 베풀고 변화를 부르는 사람으로서 첫발을 떼게 해준다. 연장선에서 때때로 발걸음이 무겁더라도 당신이 계속 앞으로 나아가게 해준다.

다른 사람을 돕는 일이 가져다주는 유익함 ⫷⫷⫷

인류가 직면한 전 지구적 위기 때문에 불안하다면 반드시 집단행동에 참여해야 한다. 이때 잊지 말아야 할 것이 바로 재미다. 재미를 원동력 삼아 개인이 사회에 이바지하도록 돕는 대표적인 비영리단체로 플레이빌드 PlayBuild를 꼽을 만하다. 앤절라 카일 Angela Kyle과 샬럿 존스 Charlotte Jones가 뉴올리언스에서 창설한 플레이빌드는 놀이로 아이들의 삶을 개선하는 데 전념한다. 플레이빌드는 2013년 최초의 부지를 마련했다. 당시 카일은 뉴올리언스의 허름한 흑인 동네에 가로 9미터, 세로 27미터 크기의 독창적이고 다채로운 놀이터를 조성했다. 플레이빌드는 이야기 고치기 기법을 활용해 황폐한 공간을 누구나 재밌게 놀 수 있는 열린 공간으로 바꿔놨다. 이곳에서 아이들은 자기 덩치만 한 블록과 튜브를 가지고 놀며, 허리케인 카트리나로 웃음을 잃은 동네에 활기를 불어넣었다. 이로써 아이들은 재미를 느꼈을 뿐 아니라, 자신이 공동체를 변화시키는 주체가 될 수 있음을 깨달았다. 카일은 당시를 이렇게 기억한다. "허리케인이 휩쓸고 간 동네를 재건하는 데 직접 참여할 기회를 주자, 아이들은 자신이 수동적인 관찰자가 아니라 변화의 주체가 될 수 있음을 이해했어요."[4]

플레이빌드는 새로운 배움의 장이자, 적극적인 환경 개선의 통로가 되기 위해 지금도 애쓰는 중이다. 심리학 용어를 빌려 말하자면, '자기효능감'(문제를 해결할 힘을 가지고 있다는 믿음)을 채울 기회를 제공하려 애쓴다는 뜻이다. 카일은 이렇게 말한다. "플레이빌드에 동네 주민들을 자원봉사자로 참여시킨 것은 훌륭한 선택이었습니다. 그들에게 목소리를 낼 권리와 능력이 있다는 걸 가르쳐줄 수 있었거든요. 젠트리피케이션으로 유색인종 주민들이 피해를 보고 있었는데, 안전과 접근성 같은 기본 권리를 당당히 외칠 기회가 생긴 덕분에 그들도 공동체의 운명을 결정하는 데 적극적으로 참여할 수 있었어요."

청소년이든 성인이든 집단행동에 참여해 세계를 쇄신하고 개선하는 데 이바지하면 큰 유익을 얻을 수 있다. 세계가 직면한 문제를 걱정만 해서는 압박감을 해소할 수 없다. 다른 사람들과 실질적인 변화를 이끌어야 압박감을 떨칠 수 있다. 영국 전역의 청소년을 대상으로 진행한 연구에 따르면, 이는 자기효능감과 자의식을 키울 계기가 된다.[5] 공동의 목표를 달성하기 위해 다른 사람과 협력하면 행복의 핵심 요소인 관계성도 강화된다.[6]

사회운동의 심리적 유익에 대해서는 자세히 연구된 바 없지만, 봉사 활동이 몸과 마음을 건강하게 한다는 사실을 뒷받침하는 연구는 상당히 많다. 다른 사람을 돕는 데 시간을 쓰면 소속감과 연대감을 느낄 수밖에 없다. 이는 우울을 완화하고[7] 혈압을 낮추며[8] 수명을 늘리는[9] 등 건강에 큰 도움이 된다. 심지어 자선단체에 기부하는 행동조차 건강을 증진한다.[10] 따라서 단순히 누군가를 돕느라 몸을 움직이기 때문에 건강해지는 것은 아님이 분명하다.

플레이빌드에서는 일 자체가 재밌으므로 공동체는 물론이고, 개인에게도 이익이 된다. 카일은 이렇게 말한다. "놀이는 세대를 초월합니다. 그래서 좋습니다. 한 동네의 아이들과 어른들이 모두 놀이에 참여할 수 있죠. 플레이필드에서 부활절 달걀 찾기 행사나 소풍을 개최하면, 아이들만 참여하는 게 아니에요. 부모와 조부모, 고모와 삼촌까지 한데 모여 같이 놀죠. 이런 색다른 환경에서는 소통 방식도 달라지는데, 이것이 엄청 긍정적인 영향을 미쳐요."

재미를 최우선순위로 삼아 봉사활 기회를 찾는다는 게 찝찝할 수 있다. 하지만 재미라는 즉각적인 만족감은 봉사를 시작할 확실한 원동력이 되며, 이후에도 더 도전적인 일, 더 헌신적인 일을 찾게 해준다(찾을 마음이 들지 않더라도 이미 사회에 이바지한 것은 사실이다). 거듭 강조하지만, 재미와 진중한 목표는 얼마든지 양립할 수 있다. 한때 유행했던 표현을 빌려 말하자면, '이것 아니면 저것 either/or'의 문제가 아니라 '이것도 하고 저것도 하고 yes, and'의 문제다.

내게는 재미 중심의 사회운동이 가능하다는 사실을 보여준 친구가 있다. 바로 프레임워크 ⑥에서 짧게 언급한 그레임이다. (내가 잠깐 런던에 살 때 우리는 영국에서 가장 맛있는 멕시코 음식을 찾아다니다가 친해졌다. 목표는 달성하지 못했지만, 그 과정에서 맥주를 실컷 마시며 재밌게 놀았다.) 안타깝게도 그레임은 2016년에 전립선암으로 장인어른을 잃었고, 2017년에 아버지가 유방암 진단을 받았다(드물지만 남성도 유방암에 걸린다). 다행히 아버지는 회복했지만, 이 일을 계기로 그레임은 아픈 사람을 돕겠다는 결심을 다졌다. 그래서 2020년 초에 '1.6킬로미터당 5파운드 모금'을 목표로 그해 열두 번의 마라톤(따라서 총 목표 모금액은 1,572파운드)을 뛸 것이라 밝혔다. 한 달에 한 번 마라톤이라니, 미친 소리 같은가? 그레임이 당시 51세였고, 달리기도 오래 쉬었다는 사실까지 고려하면 더 충격적일 것이다. 그런데도 그레임은 크라우드펀딩 사이트에 자신의 이야기를 올린 뒤 계획을 실행했다. 처음 두 번의 마라톤은 혼자 뛰었지만, 세 번째 마라톤은 아내와 함께 참가했다. 그렇게 혼자 뛰기도 하고 같이 뛰기도 하는 와중에 팬데믹이 터졌다. 여느 나라처럼 영국도 엄격한 봉쇄령을 시행했다. 더는 뛸 수 없을 것처럼 보였다.

목표를 포기할 만했다. 하지만 그레임은 포기하지 않았다. 재밌는 사회운동의 생명력이 그토록 질긴 데는 크게 두 가지 이유가 있다. 첫째, 관심이 많은 특정 문제에만 집중할 수 있기 때문이다. 둘째, 자신이 진심으로 좋아하는 활동을 통해 사회에 환원할 수 있기 때문이다. 다행히 영국에서는 봉쇄령 와중에도 (사회적 거리두기를 실천하는 한) 야외 운동이 허용되었다.

혼자 그처럼 놀라운 집념을 보이다니, 지역 언론사가 이를 놓칠 리 없었다. 그레임은 라디오방송에 출연했고, 그 덕분에 꽤 유명해졌다. 그렇게 시간이 흘러 대망의 12월이 되었다. 그레임은 모금액을 더 키우기 위해 84.4킬로미터를 뛰는 더블 마라톤으로 프로젝트를 마무리하고자 했다. 원래 계획은 10~12시간 사이에 완주하는 것이었는데, 그레임은 9시간 59분 만에 결승선을 통과했다. 최종적으로 그레임이 한 해 동안 뛴 거리는 목표치의 약 네 배인 2,127킬로미터로, 5,692파운드의 모금액이 모였다.

마라톤은 고독한 스포츠로 알려져 있지만, 그레임은 전혀 고독하지 않았다. 그는 대면으로든 비대면으로든 많은 사람과 대화를 나눈 것이 가장 기억에 남는다고 밝혔다. 사랑하는 이가 전립선암이나 유방암에 걸린 사람들이 그레임에게 연락했다. 그 덕분에 힘이 난다는 사람들도 많았다.

2020년은 외롭고 무료하고 불안하고 우울한 해였다. 할 수 있는 일이 거의, 또는 아예 없었다. 하지만 그레임은 좋아하는 일을 통해 사람들에게 영감을 주고 암 연구에 이바지함으로써 최고의 시간을 보냈다.

누구도 달릴 엄두를 내지 못했던 팬데믹 시기에 마라톤에 더해 모금까지 하다니! 우리가 각자의 관심사를 창의적으로 활용해 대의에 이바지하고자 할 때 얼마나 위대한 일을 이룰 수 있을지 그레임이 증명해냈다. 그의 사례에서 어떤 교훈을 얻을 수 있을까? 공동체에 이바지하고자 할 때 재미를 출발점으로 삼으면, 자아의 세 가지 기본 욕구(자율성, 효능감, 관계성)를 충족하는 동시에 자아를 넘어서는 더 큰 세계에 연결될 수 있다는 점이다. 그 효과를 극대화할 방법 세 가지를 소개한다.

첫째, 자신만의 대의를 찾자. 남들이 다 해서가 아니라 자신에게 특별한 의미가 있어서 선택한 일을 해야 자율성이 확장된다. 열린 마음으로 자신만의 소명을 찾아보자. 이타적인 마음을 어디에 쏟을지 의식적으로 선택하자. 세상에는 해결할 문제도 많고 도와줄 방법도 많다. 마음이 동하는 곳에 활력을 쏟자. 진정으로 동기부여가 되고 즐거운 일을 해야 끊임없이 노력할 수 있다.

둘째, 개성과 적성에 맞는 참여 방식을 찾자. 대의를 좇기 위해 꼭 선두에 서서 날뛸 필요는 없다. 정보를 전달하는 일, 식사를 준비하는 일, 기금을 모으는 일, 집을 짓는 일 등 사회운동에 참여하는 방식은 다양하다. 자신만의 재능을 활용해 봉사 활동을 펼쳐야 효능감을 느낄 수 있다. 바로 그 효능감이 삶의 다른 측면에도 활력을 불어넣을 것이다.

셋째, 널리 소문내자. 진정성이 뒷받침된다면, 봉사 활동을 다른 사람들에게 알려도 좋다. 이는 경험을 곱씹고 활동에 몰입하는 데 큰 도움이 된다. 또한 봉사 활동에 관심이 생긴 사람들과 함께하면서 관계성을 키울 기회를 낳는다.

요컨대 외적 보상을 바라는 자기중심적인 욕구 대신 동정심이라는 내적 욕구의 충족을 주된 동기로 삼자. 이런 동기는 최상의 경험과 최상의 결과를 낳는다. 또한 영원히 사라지지 않는다.

소프트웨어 홍보 플랫폼인 앱스모 AppSumo의 창립자 노아 케이건 Noah Kagan은 재밌으면서도 공공선에 이바지할 수 있는 행사를 기획하고자 했다. 그 결과 케이건 자신은 물론이고, 그와 친분이 있는 기업가들도 재미와 동지애를 느낄 수 있는 특별한 행사인 '스모 50

자선 경기Sumo 50 Charity Ride'가 탄생했다. 의도한 것인지 모르겠지만, 이 사이클링 경기는 외적 보상을 제공하는 동시에 내적 동기도 자극했다. 전설적인 사이클링 선수 랜스 암스트롱Lance Armstrong의 코치를 초청해 코스를 설계한 만큼 재밌으면서도 승부욕을 자극하는 경기가 될 것이 분명했다. 경기 전에는 유명 마술사 조나 바빈스Jonah Babins가 장대한 마술쇼를 펼쳤다. 경기 후에는 밴드 공연을 감상하면서 타코를 먹고 마가리타를 마셨다. 케이건은 기부를 독려하기 위해 일정 액수 이상을 내놓은 사람에게 비즈니스 코칭을 받을 기회도 제공했다. 모금액 300달러당 노트북 한 대를 빈곤 가정의 아동에게 보냈다. 첫 행사 때는 총 50대의 노트북을 기증할 수 있었다.

나는 노스캐롤라이나주의 시골 마을에서 팬데믹을 겪으며 컴퓨터를 가지지 못한 아이가 비대면 수업을 따라가는 데 얼마나 큰 어려움을 겪는지 직접 목격했다. 따라서 케이건이 행사를 또 개최하면 언제든 참가할 예정이다. 재밌는 사람들과 재밌는 시간을 보낼 수 있을 뿐 아니라, 더 많은 아이에게 기회의 문을 열어줄 수 있기 때문이다.

소속감과 목적의식을 강화하기　　　《《《

케이건의 이야기는 공동체 구성원들과 함께 재미를 좇을 때 사회운동이 얼마나 쉬워지는지 잘 보여준다. 공동체 구성원 중에는 피를 나눈 가족도 있지만, 마음으로 이어진 가족, 즉 소중한 시간을 함께 보내는 사람도 포함된다.

내게는 유년시절의 소중한 추억이 하나 있다. 아버지의 손을 잡고 '아메리칸강 정화 운동Great American River Cleanup'이라는 연례행사에 참여했던 것이다. 스쿠버다이빙을 좋아하던 아버지는 다른 잠수부들과 함께 강물로 뛰어들었다. 나를 포함한 나머지 사람들은 잠수부들이 어떤 쓰레기를 건져 올릴지 기대하며 고무보트 위에서 대기했다.

이 행사가 재밌었던 이유는 가족이 함께했기 때문이다. 그 추억을 떠올리며 몇 해 전에 나는 딸의 손을 잡고 캘리포니아주 앨러미다에서 열린 해변 청소 행사에 참가했다. 둘 다 바다를 아끼기는 했지만, 재밌지 않았다면 굳이 일요일 아침 일찍 일어나 비닐장갑을 낀 채 쓰레기를 줍는 수고를 감수하지 않았을 것이다. 다행히 주최 측은 아이들이 흥미를 잃지 않도록 다양한 활동을 기획했다. 동네 아이들도 참가했기 때문에 재미는 두 배가 되었다. 설사 행사가 아니었더라도, 여러 사람이 한데 어울려 따스한 햇살과 신선한 공기를 즐기는 것만으로 재밌는 시간이었을 것이다. 물론 우리를 침대에서 나오게 한 것은 재밌는 행사에 대한 기대였지만 말이다.

아이들은 공동체를 위한 봉사 활동에 스스로 참여함으로써, 자존감을 높이고 사회성을 키울 수 있다.[11] 그런 활동을 찾는 중이라면 아이들을 위한 사회운동 플랫폼인 캐터먼디Katamundi를 살펴보자. 캐터먼디의 창립자 이벳 휘 Yvette Hwee 는 이렇게 말한다. "3년 동안 가까운 사람들과 함께 사회에 공헌하면서 얻은 가장 큰 유익은 손을 맞잡고 공공선을 향해 나아가는 즐거움을 공유할 수 있었다는 점입니다. 하나의 팀을 이루니 봉사 활동이 만족스러워졌을 뿐 아니라 소속감과 목적의식도 단단해졌지요."

"친절은 행복으로, 행복은 친절로" ‹‹‹

재미보관함에 봉사 활동이 없다면 지금 바로 추가해보자. 이런 선택지들을 고려할 수 있다.

- 대의를 위한 행사에 참가하거나 표 구매하기.
- 동네 정화 행사나 나무 심기 행사에 참가하기(또는 조직하기).
- 가족이나 친구랑 재밌게 피켓을 만든 뒤 행진에 참가하기.
- 사용자의 이동 거리에 비례해 후원금을 쌓는 채러티마일 스 Charity Miles 앱 사용하기.
- 봉사 활동을 위한 여행 떠나기.
- 취미(도예, 뜨개질, 공예 등)로 돈을 벌어 기부하기.
- 생일파티를 모금 행사 기회로 활용하기.

선택지들을 충분히 모은 다음에는 변주를 시도해보자. 물론 이미 어떤 대의를 위해 힘쓰고 있다면 굳이 한눈팔지 않아도 된다. 가던 길을 쭉 가자. 하지만 재미의 기술에 친절을 접목할 방법을 찾는 중이라면, 사소하지만 배려심 넘치는 행동 몇 가지를 더해보자. 심리학자 줄리애너 브라인스Juliana Breines는 이렇게 강조한다. "마음이 여유롭지 못한 날에도 의도적으로 친절을 베풀면 결국 습관으로 자리 잡는다. 친절이 행복으로 이어지고, 다시 행복이 친절로 이어진다."[12]

한편 SAVOR 시스템의 강력한 도구인 추억 잠기기 기술은 공동체를 향한 친절과 관련해서도 큰 힘을 발휘한다. 친절과 행복의 관계를 들여다본 연구에서 실험 참가자들은 '친사회적 행동 수행하기', '친사회적 행동 회상하기', '친사회적 행동 수행하고 회상하기', '친사회적 행동 수행하지도 회상하지도 않기' 중 한 과제를 무작위로 할당받았다. 그 결과 아무것도 하지 않은 사람들을 제외한 모두가 행복해했다. 그렇다. 오래전에 친절을 베푼 경험을 회상한 것만으로도 당장 친절을 베푼 것처럼 행복해졌던 것이다.[13] 이처럼 재미를 즐기든 친절을 베풀든 적절한 때에 추억에 잠겨 그 순간을 되새긴다면 큰 유익을 얻을 수 있다. 그렇다고 실제로 친절을 베푸는 대신 회상만 하겠다고 마음먹지는 말자. 부디 그러지 않기를 바란다!

재미가 당신과 세상을 구한다 ◀◀◀

2020년 5월 8일, 암울한 기분이었다. 팬데믹 초기라 집에 갇혀 있었다. 얼마 전에는 어머니가 알츠하이머병을 진단받았다. 몸담고 있던 헬스 업계는 폭삭 망했다. 회의 시간은 억지로 차악을 골라야 하는 시간이 되었다. 두통으로 머리가 지끈거리고 정신이 뿌예서 내 몸이 내 몸 같지 않았다. 스트레스 때문인지 코로나19 때문인지 건강이 급격히 나빠졌다.

한편 '블랙 라이브스 매터 Black Lives Matter' 운동의 여파로 백인 미국인인 내 마음 한쪽에서 죄의식이 생겨났다. 결국 5월 8일, 사소하지만 의미 있는 행동에 참여했다. 집 근처에서 조깅하다가 총을 맞고 사망한 흑인 청년 아모드 알베리 Ahmaud Arbery 의 삶을 기리고자, 3.6킬로미터(2.23마일로, 알베리가 숨진 2월 23일을 상징하는 거리)를 걷거나 뛰는 모임에 참여했던 것이다. 혼자 동네 주변을 뛰는데, 내게는 당연한 자유와 기회가 누군가에게는 가지지 못할 특권이라는 현실에 마음이 무거워졌다. 알베리를 기리며 동네를 걷거나 뛰는 사람이 나 말고도 여럿 있었는데도 외로움이 사무쳤다. 결국 공황발작을 일으켰다. 그날 밤 침대에 누워서도 몸만 뒤척일 뿐 잠에 들지 못했다. 심각한 불면증이 몇 달간 이어졌다.

슬프지만 내 시도는 '나쁜 예'였다. 그날 집을 나설 때 속으로는 의욕이 바닥났음을 알고 있었다. 그런데도 허무에 잠식당하는 대신 무언가를 해야 한다고 생각했다.

　백인 미국인 남자가 고작 몇 킬로미터를 뛴 것 가지고 엄살이냐고 조롱하더라도 이해한다. 하지만 번아웃은 모든 봉사 활동이 공통적으로 직면하는 난관이다(프레임워크 ②에서 소개한 번아웃에 빠진 의사들 또한 한 명도 빠짐없이 봉사하려는 마음으로 의사가 되었다). 더 나은 미래를 위해 열정적으로 사회에 공헌하던 사람조차 번아웃에 빠지면 일을 아예 포기할 수 있다. 한 연구에 따르면, 사회에 이바지해야 한다는 압박감은 기진맥진한 상태에서도 스스로를 밀어붙이게 한다. 부담을 느낀다는 사실 자체에 죄책감을 느껴 스스로를 돌보지 않는 것이다.[14]

　그렇다면 나는 어떻게 해야 했을까? 일단 친한 사람이든 낯선 사람이든 다른 사람을 불러들여야 했다. 그다음 응어리진 감정을 토해내야 했다. 상대가 조용히 어깨만 내주었더라도 외로움과 압박감을 덜었을 것이다.

　무엇보다 나는 훨씬 빨리 행동을 바꿨어야 했다. 돌이켜보면 재미없는 일상을 너무 오래 방치했다. 그 사실을 진작 깨달았어야 했다. 사회운동에 잔뼈가 굵은 사람은 고난이 영원할 것처럼 보이기 쉽다는 사실을 안다. 변화는 몇 년에 걸쳐, 심지어 수십 년에 걸쳐 점진적으로 이루어진다. 혁신적인 변화를 평생에 단 한 번만 경험해도 운이 정말 좋은 사람이다. 따라서 사회에 오래 공헌하고 싶다면 대의에 지나치게 목매지 말아야 한다. 그랬다가는 무너질 수밖에 없다.

　변화를 일으키기 위해 매 순간 분노에 차 있을 필요는 없다. 전

세계적인 코미디언 트레버 노아 ^{Trevor Noah}는 어릴 적에 남아프리카 공화국의 인종차별 정책을 경험하고 양아버지에게 학대당했는데도 무대에서 분노를 표출하지 않는 이유를 이렇게 설명한다. "앞으로 나아가는 데 도움이 되지 않는 감정에 머무를 필요가 있을까요? 분하고 억울하고 씁쓸한 마음을 품어봤자, 정작 책임을 물어야 하는 시스템은 그런 감정을 전혀 느끼지 못하는걸요. 느끼기는커녕 알아주지도 않죠. 제힘만 아까워요." 이어서 노아는 어머니 덕분에 삶에 필요한 감정이 사랑과 웃음임을 알게 되었다며 이렇게 덧붙인다. "저는 제가 처한 상황을 웃어넘기는 법을 터득했어요."[15]

언뜻 감정을 통제하는 게 불가능해 보일 수 있다. 하지만 스스로에게 재밌어도 된다고 허락하는 것, 한발 더 나아가 재밌어야 한다고 권고하는 것은 가능한 일이다. 인간은 매 순간 투쟁하도록 진화하지 않았다. 그러므로 평생에 걸쳐 꾸준히 바칠 수 있는 만큼만 사회에 바치자. 누구도 전부 내놓으라고 요구하지 않는다.

2020년이 끝날 무렵 나는 약을 처방받았다. 그 덕분에 휴양을 떠나 프레임워크 ⑤를 집필하면서 삶의 균형을 되찾기 시작했다.

세상의 문제가 사라질 때까지 절대 재미를 미루지 말자. 문제가 사라질 리 없으므로, 재미도 영원해야 한다. 자기 자신은 물론 다른 사람을 위해 회복, 축하, 공감, 기쁨의 장을 만들자. 세계가 암울하기 때문에 특히 더 재미의 기술에 의식적으로 기대야 한다. 내 추측이지만 노아의 어머니도 사랑을 선택하기 위해 의식적인 노력을 기울였을 것이다.

　모든 봉사 활동의 시작에 재미를 놓을 수 있다. 다만 그 끝은 당신에게 달렸다. 스스로를 돌보기 위해 기쁨과 연민과 친절을 채울수록, 이따금 나타나는 고통을 뛰어넘어 성장하기가 더 쉬워질 것이다. 꾸준함을 잃지 않으면, 어디에도 비할 수 없는 유대감과 만족감과 즐거움을 얻을 수 있다. 때로는 영혼을 사로잡는 신비와 마주할 수도 있다.

인생은 짧고 재미는 영원하다

어린 시절에《너만의 모험을 선택해 Choose Your Own Adventure》시리즈를 참 좋아했다. 동네 아이들은 이 읽기 쉬운 책을 마치 게임용 카드처럼 교환하기도 했다. 서로 각자가 고른 결말을 비교하는 게 정말 재밌었다. 모두 똑같은 책을 읽었는데도 서로 완전히 다른 이야기를 해줄 수 있었으니까. 거의 다 마음에 들었지만, 특히 인상 깊게 본 권은 〈UFO 54-40에서 벌어진 일 Inside UFO 54-40〉이었다. 이 이야기의 주인공은 '너'다. 이야기는 화려한 초음속 여객기인 콩코드가 뉴욕에서 비행을 떠나는 것으로 시작된다. 비행 중에 너는 돌연 외계인에게 납치당하고 시가 모양을 닮은 UFO로 보내진다. 곧 너는 지구가 아닌 곳에 있음을 깨닫는다. 그렇게 모험이 시작된다.

　이런 유의 책을 자주 읽는 독자들은 좋은 결말, 나쁜 결말, 뜻밖의 반전 등 폭넓은 가능성에 익숙할 것이다. 하지만 〈UFO 54-40에서 벌어진 일〉만큼은 달랐다. 전체 시리즈 중에서 이 권만 유일하게 결말이 불행했다. 이야기가 전개됨에 따라 너는 울티마라 불리는 유토피아 행성의 존재를 서서히 알게 된다. 울티마는 정말 멋진 곳으로 그려지지만, 너는 이 마법 같은 공간에 결코 닿을 수 없다. 애초에 그런 선택지가 존재하지 않았다!

몇몇 아이는 울티마에 이르는 경로가 정말 없는지, 말 그대로 선택지의 가짓수를 일일이 다 확인했다. 주의 깊이 연구하면서 모든 가능성을 탐구한 결과 우리는 하나의 결론에 이르렀다. 울티마는 갈 수 없는 목적지였다.

아니, 갈 수 없는 줄로만 알았다. 어느 날 가만히 앉아 책의 규칙을 무시한 채 처음부터 끝까지 내 방식대로 이야기를 읽어봤다. 그러자 페이지와 페이지 사이에서 '짜잔' 하고 울티마가 등장했다! 규범을 과감히 무시한 채 목적지에 도달하겠다고 선택하기만 한다면, 누구든 울티마에 도달할 수 있었다.

청교도 윤리에 따르자면, 이는 꼼수였을지 모른다. 하지만 내 생각은 다르다. 전혀 꼼수가 아니다. 나는 암호를 해독했을 뿐이다. 울티마를 찾아가는 과정이 아름다운 이유는 그곳에 도달하는 고정된 선택지가 존재하지 않기 때문이다. 정해진 길 따위는 없다. 울티마는 그저 숨겨져 있을 뿐이다. 따라서 누구든 찾을 수 있다.

재미가 바로 우리의 울티마다. 재미는 여태까지 우리 코앞에 대놓고 숨어 있었다. 너무 찾기가 쉬워서 왜 놓쳤던 건지 의문이 들 정도다. 다른 누군가가 당신을 올바른 방향으로 인도하더라도, 결국 재미를 발견하고 재미에 다다르는 것은 당신의 선택에 달려 있다.

내일이 없는 것처럼 살지 못하는 이유   «««

나는 당신을 모른다. 하지만 당신에 관해 확신할 수 있는 사실이 하나 있다. 언젠가 당신의 삶에도 끝이 찾아온다는 것이다. (재미에 관한 책에 죽음을 다루는 장이 있으면 안 된다고 하더라. 그래서 이렇게 결론 부분에 죽음 이야기를 살짝 끼워 넣었다.) 내 동생처럼 그 끝을 너무 일찍 맞이하는 사람도 있을지 모른다. 여기까지 읽었다면 부디 내가 전하는 메시지가 당신 마음에 울림을 주었기를 바란다. 앞으로 재미를 담보 잡아 어떤 활동을 하겠다고 결정한다면, 그 대가를 좀 더 비판적으로 바라볼 수 있기를 바란다. 죽고 나면 빈손이라는 진부한 말에는 보편타당한 진리가 숨어 있다. 인생은 유한하며 그것이 우리가 가진 전부다. 따라서 삶을 최대로 즐기기 위해 우선순위를 정하고, 계획을 세워야만 한다.

하지만 우리 이마에 유통기한이라도 새겨져 있으면 모를까 그러기가 쉽지는 않다. 오히려 인간은 자신의 종말을 생각하지 않으려는 경향이 강하다. 이런 경향을 철저히 분석한 심리학자 톰 피진스키Tom Pyszczynski, 제프 그린버그Jeff Greenberg, 셸던 솔로몬Sheldon Solomon은 《슬픈 불멸주의자》(흐름출판, 2016)에서 '공포관리이론terror management theory'을 제시한다.[1] 인간의 내적 시스템은 대부분 자기 보존을 돕는 방식으로 구축되어 있다. 따라서 우리는 이 시스템이 붕괴할 것이라는 사실을 숙고할 때 인지부조화에서 비롯된 두려움을 느낀다.

메멘토 모리, 죽음을 기억하라 «««

죽음을 두려워하는 대신 죽음을 끌어안을 수는 없을까? 혹시 내일 삶이 끝날지도 모른다는 깨달음이 머리를 '쾅' 하고 때린 경험이 있는가? 내게는 갑작스러운 동생의 죽음이 그런 일이었다. 미디어 기업 레드벤처스 Red Ventures의 CEO 릭 엘리아스 Ric Elias의 경우에는 거위가 그 주인공이었다.

2009년 1월 15일 뉴욕, 여느 때와 다름없는 유쾌한 오후였다. 당시 엘리아스는 US항공 1549편 비행기를 타고 노스캐롤라이나주로 돌아가던 참이었다. 그런데 약 900미터 상공을 순항 중이던 비행기에서 갑자기 폭발음이 들려왔다. 거위 떼가 비행기 엔진에 충돌하며 비극적인 최후를 맞았던 것이다. 불과 2분 뒤 비행기는 허드슨강에 불시착하기 시작했고, "충격에 대비하라"라는 방송이 엘리아스의 귀를 때렸다.

이제 죽었다는 확신이 들자, 엘리아스의 머릿속에 오만가지 생각이 스쳐 지나갔다. 그중 대부분은 재미를 즐길 수많은 기회를 지금

이 순간까지 미뤄왔다는 후회였다. 엘리아스의 비유를 빌리자면, 여태까지 미루고 미루다 "열지도 못한" 채 놓치게 된 경험들은 "상한 와인을 모아둔 것"이나 다름없었다. 또한 엘리아스는 부정적인 에너지를 내뿜는 일에 너무 많은 시간을 낭비했다는 사실을 깨달았다. 그런 에너지가 쌓였을 때 미치는 악영향을 간과한 탓이었다.

좋은 소식은 엘리아스를 비롯한 승객 전원이 생존했다는 것이다. '허드슨강의 기적'을 경험한 엘리아스는 완전히 새로운 사람으로 바뀌었다. 이제 그의 인생 지침서에는 이런 말이 들어가 있다. "와인이 준비되어 있고 마실 사람도 있으면 저는 와인 뚜껑을 바로 딸 겁니다. 더는 삶의 어떤 부분도 미루고 싶지 않아요. 삶의 긴급성, 삶의 목적의식이 제 인생을 완전히 바꿔놨습니다."[2] 우리 중 누구도 삶이 언제 끝날지 알 수 없다. 하지만 삶이 끝나기 직전까지 갔다가 후회를 맛보고 돌아온 사람들의 이야기에서 교훈을 얻을 수는 있다.

죽음을 기억하게 하는 사물을 가리켜 '메멘토 모리 memento mori'라 한다. 우리는 바로 그 사물을 통해 삶이라는 선물을 즐겨야겠다는 사실을 되새길 수 있다. 엘리아스의 메멘토 모리는 와인 수납장이다. 내 메멘토 모리는 사무실 책상 위, 수많은 사람에게 삶의 지혜를 나눠주었던 랜디 포시 Randy Pausch의 《마지막 강의》(살림출판사, 2008) 위에 세워져 있는 동생의 사진이다. 사진 속에서 동생과 나는 마지막 모험을 함께 즐기기 위해 킹다카 앞에 줄을 서서 기다리고 있다. 출장 때문에 한동안 사무실을 떠나 있어야 할 때는 아빠가 동생의 부고를 전하기 위해 내게 남긴 음성 메시지를 메멘토 모리 삼아 듣는다. 내 삶의 초점이 재미에서 벗어나 있다는 느낌이 들 때면 나는 이런 것들에 의지해 다시 재미를 찾는다. 우연히 오랜 친구랑 재회할 기회가 생겼는데 왠지 귀찮다면 음성 메시지를 듣는 식이다. 당신도 메멘토 모리를 찾고 있다면, 삶이 얼마나 남았는지 가늠하게 해주는 '죽음 달력'을 이용해보자. 바로 지금이 재미를 즐길 시간이란 사실을 새삼 깨닫게 될 것이다.✛

죽음을 받아들이는 태도는 어째서 재미 지향적인 삶을 살게 해주는 강력한 도구가 되는 걸까? 죽음이라는 가능성이 하나의 원동력이 되기 때문이다. 죽음을 인정하면 너무 늦기 전에 자기 자신을 표출해야겠다는 마음을 먹게 된다. 실제로 죽음이 가까워졌다는 사실을 인식한 뒤 매우 생산적으로 삶을 살다 간 사람들이 있다. 일례로 위대한 음악가인 데이비드 보위 David Bowie 가 사망하기 직전 18개월을 어떻게 보냈는지 살펴보면 놀라울 정도다.[3] 우리는 죽음을 인식할수록 삶을 더 소중히 여기고, 더 많은 재미를 즐기며, 다른 사람과 더 많은 재미를 나누고자 한다.

그렇다고 죽음이 코앞에 다가올 때까지 기다려야 할 필요가 있을까? 재미는 삶의 평범한 일상과도, 중대한 책임과도 얼마든지 편안하게 공존할 수 있다. 그렇다면 굳이 끝까지 재미를 미뤄둬야 할까?

✛　다음 주소를 방문하면 다운받을 수 있다. https://share.michaelrucker.com/memento-mori

삶이 시간에 메여 있다는 사실을 깨달았다면, 주체적으로 삶을 살아야만 한다.

고통도 인간의 삶을 이루는 재료 중 하나다. 마음에 들든 말든 고통도 삶이라는 여정의 일부다. 한때 나는 불쾌한 스트레스를 회피할 방법이 있으리라고 생각했다. 지금 와 되돌아보면 단단히 착각했구나 싶다. 고통을 본래 있어야 할 자리에 두지 않으면, 오히려 악화할 뿐이다. 고통과 상실은 우리 삶의 본질에 속한다. 우리는 사랑하는 사람이 죽는 모습을 지켜볼 수밖에 없다. 변화는 피할 수 없으며 때때로 우리 삶에 냉혹한 영향을 미친다. 하지만 이 책을 읽은 당신은 부디 고통이 존재하는 만큼 재미도 존재한다는 사실을 기억하기를 바란다. 재미는 우리가 삶의 고통에 대처하게 해준다. 때로는 삶이 가져다주는 풍성한 선물에 몰입해 고통을 초월하게 해준다.

되는 대로 재미를 즐기다가는 (설령 재미가 무한하다고 한들) 결코 만족할 수 없다. 오히려 재미를 나쁜 것이라고 오해하게 될지 모른다. 하지만 우리가 계획적으로 재미를 추구한다면, 아울러 (고통을 없애기 위해서가 아니라) 고통과 조화를 이루기 위해 재미를 추구한다면, 우리는 너무나 많은 사람이 놓치는 새로운 세계를 발견할 수 있다. 이곳에서 우리는 더 많은 즐거움을 누릴 뿐 아니라, 소중한 통찰과 지혜를 얻는다. 한발 더 나아가 우리가 자신만의 고유한 신비를 즐겁게 마주할 때 삶은 놀랍고도 경이로운 순간을 내어줄 것이다.

우리가 우리의 이야기에 끝이 있다는 사실을 어떤 식으로든 기꺼이 받아들이게 될 때 우리 앞에는 어떤 가능성이 놓여 있을까?

죽고자 하면 살리라 «««

삶의 신비를 만끽하고 싶다면 삶에 끝이 있음을 인식해야 한다. 죽음이 닥칠까 봐 불안해하라는 뜻이 아니다. 죽음의 필연성을 마주함으로써, 삶의 동기를 뒤바꿔야 한다는 뜻이다. 이와 관련된 연구는 대부분 일화나 회고 형식을 띄지만, 이해의 지평을 넓혀주는 연구도 일부 존재한다.

심리학자들은 죽음과 맺는 관계가 삶의 만족도에 영향을 미친다고 설명한다. 죽음 때문에 불안해하는 걸 말하는 게 아니다. 불쾌한 현상을 두려워하는 것은 자연스러운 감정이다. 여기서 말하는 '죽음과 맺는 관계'는 삶이 유한하다는 사실을 수용하는 태도를 가리킨다. 1975년 발표된 한 논문을 보면, 죽음을 수용하는 태도와 자아실현 사이의 관계가 명확히 드러난다.[4] 자아실현 수준이 높은 사람일수록 삶의 유한성을 잘 받아들였던 것이다. 반면 자아실현 수준이 낮은 사람은 죽음의 필연성을 이해하는 데 어려움을 겪었다.

이 관계가 역으로도 성립할까? 죽음을 맞닥뜨려본 경험이 자아실현의 욕구를 키울 수도 있을까? 그럴 수도 그러지 않을 수도 있다. 실제로 죽음을 불안해하는 것과 성취욕 사이에 연관성이 없음을 밝혀낸 연구도 있다.[5] 죽음에 대한 두려움만으로는 동기를 부여할 수 없다는 말이다. 오히려 이는 생산적인 자극을 주기는커녕 우리의 활동과 계획을 가로막을 수 있다.

하지만 죽을 뻔한 경험이 두려움만 낳는 것은 아니다. 죽음을 수용하는 태도로 이어질 수도 있다. 이 경우에는 이야기가 다르다. 뉴사우스웨일스대학교의 연구에 따르면, 죽음을 잘 받아들일수록 성취욕이 커진다.[6] 삶에 끝이 있다는 사실을 두려워하는 대신 있는 그대로 받아들일 때 우리는 죽음을 생산적으로 이용할 수 있다.

죽음을 받아들이는 태도는 삶의 고차원적인 의미를 깨닫는 데 도움이 된다. 일례로 심리학자들은 목적의식이 뚜렷한 사람일수록 죽음을 긍정적으로 바라보는 경향이 있음을 발견했다. 목표와 목적을 깊이 탐구할수록 죽음에 긍정적인 영향을 받는다고 결론지은 연구도 있다.[7] 돈이나 지위보다 차원 높은 삶의 의미를 발견한 사람은 죽음을 있는 그대로 받아들인다.

삶의 궁극적인 원동력, 재미　　　　《《《

일부 심리학자는 삶의 궁극적인 목표가 죽음을 받아들이는 것이라고 믿는다. 데이비드 소벨 David Sobel은 죽음을 인정해야만 성장할 수 있다고 주장한다.[8] 그의 생각에 따르면, 죽음을 경험한다는 것은 사랑하는 대상과 이별하는 것을 의미한다. 따라서 죽음에 대한 두려움을 떨치면 사랑하는 대상을 통제하고 조종하고자 하는 욕구를 떨칠 수 있다. 또 실패를 두려워하는 마음을 잠재우고 감사하는 마음으로 삶을 즐길 수 있다. 그렇기에 일부 심리치료사는 환자에게 임사 체험을 권한다. 죽음을 일상적으로 논하는 비영리단체인 '죽음의 카페 Death Cafe'가 좋은 예다.[9]

우리 모두는 다른 동네로 이사하는 것, 첫사랑이나 오랜 연인과 헤어지는 것, 직업을 바꾸는 것 등 평생 여러 차례의 '작은' 죽음을 경험한다. 이런 사건들은 열성적인 행동을 (실제 죽음만큼 강렬하진 않더라도) 촉발한다.[10] 상실을 있는 그대로 받아들이면, 새로운 행동과 이해로 향하는 문이 열릴 것이다.

애도 전문가 엘리자베스 퀴블러로스 Elisabeth Kübler-Ross 는 죽음의 가치를 이렇게 강조한다.

죽음은 삶의 문을 여는 열쇠다. 자신의 존재가 유한함을 받아들여야 사회의 압력을 거부할 힘과 용기를 얻을 수 있으며 (삶이 언제 끝나든) 온전한 '나'로 거듭나는 데 매일을 바칠 수 있다. 오늘이 마지막 날일 수 있다는 사실을 온전히 이해하면 성장하는 데, 진정한 '나'가 되는 데, 다른 사람에게 다가가는 데 오늘을 쓰겠다는 마음이 솟아난다.[11]

나는 특히 포시에게 삶과 죽음을 바라보는 건전한 시각을 배웠다. 2007년 9월 18일, 포시는 '어릴 적 꿈을 진정으로 이루는 법 Really Achieving Your Childhood Dreams'이라고 이름 붙인 '마지막 강의'에서 자신이 어떻게 어릴 적 꿈을 성취했는지, 다른 사람들도 어떻게 그럴 수 있는지 이야기했다.[12] 겉으로는 건강해 보였지만 당시 포시는 췌장암 진단을 받은 상태였다. 길어봤자 반년도 더 못 사는 시한부 환자였던 것이다.

포시의 어릴 적 꿈은 무중력 경험하기, NFL 출전하기, 백과사전 쓰기, (《스타트렉》의 등장인물인) 커크 선장 되기(나중에 '커크 선장 만나기'로 바꿈), 놀이공원에서 상품으로 커다란 인형 받기, 디즈니월드의 이매지니어 되기 등 아주 구체적이었다. 재미보관함의 원조라 부를 만했다. 포시는 어떻게 그 꿈들을 (거의 다) 이뤘는지 이야기하면서 삶에 대해 이렇게 말했다. "대체 어떻게 재미를 좇지 않을 수 있는지 모르겠습니다. 죽어가는 지금도 삶이 재밌거든요. 남은 하루하루도 재밌게 살 겁니다. 재미를 빼놓고는 삶이라는 놀이를 즐길 수 없어요." 이어서 그는 끊임없는 호기심을 강조했다. "어린아이 같은 호기심을 잃지 마세요. 아이 같은 마음은 정말 중요합니다. 삶의 원동력이 되거든요. 그리고 다른 사람을 도우세요."

매 순간 자유롭게 재미를 즐겼던 포시의 용감한 태도는 나를 비롯한 수많은 사람에게 영감을 불어넣었다. 죽음을 앞둔 상황에서도 그는 삶을 낙천적이고 쾌활한 시각으로 바라보았다. 그런 태도가 주변 사람들을 즐겁게 했기에 그는 많은 사랑을 받았다. 무엇보다 포시는 꿈을 미루지 않았고, 바로 그랬기에 삶을 후회하지 않았다. 이로써 그는 마흔일곱의 나이에 세상을 떠났는데도 귀중한 유산을 남길 수 있었다. 바로 재미를 추구하는 삶을 향한 찬가와도 같은, 그의 마지막 강의이다. 전 세계적으로 수백만 명의 가슴을 울린 이 강의는《마지막 강의》라는 책으로 나와《뉴욕타임스》베스트셀러에 올랐다.[13] 결국 포시는 자신의 짧은 삶을 통해 세상을 더 나은 곳으로 바꿨다. 그는 늘 재미를 즐기면서도 공동체에 이바지했다.

반면 우리는 허무를 좇는 피상적인 삶에 익숙하다. 기분이 우울할 때 누군가가 SNS 게시물에 '좋아요'를 눌러주면 살짝 기운이 나는 것 같으니, 그에게 감사하는 대신 게시물을 하나 더 올린다.

포시처럼 비범한 경험으로 인생을 채우려면 의식을 일깨우고, 의식적으로 선택해야 한다. 삶을 뒤바꾸는 경험은 하늘에서 뚝 떨어지지 않는다. 그 빈도를 높이려 노력해야 한다. 운명을 바꾸고 싶나? 그러면 일단 시작해야 한다. 어떤 식으로든 매일 재미를 선택한다면 결국 습관으로 굳어질 것이다. 그 습관은 새로운 선택, 더 나은 선택을 하는 데 도움이 된다. (나처럼) 뜬금없이 시작한 춤이 신비를 발견하는 계기가 될 수 있다. 재미의 기술이 습관이 되었다고 상상해보자. 1개월, 1년, 어쩌면 10년이 지난 뒤 당신의 삶은 어떻게 바뀔까?

혼란한 세상을 밝히는 등불 <<<

이 책에 귀한 시간을 내줘서 정말 고맙다. 재밌게 읽었다면 책에서 말하는 재미를 친구와 나눠보자. 가능한 한 많은 사람에게 재미의 힘이 전해지기를 바란다. 혹시 질문이나 하고 싶은 말이 있으면 언제든 내게 연락하라. 재미를 더 깊이 탐구할 기회라면 언제든 환영이다.

눈치 빠른 사람이라면 알아차렸겠지만, 코미디언의 말을 인용하는 것으로 모든 장을 시작했다. 이는 동생을 기리기 위함이었다. 동생이랑 코미디쇼를 즐겼던 것만큼 재밌었던 일이 없다. '나가며'에서는 패튼 오스왈트 Patton Oswalt의 말을 소개하고 싶다.

제게도 신념 체계가 있습니다. 하지만 그 신념 체계란 결국 미셸이 늘 하던 한마디 말로 요약할 수 있죠. "혼란스러운 세상인 만큼, 친절을 베풀자."

오스왈트가 아내 미셸을 처음 만난(그리고 첫눈에 반한) 때는 코미디쇼를 마친 직후였다. 떼려야 뗄 수 없는 관계가 된 둘은 결혼해 딸을 낳았다. 그런데 사랑과 헌신이 가득한 결혼 생활을 11년간 이어가던 중 갑작스레 미셸이 세상을 떠났다.

오스왈트는 미셸과 종종 꽤 진지한 철학 논쟁을 벌였다. 그는 무신론자였는데도 '논리의 틀', 즉 우주를 인도하는 고차원적 지성이 존재할 가능성을 열어둬야 한다고 주장했다. 하지만 미셸은 "모든 일에는 이유가 있다"라는 말이 세상에서 가장 끔찍한 거짓말이라며 그의 주장에 반박했다. 오히려 모든 일은 믿기 힘들 만큼 제멋대로 일어난다는 게 미셸의 요지였다. 오스왈트는 코미디쇼에서 미셸과의 철학 논쟁을 이렇게 회고하며 청중을 웃기고 울린다. "아내는 자기 말을 제일 개같은 방법으로 증명했지 뭐야. 우주를 설계한 지성이 존재한다면 설계를 더럽게 못했다는 것만큼은 확실히 알겠어."

하지만 미셸은 오스왈트가 다른 방법으로는 극복하지 못했을 사별의 슬픔을 해소할 해독제도 남겼다. 사실 그 해독제는 삶의 고통이 극한에 다다른 사람 모두에게 효과가 있다. 단 한마디 말로 미셸은 신비로 향하는 등불을 밝혔다.

혼란스러운 세상인 만큼, 친절을 베풀자.

오스왈트는 이렇게 말한다. "하느님을 뭐라고 생각하든 그랑 대화하고 싶다면 다른 사람에게 친절을 베푸세요. 친절은 무한한 존재에게 가닿는 가장 좋은 방법입니다. 가족과 연인에게 친절을 베풀고 친절을 널리 퍼뜨리세요. 그 친절이 어떤 식으로 전해질지 모르겠지만, 어쨌든 좋은 일을 했다는 확신이 생길 거예요."

과학도 미셸의 말을 뒷받침한다.[14] 재미와 마찬가지로 친절도 우리를 행복하게 한다. 서로 진실한 관계를 맺게 하는 친절, 나답게 산다고 느끼게 해주는 친절이 특히 우리를 행복하게 한다. 이런 식으로 재미와 친절은 훌륭한 짝을 이룬다.

그러므로 이 책에서 얻은 지혜를 바탕으로 당신만의 재미의 기술을 만드는 한편 이 말을 꼭 명심하자.

혼란스러운 세상인 만큼, 친절을 베풀자. 또 재미를 추구하자.

참고문헌

들어가며 | 잃어버린 재미를 찾아서

1   Golden, Ryan. "What Does the Outcry over Amazon's Mental Health Kiosks Say About Corporate Wellness Programs?" *HR Dive*, June 16, 2021, https://www.hrdive.com/news/what-does-outcry-over-amazon-amazen-mental-health-kiosks-say-about-corporate-wellness/601942.

시작하기에 앞서 | 행복이라는 덫, 재미라는 구원

1   Ansberry, Clare. "An Overlooked Skill in Aging: How to Have Fun." *The Wall Street Journal*. Dow Jones & Company, June 2, 2018, http://www.wsj.com/articles/an-overlooked-skill-in-aging-how-to-have-fun-1527937260.

2   Iacurci, Greg. "U.S. Is Worst Among Developed Nations for Worker Benefits." CNBC, February 4, 2021, http://www.cnbc.com/2021/02/04/us-is-worst-among-rich-nations-for-worker-benefits.html.

3   Ehrenreich, Barbara. *Nickel and Dimed: On (Not) Getting By in America* (New York: Metropolitan Books, 2010).

4   Harfoush, Rahaf. *Hustle and Float: Reclaim Your Creativity and Thrive in a*

World Obsessed with Work (New York: Diversion Books, 2019).

5   Pink, Daniel H. *Drive: The Surprising Truth About What Motivates Us* (New York: Penguin, 2011).

6   Larson, Ann. "My Disturbing Stint on a Corporate Wellness App: At Some Point, I Realized the Goal Was to Make My Job Kill Me Slower." *Slate*, April 26, 2021, https://slate.com/human-interest/2021/04/corporate-wellness-grocery-store-work-dangers.html.

7   Vaynerchuk, Gary. *Crush It: Why NOW Is the Time to Cash In on Your Passion*, vol. 10 (New York: HarperCollins, 2015).

8   Cardone, Grant. *The 10X Rule: The Only Difference Between Success and Failure* (New York: John Wiley & Sons, 2011).

9   Pfeffer, Jeffrey. *Dying for a Paycheck: Why the American Way of Business Is Injurious to People and Companies*(New York: HarperCollins Publishers, 2018).

10 Walsh, Dylan. "The Workplace Is Killing People and Nobody Cares." Stanford Graduate School of Business, March 15, 2018, http://www.gsb.stanford.edu/insights/workplace-killing-peo ple-nobody-cares.

11 Pega, Frank, Bálint Náfrádi, Natalie C. Momen, Yuka Ujita, Kai N. Streicher, Annette M. Prüss-Üstün, Alexis Descatha, et al. "Global, Regional, and National Burdens of Ischemic Heart Disease and Stroke Attributable to Exposure to Long Working Hours for 194 Countries, 2000-2016: A Systematic Analysis from THE WHO/ILO Joint Estimates of the Work-Related Burden of Disease and Injury." *Environment International* 154 (2021): 106595. https://doi.org/10.1016/j.envint.2021.106595.

12 Taylor, Frederick Winslow. *The Principles of Scientific Management*(New York: Harper & Brothers, 1919).

13 Miner, John. *Organizational Behavior 1: Essential Theories of Motivation and*

Leadership (New York: Routledge, 2015).

14 Bartels, Bjoern. "My Love–Relationship Counter." App Store, December 18, 2010. https://apps.apple.com/us/app/my-love-relationship-counter/id409609608.

15 Schott, B. H., L. Minuzzi, R. M. Krebs, D. Elmenhorst, M. Lang, O. H. Winz, C. I. Seidenbecher, et al. "Mesolimbic Functional Magnetic Resonance Imaging Activations During Reward Anticipation Correlate With Reward-Related Ventral Striatal Dopamine Release." *Journal of Neuroscience* 28, no. 52 (2008): 14311-19, https://doi.org/10.1523/jneurosci .2058-08.2008.

16 "Dopamine Jackpot! Sapolsky on the Science of Pleasure." *YouTube*, uploaded by FORA.tv, March 2, 2011, https://www.youtube.com/watch?v=axrywDP9li0.

17 Brickman, Philip, Dan Coates, and Ronnie Janoff-Bulman. "Lottery Winners and Accident Victims: Is Happiness Relative?" *Journal of Personality and Social Psychology* 36, no. 8 (1978): 917-27. https://doi.org/10.1037/0022-3514.36.8.917.

18 Lindqvist, Erik, Robert Östling, and David Cesarini. "Long-Run Effects of Lottery Wealth on Psychological Well-Being." *The Review of Economic Studies* 87, no. 6 (2020): 2703-26. https://doi.org/10.1093/restud/rdaa006.

19 Grolleau, Gilles, and Sandra Saïd. "Do You Prefer Having More or More Than Others? Survey Evidence on Positional Concerns in France," *Journal of Economic Issues* 42, no. 4 (2008): 1145-58. https://doi.org/10.1080/00213624 .2008.11507206.

20 Kable, Joseph W., and Paul W. Glimcher. "The Neurobiology of Decision: Consensus and Controversy." *Neuron* 63, no. 6 (2009): 733-45. https://doi.org/10.1016/j.neuron.2009.09.003.

21 Twenge, Jean M., Thomas E. Joiner, Megan L. Rogers, and Gabrielle N. Martin. "Increases in Depressive Symptoms, Suicide-Related Outcomes, and Suicide Rates Among U.S. Adolescents After 2010 and Links to Increased New Media Screen Time." *Clinical Psychological Science* 6, no. 1 (2017): 3-17. https://doi.org/10.1177/2167702617723376.

22 Twenge, Jean. *IGen: Why Today's Super-Connected Kids Are Growing Up Less Rebellious, More Tolerant, Less Happy–and Completely Unprepared for Adulthood–and What That Means for the Rest of Us* (New York: Atria Books, 2017).

23 Linden, David J. *The Compass of Pleasure: How Our Brains Make Fatty Foods, Orgasm, Exercise, Marijuana, Generosity, Vodka, Learning, and Gambling Feel So Good* (New York: Penguin, 2012).

24 Ott, Volker, Graham Finlayson, Hendrik Lehnert, Birte Heitmann, Markus Heinrichs, Jan Born, and Manfred Hallschmid. "Oxytocin Reduces Reward-Driven Food Intake in Humans." *Diabetes* 62, no. 10 (2013): 3418-25. https://doi.org/10.2337/db13-0663.

25 Barraza, Jorge A., and Paul J. Zak. "Oxytocin Instantiates Empathy and Produces Prosocial Behaviors." *Oxytocin, Vasopressin and Related Peptides in the Regulation of Behavior*, 2013, 331-42. https://doi.org/10.1017/cbo9781139017855.022.

26 Engelking, Carl. "Lightning's Strange Physics Still Stump Scientists." Discover Magazine, November 20, 2019. https://www.discovermagazine.com/environment/lightnings-strange-physics -still-stump-scientists.

27 Goldstein, Jeffrey. *Play in Children's Development, Health and Well-Being* (Brussels: Toy Industries of Europe, 2012).

28 Sullivan, Dan, and Benjamin P. Hardy. *The Gap and The Gain: The High Achievers' Guide to Happiness, Confidence, and Success* (Hay House Business,

2021).

29 Petras, Kathryn, and Ross Petras. *"Nothing Is Worth More Than This Day.":
Finding Joy in Every Moment* (New York: Workman Publishing, 2016).

30 Bryant, Fred B., Colette M. Smart, and Scott P. King. "Using the Past to En-
hance the Present: Boosting Happiness through Positive Reminiscence."
Journal of Happiness Studies 6, no. 3 (2005): 227-60. https://doi.org/10.1007/
s10902-005-3889-4.

프레임워크 ① | 삶의 고단함을 줄이고 재미를 끄집어내자

1 Killingsworth, Matthew. *Happiness from the Bottom Up*. Diss., Harvard Uni-
versity, 2013.

2 Kahneman, Daniel, Alan B. Krueger, David A. Schkade, Norbert Schwarz,
and Arthur A. Stone. "A Survey Method for Characterizing Daily Life Expe-
rience: The Day Reconstruction Method." *Science* 306, no. 5702 (2004): 1776-
80. https://doi.org/10.1126/science.1103572.

3 Sharif, Marissa A., Cassie Mogilner, and Hal E. Hershfield. "Having too
little or too much time is linked to lower subjective well-being." *Journal of
Personality and Social Psychology* (2021).

4 "American Time Use Survey Summary." *U.S. Bureau of Labor Statistics*. U.S.
Bureau of Labor Statistics, July 22, 2021. http://www.bls.gov/news.release/
atus.nr0.htm.

5 Livingston, Gretchen, and Kim Parker. "8 Facts About American Dads."
Pew Research Center, May 30, 2020. http://www.pewresearch.org/fact-
tank/2019/06/12/fathers-day-facts.

6 Houle, P., Turcotte, M., & Wendt, M. (2017). Changes in parents' participa-
tion in domestic tasks and care for children from 1986 to 2015.

7   Drake, Bruce. "Another Gender Gap: Men Spend More Time in Leisure Ac-tivities." *Pew Research Center*, 7 Feb. 2014, https://www.pewresearch.org/fact-tank/2013/06/10/another-gender-gap-men-spend -more-time-in-lei-sure-activities.

8   Khaleeli, Homa. "How to Get More Free Time in Your Day." *The Guardian*, 13 Mar. 2018, https://www.theguardian.com/money/shortcuts/2013/jun/07/how-get-more-free-time.

9   Mogilner Holmes, Cassie. "The Pursuit of Happiness Time, Money, and Social Connection." *Psychological Science* 21, no. 9 (2010): 1348-54. https://doi.org/10.1177/0956797610380696.

10   Hershfield, Hal E., Cassie Mogilner Holmes, and Uri Barnea. "People Who Choose Time over Money Are Happier." *Social Psychological and Personality Science* 7, no. 7 (2016): 697-706. https://doi.org/10.1177/1948550616649239.

11   Herrbach, Toni. "Age Appropriate Chores for Kids: Printable." *The Happy HousewifeTM : Home Management*, 1 Mar. 2019, https://thehappyhousewife.com/home-management/age-appropriate-chores-for-kids -printable.

12   Katan, Tania. *Creative Trespassing: How to Put the Spark and Joy Back into Your Work and Life* (New York: Currency, 2019).

13   The Nielsen Company. *The Nielsen Total Audience Report*, Q1 2018, p. 34, https://www.nielsen.com/wp-content/uploads/sites/3/2019/04/q1-2018-to-tal-audience-report.pdf. Accessed 21 Jan. 2020.

14   Robinson, John P., and Steven Martin. "What Do Happy People Do?" *Social Indicators Research* 89, no. 3 (2008): 565-71. https://doi.org/10.1007/s11205-008-9296-6.

15   Bayraktaroglu, Deniz, Gul Gunaydin, Emre Selcuk, and Anthony D. Ong. "A Daily Diary Investigation of the Link between Television Watching and Pos-

itive Affect." *Journal of Happiness Studies* 20, no. 4 (2018): 1089-1101. https://doi.org/10.1007/s10902-018-9989-8.

16 Hunt, Melissa G., Rachel Marx, Courtney Lipson, and Jordyn Young. "No More FOMO: Limiting Social Media Decreases Loneliness and Depression." *Journal of Social and Clinical Psychology* 37, no. 10 (2018): 751-68. https://doi.org/10.1521/jscp.2018.37.10.751.

17 Cohen, Lee M., Frank L. Collins Jr, and Dana M. Britt. "The effect of chewing gum on tobacco withdrawal." *Addictive Behaviors* 22, no. 6 (1997): 769-773.

18 Rietzschel, Eric F., J. Marjette Slijkhuis, and Nico W. Van Yperen. "Task Structure, Need for Structure, and Creativity." *European Journal of Social Psychology* 44, no. 4 (2014): 386-99. https://doi.org/10.1002/ejsp.2024.

19 Scheibehenne, Benjamin, Rainer Greifeneder, and Peter M. Todd. "Can There Ever Be Too Many Options? A Meta-Analytic Review of Choice Overload." *Journal of Consumer Research* 37, no. 3 (2010): 409-25. https://doi.org/10.1086/651235.

20 Reutskaja, Elena, Axel Lindner, Rosemarie Nagel, Richard A. Andersen, and Colin F. Camerer. "Choice Overload Reduces Neural Signatures of Choice Set Value in Dorsal Striatum and Anterior Cingulate Cortex." *Nature Human Behaviour* 2, no. 12 (2018): 925-35. https://doi.org/10.1038/s41562-018-0440-2.

21 *Peak experience:* In *APA Dictionary of Psychology.* (2022). Retrieved from https://dictionary.apa.org/peak-experience.

22 Mandryka, Alexandre. "Pleasure without Learning Leads to Addiction." *Game Whispering*, 29 Aug. 2016, https://gamewhispering.com/pleasure-without-learning-leads-to-addiction.

23 Guardian Staff Reporter. "Man Accidentally Ejects Himself from Fighter Jet During Surprise Flight." *The Guardian*, 14 Apr. 2020, https://www.theguardian.com/world/2020/apr/14/man-accidentally-ejects-him self-from-fighter-jet-during-surprise-flight.

24 Grosshandler, D.J, and E Niswander Grosshandler. "Constructing Fun: Self-Determination and Learning at an Afterschool Design Lab." *Computers in Human Behavior* 16, no. 3 (2000): 227-40. https://doi.org/10.1016/s0747-5632(00)00003-0.

25 Dix, A. Fun Systematically, 2012, retrieved from http://alandix.com/academic/papers/ECCE-fun-2004/ecce-alan-fun-panel.pdf.

26 Lyng, Stephen. "Edgework: A Social Psychological Analysis of Voluntary Risk-Taking." *American Journal of Sociology* 95, no. 4 (1990): 851-886.

27 Ritzer, George. *Enchanting a Disenchanted World: Revolutionizing the Means of Consumption* (Newbury Park, California: Pine Forge Press, 2005).

28 Maslow, Abraham H. *Toward a Psychology of Being* (New York: Simon and Schuster, 2013).

29 Scott, Shane, and D. Mark Austin. "Edgework, Fun, and Identification in a Recreational Subculture: Street BMX Riders." *Qualitative Sociology Review* 12, no. 4 (2016): 84-99.

30 McRae, Donald. "Sky Brown: 'Sometimes You Fall but I Wanted to Show Me Getting up Again'." *The Guardian*, August 3, 2020. https://www.theguardian.com/sport/2020/aug/03/sky-brown-gb-skateboarder-fall-getting-up-olympic-games.

31 Maslow, Abraham H. *Toward a Psychology of Being* (New York: Simon and Schuster, 2013).

32 Anshel, Mark H. "A Psycho-Behavioral Analysis of Addicted Versus

Non-Addicted Male and Female Exercisers." *Journal of Sport Behavior* 14, no. 2 (1991): 145.

33 Linden, David J. *The Compass of Pleasure: How Our Brains Make Fatty Foods, Orgasm, Exercise, Marijuana, Generosity, Vodka, Learning, and Gambling Feel So Good* (New York: Penguin, 2012).

34 Vallerand, Robert J. "On Passion for Life Activities: The Dualistic Model of Passion." *Advances in Experimental Social Psychology*, vol. 42, pp. 97-193 (Academic Press, 2010).

35 Vallerand, Robert J., Céline Blanchard, Geneviève A. Mageau, Richard Koestner, Catherine Ratelle, Maude Léonard, Marylène Gagné, and Josée Marsolais. "Les Passions De L'âme: On Obsessive and Harmonious Passion." *Journal of Personality and Social Psychology* 85, no. 4 (2003): 756-67. https://doi.org/10.1037/0022-3514.85.4.756.

36 Hirshkowitz, Max, Kaitlyn Whiton, Steven M. Albert, Cathy Alessi, Oliviero Bruni, Lydia DonCarlos, Nancy Hazen, et al. "National Sleep Foundation's Sleep Time Duration Recommendations: Methodology and Results Summary." *Sleep Health* 1, no. 1 (2015): 40-43. https://doi.org/10.1016/j.sleh.2014.12.010.

37 Barger, Laura K, Najib T Ayas, Brian E Cade, John W Cronin, Bernard Rosner, Frank E Speizer, and Charles A Czeisler. "Impact of Extended-Duration Shifts on Medical Errors, Adverse Events, and Attentional Failures." *PLoS Medicine* 3, no. 12 (2006). https://doi.org/10.1371/journal.pmed.0030487.

38 Fryer, Bronwyn. "Sleep Deficit: The Performance Killer." *Harvard Business Review*, Oct. 2006, https://hbr.org/2006/10/sleep-deficit-the-performance-killer.

39 Zitting, Kirsi-Marja, Mirjam Y. Münch, Sean W. Cain, Wei Wang, Arick

Wong, Joseph M. Ronda, Daniel Aeschbach, Charles A. Czeisler, and Jeanne F. Duffy. "Young Adults Are More Vulnerable to Chronic Sleep Deficiency and Recurrent Circadian Disruption than Older Adults." *Scientific Reports* 8, no. 1 (2018). https://doi.org/10.1038/s41598-018-29 358-x.

프레임워크 ② | 재미를 극대화하고 선택지를 늘리자

1 Reith, Thomas P. "Burnout in United States Healthcare Professionals: A Narrative Review." *Cureus,* 2018. doi:10.7759/cureus.3681.

2 Cook, Gareth. "How to Improve Your Life with 'Story Editing.'" *Scientific American*, 13 Sept. 2011, https://www.scientificamerican.com/article/how-to-improve-your-life-with-story-editing.

3 Wilson, Timothy D., David A. Reinhard, Erin C. Westgate, Daniel T. Gilbert, Nicole Ellerbeck, Cheryl Hahn, Casey L. Brown, and Adi Shaked. "Just Think: The Challenges of the Disengaged Mind." *Science* 345, no. 6192 (2014): 75-77. https://doi.org/10.1126/science.1250830.

4 Alahmadi, Sarah, Nicholas R. Buttrick, Daniel T. Gilbert, Amber M. Hardin, Erin C. Westgate, and Timothy D. Wilson. "You Can Do It If You Really Try: The Effects of Motivation on Thinking for Pleasure." *Motivation and Emotion* 41, no. 5 (2017): 545-61. https://doi.org/10.1007/s11031-017-9625-7.

5 Westgate, Erin C., Timothy D. Wilson, and Daniel T. Gilbert. "With a Little Help for Our Thoughts: Making It Easier to Think for Pleasure." *Emotion* 17, no. 5 (2017): 828-39. https://doi.org/10.1037/emo0000278.

6 Dweck, Carol S. *Mindset: The New Psychology of Success.* (New York: Random House, 2008).

7 West, Colin, Cassie Mogilner, and Sanford E. DeVoe. "Happiness from Treating the Weekend like a Vacation." *Social Psychological and Personality*

Science 12, no. 3 (2020): 346-56. https://doi.org/10.1177/1948550620916080.

8   O'Keefe, Paul A., Carol S. Dweck, and Gregory M. Walton. "Implicit Theo-
    ries of Interest: Finding Your Passion or Developing It?" *Psychological Sci-
    ence* 29, no. 10 (2018): 1653-64. https://doi.org/10.1177/0956797618780643.

9   Richter, Curt Paul. "A Behavioristic Study of the Activity of the Rat." *Com-
    parative Psychology Monographs* (1922).

10 Premack, David. "Toward empirical behavior laws: I. Positive reinforce-
    ment." *Psychological Review* 66, no. 4 (1959): 219.

11 Nelson, Leif D., and Tom Meyvis. "Interrupted Consumption: Disrupting
    Adaptation to Hedonic Experiences." *Journal of Marketing Research* 45, no. 6
    (2008): 654-64. https://doi.org/10.1509/jm kr.45.6.654.

12 Quoidbach, Jordi, and Elizabeth W. Dunn. "Give It Up: A Strategy for Com-
    bating Hedonic Adaptation." *Social Psychological and Personality Science* 4,
    no. 5 (2013): 563-68. https://doi.org/10.1177/1948550612473489.

13 Wilson, Timothy D., David B. Centerbar, Deborah A. Kermer, and Daniel T.
    Gilbert. "The Pleasures of Uncertainty: Prolonging Positive Moods in Ways
    People Do Not Anticipate." *Journal of Personality and Social Psychology* 88,
    no. 1 (2005): 5-21. https://doi.org/10.1037/0022 -3514.88.1.5.

14 Avni-Babad, Dinah, and Ilana Ritov. "Routine and the Perception of Time."
    Journal of Experimental Psychology: General 132, no. 4 (2003): 543-50. https://
    doi.org/10.1037/0096-3445.132.4.543.

15 Stetson, Chess, Matthew P. Fiesta, and David M. Eagleman. "Does Time
    Really Slow Down During a Frightening Event?" *PLoS ONE* 2, no. 12 (2007).
    https://doi.org/10.1371/journal.pone.0001295.

16 Fukuyama, Francis. *The End of History and the Last Man.* (Simon and Schus-
    ter, 2006.)

17 Hadad, Sharon, and Miki Malul. "Do You Prefer Having Much More or Slightly More Than Others?" *Social Indicators Research* 133, no. 1 (2016): 227-34. https://doi.org/10.1007/s11205-016-1362-x.

18 Gundersen, Agnete. "Starting Over: Searching for the Good Life–an Ethnographic Study of Western Lifestyle Migration to Ubud, Bali." *New Zealand Sociology* (2017): 157-171.

19 O' Reilley, Karen, and Michaela Benson. "Lifestyle Migration: Escaping to the Good Life?" *In Lifestyle Migration: Expectations, Aspirations, and Experiences*, pp. 1-13 (Farnham, United Kingdom: Ashgate, 2008).

20 Benson, Michaela. "The Movement Beyond (Lifestyle) Migration: Mobile Practices and the Constitution of a Better Way of Life." *Mobilities* 6, no. 2 (2011): 221-35. https://doi.org/10.1080/17450101.2011.552901.

21 Frijda, Nico H. "The Laws of Emotion." *American Psychologist* 43, no. 5 (1988): 349-58. https://doi.org/10.1037/0003-066x.43.5.349.

22 Lyubomirsky, Sonja, Kennon M. Sheldon, and David Schkade. "Pursuing Happiness: The Architecture of Sustainable Change." *Review of General Psychology* 9, no. 2 (2005): 111-31. https://doi.org/10.1037/1089-2680.9.2.111.

23 Watkins, Philip C., Kathrane Woodward, Tamara Stone, and Russell L. Kolts. "Gratitude and Happiness: Development of a Measure of Gratitude, and Relationships with Subjective Well-Being." *Social Behavior and Personality: An International Journal* 31, no. 5 (2003): 431-51. https://doi.org/10.2224/sbp.2003.31.5.431.

프레임워크 ③ | 즐거웠던 기억을 곱씹는 것은 돈이 들지 않는다

1 Fredrickson, Barbara L. "What Good Are Positive Emotions?" *Review of General Psychology* 2, no. 3 (1998): 300-319. https://doi.org/10.1037/1089-

2680.2.3.300.

2   Burton, Chad M., and Laura A. King. "The Health Benefits of Writing about Intensely Positive Experiences." *Journal of Research in Personality* 38, no. 2 (2004): 150-63. doi:10.1016/s0092-6566(03)00058-8.

3   Ramirez, Steve, Xu Liu, Christopher J. MacDonald, Anthony Moffa, Joanne Zhou, Roger L. Redondo, and Susumu Tonegawa. "Activating Positive Memory Engrams Suppresses Depression-like Behaviour." *Nature* 522, no. 7556 (2015): 335-39. https://doi.org/10.1038/nature 14514.

4   Bryant, Fred B., and Joseph Veroff. *Savoring: A New Model of Positive Experience* (Lawrence Erlbaum Associates, 2007).

5   Ford, Brett Q., Phoebe Lam, Oliver P. John, and Iris B. Mauss. "The Psychological Health Benefits of Accepting Negative Emotions and Thoughts: Laboratory, Diary, and Longitudinal Evidence." *Journal of Personality and Social Psychology* 115, no. 6 (2018): 1075-92. https://doi.org/10.1037/pspp0000157.

6   Rathunde, Kevin. "Broadening and Narrowing in the Creative Process: A Commentary on Fredrickson's 'Broaden-and-Build' Model." *Prevention & Treatment* 3, no. 1 (2000). https://doi.org/10 .1037/1522-3736.3.1.36c.

7   Lieberman, Matthew D., Naomi I. Eisenberger, Molly J. Crockett, Sabrina M. Tom, Jennifer H. Pfeifer, and Baldwin M. Way. "Putting Feelings into Words." *Psychological Science* 18, no. 5 (2007): 421-28. https://doi.org/10.1111/j.1467-9280.2007.01916.x.

8   Eurich, Tasha. "Here's Why You Should Journal (Just Not Every Day)." *The Muse*, 19 June 2020, https://www.themuse.com/advice/heres-why-you-should-journal-just-not-every-day.

9   Cosley, Dan, Victoria Schwanda Sosik, Johnathon Schultz, S. Tejaswi Pee-

sapati, and Soyoung Lee. "Experiences with Designing Tools for Everyday Reminiscing." *Human-Computer Interaction* 27, no. 1-2 (2012): 175-198.

10 Thomas, Lisa, and Pam Briggs. "Reminiscence Through the Lens of Social Media." *Frontiers in Psychology* 7 (2016). https://doi.org/10.3389/fpsyg.2016.00870.

11 Rucker, Michael. "Interview with Jordan Etkin About the Folly of Activity Tracking." *Mike Rucker, Ph.D.*, 23 Dec. 2020, https://michaelrucker.com/thought-leader-interviews/dr-jordan-etkin-activity -tracking -folly.

12 Herold, David M., and Martin M. Greller. "Feedback the Definition of a Construct." *Academy of Management Journal* 20, no. 1 (1977): 142-47. doi:10.5465/255468.

프레임워크 ④ │ 단조로운 일상의 쳇바퀴를 멈춰라

1 "Chris Hadfield: How Looking at 4 Billion Years of Earth's History Changes You | Big Think." *YouTube*, uploaded by Big Think, 24 Mar. 2018, https://www.youtube.com/watch?v=qPvSRPsWhOQ.

2 Stenseng, Frode, Jostein Rise, and Pål Kraft. "Activity Engagement as Escape from Self: The Role of Self-Suppression and Self-Expansion." *Leisure Sciences* 34, no. 1 (2012): 19-38. https://doi.org/10.1080/01490400.2012.633849.

3 Killingsworth, M. A., and D. T. Gilbert. "A Wandering Mind Is an Unhappy Mind." *Science* 330, no. 6006 (2010): 932.doi:10.1126/science.1192439.

4 "Study: A Record 768 Million U.S. Vacation Days Went Unused in '18." *U.S. Travel Association*, 11 Nov. 2019, https://www.ustravel.org/press/study-record-768-million-us-vacation-days-went-un used -18-opportunity-cost-billions.

5 Expedia.com. "Americans Plan to Take an Additional Week of Vacation

This Year, Expedia Reports." *Cision PR Newswire*, 3 Feb. 2021, https://www. prnewswire.com/news-releases/americans-plan-to-take-an-add itional-week-of-vacation-this-year-expedia-reports-301221553.html.

6   Sontag, Susan. *On Photography* (New York. Picador: 2001), pg. 14. (Original publication 1973).

7   Staniforth, Nate. *Here Is Real Magic*. Bloomsbury, 2018.

8   Garone, Elizabeth. "The Surprising Benefits of a Mid-Career Break." *BBC Worklife*, 2016, https://www.bbc.com/worklife/article/20160325-the-surprising-benefits-of-a-mid-career-break.

9   Wills, Brad. 2018. "Why I Left and What I Learned." LinkedIn. February 5, 2018. https://www.linkedin.com/pulse/why-i-left-what-learned-brad-wills.

10 Sivers, Derek. "Travel Without Social Praise." Derek Sivers, September 24, 2019. https://sive.rs/tp2.

11 Stenseng, Frode, Jostein Rise, and Pål Kraft. "Activity Engagement as Escape from Self: The Role of Self-Suppression and Self-Expansion." *Leisure Sciences* 34, no. 1 (2012) 19-38. doi:10.1080/01490400.2012.633849.

프레임워크 ⑤ │ 초월적인 경험을 계속 시도하라

1   Taquet, Maxime, Jordi Quoidbach, Yves-Alexandre de Montjoye, Martin Desseilles, and James J. Gross. "Hedonism and the Choice of Everyday Activities." *Proceedings of the National Academy of Sciences* 113, no. 35 (2016): 9769-73. https://doi.org/10.1073/pnas.1519998113.

2   Street, Farnam. "The Map Is Not the Territory." *Farnam Street*, 1 Oct. 2020, https://fs.blog/2015/11/map-and-territory.

3   Kashdan, Todd. *Curious? Discover the Missing Ingredient to a Fulfilling Life* (New York: William Morrow & Co, 2009).

4   Kashdan, Todd. "Science Shows You Can Die of Boredom, Literally." *Psychology Today*, March 2010, https://www.psychologytoday.com/us/blog/curious/201003/science-shows-you-can-die-boredom-literally.

5   Kim, Meeri. "Boredom's Link to Mental Illnesses, Brain Injuries and Dysfunctional Behaviors." *The Washington Post*, 17 July 2021, https://www.washingtonpost.com/health/boredom-mental-health-disconnected/2021/07/16/c367cd30-9d6a-11eb-9d05-ae06f4529ece_story .html.

6   Hunter, Jennifer A., et al. "Personality and Boredom Proneness in the Prediction of Creativity and Curiosity." *Thinking Skills and Creativity*, vol. 22, 2016, pp. 48-57. Crossref, doi:10.1016/j.tsc.2016.08.002.

7   Meyer, Wulf-Uwe, Rainer Reisenzein, and Achim Schützwohl. "Toward a Process Analysis of Emotions: The Case of Surprise." *Motivation and Emotion* 21, no. 3 (1997): 251-274.

8   Noordewier, Marret K., and Eric van Dijk. "Surprise: Unfolding of Facial Expressions." *Cognition and Emotion* 33, no. 5 (2019): 915-930.

9   Berns, Gregory S., Samuel M. McClure, Giuseppe Pagnoni, and P. Read Montague. "Predictability Modulates Human Brain Response to Reward." *The Journal of Neuroscience* 21, no. 8 (2001): 2793-98. https://doi.org/10.1523/jneurosci.21-08-02793.2001.

10 Cheung, Vincent K.M., Peter M.C. Harrison, Lars Meyer, Marcus T. Pearce, John-Dylan Haynes, and Stefan Koelsch. "Uncertainty and Surprise Jointly Predict Musical Pleasure and Amygdala, Hippocampus, and Auditory Cortex Activity." *Current Biology* 29, no. 23 (2019). https://doi.org/10.1016/j.cub.2019.09.067.

11 Gocłowska, Małgorzata A., Matthijs Baas, Richard J. Crisp, and Carsten K. De Dreu. "Whether Social Schema Violations Help or Hurt Creativity De-

pends on Need for Structure." *Personality and Social Psychology Bulletin* 40, no. 8 (2014): 959-71. https://doi.org/10.1177/0146167214533132.

12 Tews, Michael J., John W. Michel, and Raymond A. Noe. "Does Fun Promote Learning? The Relationship Between Fun in the Workplace and Informal Learning." *Journal of Vocational Behavior* 98 (2017): 46-55. https://doi.org/10.1016/j.jvb.2016.09.006.

13 Weick, Karl E. *Sensemaking in Organizations*. Vol. 3. Sage, 1995. Sage.

14 Frankl, Viktor E. *Man's Search for Meaning* (New York: Simon & Schuster, 1985).

15 Hale, Benjamin. *The Evolution of Bruno Littlemore* (New York: Twelve, 2011).

16 Sidgwick, Henry. *The Methods of Ethics* (Indianapolis, Indiana: Hackett, 1874/1982).

17 Kozlowski, Desirée. "What Is Hedonism and How Does It Affect Your Health?" *The Conversation*, 3 Sept. 2017, https://theconversation.com/what-is-hedonism-and-how-does-it-affect-your-health-78040.

18 Rucker, Michael. "Interview with Lisa Feldman Barrett About Emotion and Affect." *Mike Rucker, Ph.D.*, 5 Feb. 2021, https://michaelrucker.com/thought-leader-interviews/lisa-feldman-barrett-emotion-affect.

19 Quoidbach, Jordi, Elizabeth V. Berry, Michel Hansenne, and Moïra Mikolajczak. "Positive Emotion Regulation and Well-Being: Comparing the Impact of Eight Savoring and Dampening Strategies." *Personality and Individual Differences* 49, no. 5 (2010): 368-73. https://doi.org/10.1016/j.paid.2010.03.048.

20 Maslow, Abraham H. "The Farther Reaches of Human Nature." *The Journal of Transpersonal Psychology* 1, no. 1 (1969): 1-9.

21 Koltko-Rivera, Mark E. "Rediscovering the Later Version of Maslow's Hierarchy of Needs: Self-Transcendence and Opportunities for Theory, Re-

search, and Unification." *Review of General Psychology* 10, no. 4 (2006): 302-317.

22 Yaden, David Bryce, Jonathan Haidt, Ralph W. Hood, David R. Vago, and Andrew B. Newberg. "The Varieties of Self-Transcendent Experience." *Review of General Psychology* 21, no. 2 (2017): 143-60. https://doi.org/10.1037/gpr0000102.

23 Flower, Lynda. "'My Day-to-Day Person Wasn't There; It Was like Another Me': A Qualitative Study of Spiritual Experiences during Peak Performance in Ballet Dance." *Performance Enhancement & Health* 4, no. 1-2 (2016): 67-75. doi:10.1016/j.peh.2015.10.003.

프레임워크 ⑥ | 친밀한 사람과 함께하면 재미는 늘어난다

1 Williams, Alex. "Why Is It Hard to Make Friends Over 30?" *The New York Times*, 2012, pp. 97-98.

2 Jones, Jeffrey. "U.S. Church Membership Down Sharply in Past Two Decades." *Gallup*, 13 Aug. 2021, https://news.gallup.com/poll/248837/church-membership-down-sharply-past-two-decades.aspx.

3 Holt-Lunstad, Julianne, Timothy B. Smith, and J. Bradley Layton. "Social Relationships and Mortality Risk: A Meta-Analytic Review." *PLoS Medicine* 7, no. 7 (2010). https://doi.org/10.1371/journal .pmed.1000316.

4 Reis, Harry T., Stephanie D. O'Keefe, and Richard D. Lane. "Fun Is More Fun When Others Are Involved." *The Journal of Positive Psychology* 12, no. 6 (2016): 547-57. https://doi.org/10.1080/17439760.2016.1221123.

5 Gladwell, Malcolm. *The Tipping Point: How Little Things Can Make a Big Difference* (Little, Brown, 2006).

6 Christakis, Nicholas A., and James H. Fowler. "Social contagion theory:

examining dynamic social networks and human behavior." *Statistics in Medicine* 32, no. 4 (2013): 556-77.

7   Hsee, Christopher K., Elaine Hatfield, John G. Carlson, and Claude Chemtob. "The effect of power on susceptibility to emotional contagion." *Cognition and Emotion* 4, no. 4 (1990): 327-40.

8   Stamenov, Maksim, and Vittorio Gallese, eds. *Mirror Neurons and the Evolution of Brain and Language*, Vol. 42. (John Benjamins Publishing, 2002).

9   Burgess, Laura G., Patricia M. Riddell, Amy Fancourt, and Kou Murayama. "The Influence of Social Contagion within Education: A Motivational Perspective." *Mind, Brain, and Education* 12, no. 4 (2018): 164-74. https://doi.org/10.1111/mbe.12178.

10 Adams, Russell. "You're It! How I Got the 'Tag' Story." *The Wall Street Journal*, Dow Jones & Company, June 16, 2018, https://www.wsj.com/articles/inside-a-journalists-pursuit-of-grown-men-playing-tag-1525963582.

11 Tsai, Jeanne L., Brian Knutson, and Helene H. Fung. "Cultural variation in affect valuation." *Journal of Personality and Social Psychology* 90, no. 2 (2006): 288-307. doi:10.1037/0022-3514.90.2.288.

12 Rucker, Michael. "Interview with Iris Mauss About the Consequences of the Pursuit of Happiness." *Mike Rucker, Ph.D.*, 9 Apr. 2021, https://michael-rucker.com/thought-leader-interviews/iris-mauss-pursuit-of-happiness.

13 MacLeod, Chris. "Does Meetup.com Work for Making Friends?" *Succeed Socially*, https://www.succeedsocially.com/doesmeet upwork.

14 Hudson, Nathan W., and R. Chris Fraley. "Volitional Personality Trait Change: Can People Choose to Change Their Personality Traits?" *Journal of Personality and Social Psychology* 109, no. 3 (2015): 490-507.doi:10.1037/pspp0000021.